北大版普通高等教育"十三五"规划教材

21世纪学前教育专业规划教材

学前儿童游戏

范明丽 编著

图书在版编目(CIP)数据

学前儿童游戏/范明丽编著. —北京：北京大学出版社，2017.1
(21世纪学前教育专业规划教材)
ISBN 978-7-301-27912-0

Ⅰ. ①学… Ⅱ. ①范… Ⅲ. ①学前儿童—游戏课—幼儿师范学校—教材 Ⅳ. ①G613.7

中国版本图书馆 CIP 数据核字(2016)第 312244 号

书　　　名	学前儿童游戏 XUEQIAN ERTONG YOUXI
著作责任者	范明丽　编著
责 任 编 辑	于　娜
标 准 书 号	ISBN 978-7-301-27912-0
出 版 发 行	北京大学出版社
地　　　址	北京市海淀区成府路 205 号　100871
网　　　址	http://www.pup.cn
电 子 信 箱	zyl@pup.pku.edu.cn
新 浪 微 博	@北京大学出版社
电　　　话	邮购部 62752015　发行部 62750672　编辑部 62767857
印 刷 者	三河市博文印刷有限公司
经 销 者	新华书店
	787 毫米×1092 毫米　16 开本　16.5 印张　320 千字 2017 年 1 月第 1 版　2021 年 9 月第 3 次印刷
定　　　价	39.00 元

未经许可，不得以任何方式复制或抄袭本书之部分或全部内容。
版权所有，侵权必究
举报电话：010-62752024　电子信箱：fd@pup.pku.edu.cn
图书如有印装质量问题，请与出版部联系，电话：010-62756370

前　言

　　游戏是儿童的基本活动,学前期是特殊的游戏期。陈鹤琴先生在其著作《儿童心理之研究》中专设游戏一章,并在总结中指出"儿童是以游戏为生活的。儿童生来好玩,外部的刺激与内部的冲动,都能引起他的动作……所以我们应当给儿童充分的机会,使他得到完美游戏的生活"[①]。游戏所具有的自由性、趣味性、假想性与创造性等基本特征与学前儿童好动、好奇、好模仿的天性相吻合,游戏是儿童最喜闻乐见的活动形式,可以有效促进其身体、认知、社会性、情绪情感等方面的健康发展。

　　1989年11月,第44届联合国大会在巴黎通过了《儿童权利公约》,规定儿童有权"从事与儿童年龄相适宜的游戏和娱乐活动",明确了游戏是儿童的一项基本权利。1991年12月,我国第七届全国人民代表大会常务委员会批准中国加入《儿童权利公约》,我国成为缔约国之一。1996年6月,我国正式实施《幼儿园工作规程》,其中规定幼儿园要"以游戏为基本活动,寓教育于各项活动之中",并进一步明确了:"游戏是对幼儿进行全面发展教育的重要形式。应根据幼儿的年龄特点选择和指导游戏。应因地制宜地为幼儿创设游戏条件(时间、空间、材料)。游戏材料应强调多功能和可变性。应充分尊重幼儿选择游戏的意愿,鼓励幼儿制作玩具,根据幼儿的实际经验和兴趣,在游戏过程中给予适当指导,保持愉快的情绪,促进幼儿能力和个性的全面发展。"2001年9月,我国开始实施《幼儿园教育指导纲要(试行)》,在总则中也明确指出"幼儿园教育应尊重幼儿的人格和权利,尊重幼儿身心发展的规律和学习特点,以游戏为基本活动,保教并重,关注个别差异,促进每个幼儿富有个性的发展"。然而,近年来以早期教育名义出现的各种学业和技能训练正在挤占学前儿童游戏的空间与时间,压榨着孩子们宝贵的童年时光。有学者指出,当前我国学前教育领域普遍存在着一种"游戏困境",即"理论上、口头上重视游戏,实践上、行动上轻视和忽视游戏";在幼儿园实践中"重上课、轻游戏,重教师编制的教学游戏、轻幼儿自发的自由游戏"。[②] 2011年12月,针对幼儿园教育"小学化"现象日益突出的问题,教育部专门颁布了《关于规范幼儿园保育教育工作 防止和纠正"小学化"现象的通知》,再次明确提出幼儿园"要坚持以游戏为基本活动","要创设多种区域活动空间,配备丰富的玩具、游戏材料和幼儿读物,为幼儿自主游戏和学习探索提供机会和条件"。综上可知,我国政府和学界对游戏之于学前儿童的重要意义不断重申,加强

---

① 陈鹤琴.儿童心理之研究[M]//北京市教育科学研究所.陈鹤琴文集(上卷).北京:北京出版社,1983:195.
② 刘焱.儿童游戏通论[M].北京:北京师范大学出版社,2004:3.

学前儿童游戏研究,培养幼儿园教师科学的游戏观和支持、指导学前儿童游戏的专业技能已经成为当务之急。

2010年7月,我国正式发布的《国家中长期教育改革和发展规划纲要(2010—2020年)》专章明确提出基本普及学前教育,学前教育进入了"发展的春天"。加快发展学前教育,提高学前教育质量的关键是师资培养。2012年2月,我国颁布实施的《幼儿园教师专业标准(试行)》把"游戏活动的支持与引导"作为幼儿园教师应当具备的七大专业能力之一,并进一步将其细分为四种基本能力:① 提供符合幼儿兴趣需要、年龄特点和发展目标的游戏条件;② 充分利用与合理设计游戏活动空间,提供丰富、适宜的游戏材料,支持、引发和促进幼儿的游戏;③ 鼓励幼儿自主选择游戏内容、伙伴和材料,支持幼儿主动地、创造性地开展游戏,充分体验游戏的快乐和满足;④ 引导幼儿在游戏活动中获得身体、认知、语言和社会性等多方面的发展。由此可见,理解游戏对于学前儿童学习和发展的重要价值,认同并坚持幼儿园以游戏为基本活动的教育理念,掌握组织和指导学前儿童开展游戏活动的方法和技能,已经成为学前教育专业学生的基本要求。

"学前儿童游戏"是高职高专与本科院校中学前教育专业学生的专业必修课。本书定位于学前教育专业教学标准的基本要求,在把握时代特征的同时借鉴学前教育界前辈与同行的研究成果,注重实用性与操作性,既可作为学前教育专业学生的教材,也可作为幼儿园教师真正理解学前儿童游戏的实质、迅速把握支持和指导学前儿童游戏的基本方法的辅助工具。全书分为游戏功能篇、游戏发生发展篇和游戏指导应用篇三大模块。游戏功能篇包括学前儿童游戏的概念与理论、学前儿童游戏的意义与价值、游戏在幼儿园中的地位与作用三章;游戏发生发展篇包括学前儿童游戏的发生、学前儿童游戏的发展、学前儿童游戏的影响因素三章;游戏指导应用篇包括学前儿童游戏环境的创设、学前儿童游戏观察与指导、幼儿园玩教具开发与制作、其他游戏资源开发与利用四章。总体来看,本书具有如下特色。

第一,理论指导实践,实践丰富理论。注重帮助学习者掌握游戏基本理论,形成对学前儿童游戏的科学认识,在此基础上注重培养其科学观察和干预指导儿童游戏的能力,以及合理利用游戏材料、创设游戏环境的能力,全书力图构架起连接游戏理论和游戏实践的桥梁。

第二,逻辑结构清晰,语言简洁明了。全书布局合理,逻辑层次清晰,各部分内容的编排由浅入深,注重知识的系统性和学习的渐进性,在行文上力求做到条理清晰,语言简洁明了,实用而不琐碎,方便学习者理解,并逐渐形成自己的知识框架。

第三,案例情节生动,分析恰当合理。每章均精选学前儿童游戏的实践案例作为开篇,力图通过具体问题引发学习者的兴趣和思考,在此基础上呈现学习内容。

本书参考了许多专家学者的相关论著,保定市和唐山市的多所幼儿园为本书提供了大量图片,在此表示衷心感谢!

范明丽
2016年9月10日

目 录

游戏功能篇

第一章 学前儿童游戏的概念与理论 ……………………………… 3
  第一节 学前儿童游戏的概念与特点 ……………………………… 4
    一、学前儿童游戏的概念 ……………………………………… 4
    二、学前儿童游戏的特点 ……………………………………… 6
  第二节 学前儿童游戏的分类 …………………………………… 12
    一、根据学前儿童游戏的认知发展分类 ……………………… 12
    二、根据学前儿童游戏的社会性发展分类 …………………… 14
    三、根据学前儿童游戏的活动对象分类 ……………………… 16
  第三节 学前儿童游戏的基本理论 ……………………………… 19
    一、古典游戏理论 ……………………………………………… 19
    二、现代游戏理论 ……………………………………………… 21
  本章小结 …………………………………………………………… 28
  自我评量 …………………………………………………………… 29

第二章 学前儿童游戏的意义与价值 …………………………… 30
  第一节 游戏促进学前儿童身体的发展 ………………………… 31
    一、游戏促进学前儿童身体的生长发育 ……………………… 31
    二、游戏促进学前儿童动作的协调发展 ……………………… 32
    三、游戏促进学前儿童的运动技能形成 ……………………… 33
  第二节 游戏促进学前儿童认知与语言的发展 ………………… 36
    一、游戏促进学前儿童的认知发展 …………………………… 36
    二、游戏促进学前儿童的语言发展 …………………………… 40
  第三节 游戏促进学前儿童社会性的发展 ……………………… 42
    一、学前儿童社会性发展的任务与游戏的重要价值 ………… 42

二、游戏从不同方面促进学前儿童的社会性发展 ……………… 44
　第四节　游戏促进学前儿童情绪情感的发展 ………………………… 46
　　一、游戏促进学前儿童情绪情感发展,更好地适应社会 ………… 46
　　二、游戏帮助学前儿童进行情绪恢复,有助于心理健康 ………… 47
　本章小结 ………………………………………………………………… 50
　自我评量 ………………………………………………………………… 50

第三章　游戏在幼儿园中的地位与作用 ……………………………… 52
　第一节　游戏在幼儿园教育中的地位 ………………………………… 53
　　一、游戏在幼儿园生活中的重要性 ……………………………… 53
　　二、游戏在幼儿园中的法律地位 ………………………………… 56
　第二节　游戏与幼儿园课程的融合 …………………………………… 57
　　一、幼儿园"以游戏为基本活动"的教学原理 …………………… 57
　　二、游戏与幼儿园课程的融合 …………………………………… 58
　第三节　幼儿园以游戏为基本活动的建构 …………………………… 61
　　一、以游戏为基本途径的探究性学习 …………………………… 61
　　二、以教育性玩具为中介的支架式教学 ………………………… 62
　　三、非游戏活动游戏化 …………………………………………… 63
　本章小结 ………………………………………………………………… 64
　自我评量 ………………………………………………………………… 65

游戏发生发展篇

第四章　学前儿童游戏的发生 ………………………………………… 69
　第一节　学前儿童游戏的基础 ………………………………………… 70
　　一、学前儿童游戏的生物基础 …………………………………… 71
　　二、学前儿童游戏的社会基础 …………………………………… 73
　第二节　学前儿童游戏的动因 ………………………………………… 73
　　一、身体活动的需要 ……………………………………………… 74
　　二、认知的需要 …………………………………………………… 75
　　三、交往和表达的需要 …………………………………………… 76
　第三节　学前儿童游戏的发生及其与学习、发展的关系 …………… 76
　　一、游戏的个体发生 ……………………………………………… 77

二、游戏、学习与发展 ·· 79
　本章小结 ·· 81
　自我评量 ·· 82

第五章　学前儿童游戏的发展 ·· 83
第一节　0—3岁婴幼儿游戏的发展 ································ 91
　　一、以身体和认知为主线的游戏发展 ······························· 92
　　二、以情感和社会性为主线的游戏发展 ···························· 98
第二节　3—6岁幼儿游戏的发展 ··································· 101
　　一、角色游戏的发展 ·· 101
　　二、表演游戏的发展 ·· 104
　　三、建构游戏的发展 ·· 106
　　四、规则游戏的发展 ·· 109
　本章小结 ·· 110
　自我评量 ·· 112

第六章　学前儿童游戏的影响因素 ································· 113
第一节　影响学前儿童游戏的环境因素 ···························· 114
　　一、物理环境因素 ·· 114
　　二、社会环境因素 ·· 119
第二节　影响学前儿童游戏的个体因素 ···························· 123
　　一、年龄差异 ·· 123
　　二、性别差异 ·· 124
　　三、个别差异 ·· 125
　本章小结 ·· 127
　自我评量 ·· 127

游戏指导应用篇

第七章　学前儿童游戏环境的创设 ································· 131
第一节　学前儿童游戏环境概述 ····································· 132
　　一、游戏环境的内涵与意义 ··· 133
　　二、学前儿童游戏环境的创设要求与现状问题 ·················· 135

第二节　学前儿童游戏中硬件环境的创设 …………………………… 138
　　一、室内游戏硬件环境的创设 ……………………………………… 138
　　二、户外游戏硬件环境的创设 ……………………………………… 144
第三节　学前儿童游戏中心理环境的创设 …………………………… 151
　　一、学前儿童游戏心理环境创设的重要意义 ……………………… 151
　　二、学前儿童游戏心理环境创设的主要内容 ……………………… 152
　　三、学前儿童游戏心理环境创设的基本原则 ……………………… 155
本章小结 ………………………………………………………………… 158
自我评量 ………………………………………………………………… 158

第八章　学前儿童游戏观察与指导 …………………………………… 160
第一节　学前儿童游戏观察与记录 …………………………………… 162
　　一、观察与记录前的准备 …………………………………………… 162
　　二、观察和记录的方法 ……………………………………………… 164
　　三、常用的观察量表与记录手段 …………………………………… 168
第二节　学前儿童游戏分析与评价 …………………………………… 175
　　一、学前儿童游戏评价的对象与内容 ……………………………… 175
　　二、学前儿童游戏评价的原则与方法 ……………………………… 180
　　三、常用的学前儿童游戏评价量表 ………………………………… 184
第三节　学前儿童游戏干预与指导 …………………………………… 190
　　一、家庭亲子游戏的设计与指导 …………………………………… 190
　　二、幼儿园游戏的干预与指导 ……………………………………… 193
本章小结 ………………………………………………………………… 196
自我评量 ………………………………………………………………… 197

第九章　幼儿园玩教具开发与制作 …………………………………… 198
第一节　幼儿园玩教具概述 …………………………………………… 199
　　一、幼儿园玩教具的概念 …………………………………………… 199
　　二、幼儿园玩教具的分类 …………………………………………… 200
　　三、幼儿园玩教具的配备标准及其分析 …………………………… 204
第二节　因地制宜进行幼儿园玩教具开发与制作 …………………… 209
　　一、幼儿园自制玩教具的意义 ……………………………………… 209
　　二、自制玩教具的原则 ……………………………………………… 210
　　三、自制玩教具活动介绍 …………………………………………… 213

四、自制玩教具实例分析 ………………………………………… 216
　本章小结 ………………………………………………………… 225
　自我评量 ………………………………………………………… 226

第十章　其他游戏资源的开发与利用 …………………………………… 227
　第一节　民间游戏的传承与开发 ………………………………… 229
　　一、民间游戏的内涵 ……………………………………………… 229
　　二、民间游戏的分类 ……………………………………………… 230
　　三、民间游戏的特点 ……………………………………………… 233
　　四、民间游戏的价值 ……………………………………………… 234
　　五、民间游戏在幼儿园中的开发与利用 ………………………… 235
　第二节　基于绘本延伸的游戏 …………………………………… 237
　　一、绘本的内涵与价值 …………………………………………… 237
　　二、绘本与游戏 …………………………………………………… 238
　　三、绘本游戏的内涵、分类与意义 ……………………………… 238
　　四、绘本游戏的设计实施 ………………………………………… 243
　本章小结 ………………………………………………………… 246
　自我评量 ………………………………………………………… 247

主要参考文献 ………………………………………………………… 249

游戏功能篇

　　游戏是人类社会一种古老的文化现象,不论在古代还是现代,东方还是西方,幼从天真稚童的追逐嬉戏,壮至成人世界的旅游休闲,老逾古稀之年的棋牌娱乐,无不诠释着游戏的广泛存在。成人和儿童都游戏,但游戏之于儿童具有更加重要的意义和价值。儿童在游戏时那种全身心浸入的状态,儿童在游戏中所展现出来的超凡的学习能力吸引了古往今来很多教育者的目光。游戏的本质为何?"仅仅是游戏吗"?如何定位"通过游戏来教"?如何充分发掘"游戏的卓越性"?儿童游戏研究已经成为教育学和心理学领域一个让人着迷的话题。

第一章　学前儿童游戏的概念与理论

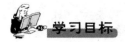

1. 明确学前儿童游戏的概念,把握学前儿童游戏的本质。
2. 掌握学前儿童游戏的基本特点,了解国内外对学前儿童游戏的分类及其主要观点。
3. 掌握不同历史时期有代表性的游戏理论,并能够进行分析判断。

> **齐齐自创的喷水枪**
>
> 　　3岁的齐齐洗澡时总是闲不住,一定要带着他的橡皮小黄鸭、塑料小汽车和两三个瓶瓶罐罐。在洗澡的过程中,他不停地把水从这个瓶子倒进另一个罐子,有时还故意用高高的水流冲击小黄鸭或小汽车,看着它们"狼狈潜水"后又浮出水面的样子,脸上就会露出开心的笑容。夏天天气很热,妈妈偶然听说孩子洗澡时可以往水里加一点藿香正气水,就打算尝试一下,结果一不小心把用过的装藿香正气水的软塑料小瓶掉进洗澡盆里,被齐齐一把抓住了。当齐齐从澡盆里拿出小瓶的时候,里面已经有了多半瓶水。他偶然用手一挤,只听"吱"的一声,小瓶里的水变成细细的一股喷了出来,又快又急,射到了澡盆外面。看到这一幕,齐齐很激动,好像发现了新大陆一样,仔细端详着手里的软塑料小瓶,然后尝试着放进澡盆,再拿出来,用手去挤。不过,由于这次小瓶里没有灌进去多少水,所以没有成功。齐齐有点疑惑,把软塑料小瓶再放进去、拿出来,仔细观察……又一次,当他在水下挤压塑料小瓶时,里面的空气冒出来,洗澡水又灌进里面去了,于是,齐齐开始了他的喷水枪游戏,一次又一次,整个夏天,乐此不疲。

　　在这个案例中,齐齐从最开始的习惯性活动"把水倒来倒去"、"冲击小黄鸭和小汽车",到偶然发现软塑料小瓶可以喷水,从而引起了强烈的兴趣,尝试、失败,再尝试、再失败,一直到最后掌握了软塑料小瓶喷水的要领——必须在水下挤压瓶子才能让水充进去。请问他是在游戏吗?你是基于什么标准进行判断的?你知道学前儿童游戏有哪些基本的特点吗?我们应该如何对学前儿童的游戏进行分类?如何解释儿童的游戏现象呢?

第一节 学前儿童游戏的概念与特点

游戏是儿童与生俱来的活动,具有悠久的历史。由于受到传统观念的影响,游戏一直是和儿童的学习、成人的工作相悖的活动,所谓"玩物丧志""业精于勤而荒于嬉"等说法不一而足。即使到了今天,也仍然有人认为"游戏就是小孩子玩耍",甚至常常将某些不足为道的行为斥为"儿戏"。因此,厘清人们对游戏的认识,明确学前儿童游戏的概念,把握学前儿童游戏的本质至关重要。

一、学前儿童游戏的概念

游戏是一种易于观察但却难于定义的现象,迄今为止尚未有人能够用语言准确定义游戏,且为大家一致认可。范登博格(Vandenberg,1982)曾经形象地说过,游戏就"像一个巧于规避的精灵和我们玩着捉迷藏游戏,躲避着精确的定义"[①]。

(一) 游戏的语言学分析

1. 中文当中的游戏含义

汉语当中的"游戏"一词最早出现在战国时期的历史文献中。在此之前,与"游戏"内涵接近的表述主要有"遊""戏""嬉""玩""遨"等。

在现代,"遊"和"游"二字通用,前者是后者的异体字。然而在古代,"遊"字从"走","游"字从"水",只有"遊"才有从容行走、闲逛的意思。"戏"同"嬉",后者是前者的方言变体,所以常常连用,泛指言笑取乐,使他人或自己开心。《史记·孔子世家》记载:"孔子为儿,嬉戏,常设俎豆,设礼容。"[②]描述了孔子年幼时与伙伴一起玩耍,经常摆设祭器,假扮祭祀活动的情形。"玩"通"弄",偏于手动,在古代多做"玩赏"解,"玩耍"之义起始较晚。"遨"通"遊",也有游玩、游戏之意。

"游""戏"二字连用可见于《韩非子·难三》:"管仲之所谓'言室满室,言堂满堂'者,非特谓游戏饮食之言也,必谓大物也。"《晋书·王沈传》:"将吏子弟,优闲家门,若不教之,必至游戏,伤毁风俗矣。"由此可见,"游戏"一词最初形成时,就已经与学习对立,意指成人的休闲娱乐或小孩子的随意玩耍活动。

2. 外文当中的游戏含义

荷兰文化史学家和语言学家约翰·赫伊津哈(Johan Huizinga)对游戏进行了语

---

① 刘焱.儿童游戏通论[M].北京:北京师范大学出版社,2004:141.
② 刘焱.儿童游戏通论[M].北京:北京师范大学出版社,2004:68.

言学的分析，涉及十几种语言，发现"游戏"的语义学起源与"快速轻捷"的运动有关。游戏概念广泛应用于"轻松的"行为和运动，既包括儿童的游戏，也包括成人的各种活动。

在现代英语中，"游戏"有"play"与"game"的区分。"game"主要指"有规则的游戏"，包括代代相传的能决出胜负的民间游戏，也包括竞技类的体育运动，如奥林匹克运动会(the Olympic Games)。"play"的外延大于"game"，它作为名词时，是对一类行为的总称，从小孩子的角色游戏到舞台表演、玩笑幽默等都在其范围之内，有规则的游戏(game)也包含其中。"play"所包括的行为所具有的共同特征是：一方面不要求沉重的工作，另一方面使人愉快和满足。①

（二）学前儿童游戏的定义

在游戏研究的历史上，对学前儿童游戏的定义可谓众说纷纭。此处酌列几种比较有代表性的定义，供大家分析思考。

1. 福禄培尔

著名的德国教育家、"幼儿园之父"福禄培尔(Fredrich Froebel)首次公开强调游戏在幼儿园中的地位与作用，认为游戏是由幼儿的内在需要与冲突引起的，是幼儿内部存在的自我活动的集中体现，是一种本能活动。他高度评价了游戏的价值，认为游戏是幼儿期人的发展的最高阶段、一切善的根源和整个未来生活的胚芽。

2. 乌申斯基

俄罗斯教育心理学的奠基人乌申斯基(Константин Дмитриевич Ушинский)认为游戏就是儿童自觉的、有意识的、有目的的活动。他指出在儿童的生活中游戏与学习不能截然分开，而是互相渗透的。教师要尊重儿童喜欢游戏、喜欢玩的特点来设计教学活动。

3. 皮亚杰

瑞士儿童心理学家和教育家皮亚杰(Jean Piaget)认为游戏既包括外显的行为，也包括内在的心理活动，是儿童为了掌握技能和德行的欢乐而重复一个行为或图式。游戏的本质就是同化超过了顺应，儿童通过同化作用来改变现实，满足自我需要。

4. 维果茨基

苏联心理学家维果茨基(Lev Vygotsky)认为游戏是一种社会性活动，是在真实条件之外借助想象，从行动上再现某种生活现象。游戏的本质是以物代物进行活动，儿童凭借语言的功能，以角色为中介，了解、学习和掌握基本的人与人的社会关系。

---

① 刘焱. 儿童游戏通论[M]. 北京：北京师范大学出版社，2004：66-68.

除了国外学者的论述,我国学者黄人颂认为:"游戏是幼儿喜爱的、主动的活动,是幼儿反映现实生活的活动。"[①]虞永平认为:"游戏是一类行为的总称。从一般意义上说,是指行为主体在消遣性活动中得到生理、心理满足,这种活动不具有直接的功利目的,但有潜在的功利性。"[②]

综合以上观点,本书认为学前儿童游戏就是学龄前儿童(0—6岁)在一定时空中,自发自愿进行的,伴有愉悦情绪体验的一系列假想或现实的活动,这类活动以自身为目的,既可以是儿童个体独自进行,也可以是儿童与其他人之间的社会性交往活动。

二、学前儿童游戏的特点

学前儿童游戏具有与成人游戏不同的特点,主要表现在行为特征的可见性、游戏体验的差异性,以及外部环境的宽松性三个方面。[③]

(一)行为特征的可见性

正如学前儿童尚未学会掩饰自己的行为动机和体验一样,学前儿童的游戏也是"可见的",这些可见的外部行为特征主要包括面部表情、动作行为、言语伴随和游戏材料等方面。

1. 面部表情

面部表情是儿童情绪主观体验的一种外部表现形式,是用来判断儿童的活动是否是游戏活动的一项重要外部指标。学前儿童在游戏中经常伴随有外显的面部表情,皮亚杰就曾经用微笑作为游戏发生的标志,以此对幼儿的探究行为和游戏做出区分。当摇篮里的婴儿偶然碰到绳子而带动了摇篮上方的玩具摇晃发出声响时,他最初的表情是认真的,反复的抓拿行为之后,他会理解并掌握这种情景,这时他的脸上就会出现轻松愉快的表情。皮亚杰认为这时婴儿的抓拿活动就由探究转变成了游戏,婴儿活动的目的是"让有趣的情景保持下去"。

对灵长类动物游戏的研究发现,动物在游戏时有一种特殊的面部表情"玩相"(play face),其典型特征是张大的嘴巴,得意洋洋的神情,眼睛里充满了笑意,如图1-1所示。这种"玩相"也出现在儿童的游戏中,作用在于向伙伴传递特殊的游戏信号,"这是玩啊,别当真",如图1-2所示。需要说明的是,儿童在游戏时并不总是在"笑",有时候他们的表情是非常专注认真的,比如当他们蹲在地上观察蚂蚁搬家时,当他们小心翼翼地用积木搭建高塔时,当他们和同伴讨论应该给娃娃穿什么衣服时的表情。可以说,儿童在游戏中的面部表情取决于游戏活动的性质与类型(例如是

---

① 黄人颂. 学前教育学[M]. 北京:人民教育出版社,1989:235.
② 虞永平. 学前教育学[M]. 南京:江苏教育出版社,1996:268.
③ 此部分基本观点参考:刘焱. 儿童游戏通论[M]. 北京:北京师范大学出版社,2004:167-178. 有改编。

认知性成分较强的活动还是嬉戏性较强的活动;是独自游戏还是与同伴一起玩;等等),也取决于游戏活动的阶段(开始,进行中,还是结束)和游戏材料(是新异的,还是熟悉的)等。

图 1-1　猩猩的玩相

图 1-2　幼儿的玩相

此外,儿童在游戏中的表情还有兴奋性程度的差异,如图1-3所示。不管是专注认真还是微笑、嬉笑、扮鬼脸(夸张变形)、哈哈大笑,幼儿在游戏中的表情特征说明其在游戏中身心总是处于积极主动的活动状态,而不是消极被动的状态。无所事事,厌烦无聊,茫然发呆,负向的情绪如愤怒、哭泣等都不是儿童在游戏中会出现的表情。可以说多样性的外部表情是儿童内心真实感受的反映,通过细致观察儿童表情的变化可以更好地把握儿童的情绪,进而进行必要的干预和指导,保持其良好的情绪体验和心理状态。

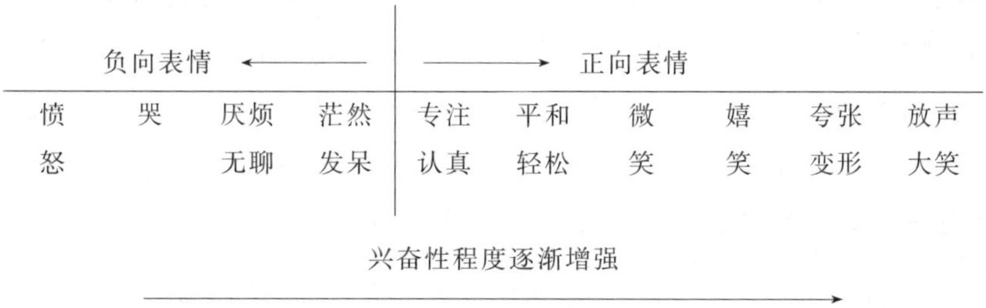

负向表情 ←				→ 正向表情					
愤怒	哭	厌烦无聊	茫然发呆	专注认真	平和轻松	微笑	嬉笑	夸张变形	放声大笑

兴奋性程度逐渐增强
──────────────→

图 1-3　游戏的表情特征

2. 动作行为

游戏动作是学前儿童游戏中最引人注目的部分。在游戏过程中,儿童对物体或游戏材料的使用往往不同于日常生活中的使用方式,这些行为常常超出了成人的想象,其动作行为的特点主要包括非常规性、个人随意性和重复性。此外,根据游戏动作性质的不同,我们还可以把游戏动作分为探索、象征和嬉戏三种基本类型。

(1)三个基本特点。① 非常规性:在游戏过程中,儿童会表现出许多非常规性的动作,例如,儿童把枕头抱在怀里假装哄宝宝睡觉,把脸朝向椅背骑在椅子上假装开汽车等,这些就是游戏性的动作而不是常规性或工具性的动作。② 个人随意性:

在游戏过程中,儿童的动作没有规律,不同的儿童可以用不同的方式去对待同一个物体,同一个儿童这次玩的方式也可能与下一次玩的方式不同。例如,有的儿童把座椅当汽车,有的儿童把座椅翻过来当娃娃的澡盆,下次他们可能用很多座椅来连成火车,或者搭建自己的家,等等。正是由于游戏动作的随意性和非常规性特点,儿童游戏动作才表现出了丰富多样性与极大的灵活性。③ 重复性:重复性是学前儿童游戏的动作特征之一,儿童年龄越小,重复性的特征体现越明显。例如,爬楼梯本身不是游戏,但当一个儿童反复上上下下楼梯时,通过动作及表情线索,人们可以判断他正在进行游戏。再如,学步儿常常把球扔出去,再高兴地捡回来,然后再扔出去,这些重复性的游戏动作在给儿童带来愉悦体验的同时,也使其体验到掌握本领的快乐,即皮亚杰所谓的"机能性快乐"。

(2)三种基本类型。① 探索:通过视觉、听觉、触摸觉、本体觉等感知觉的联合活动,对当前事物的性质(例如形状、颜色、软硬等)、事物的变化(例如形状改变、空间移位),以及事物之间和事物与自己动作之间的关系等进行考察的动作行为。② 象征:在表象作用支配下的想象性、虚构性动作。例如,儿童把小积木假装当作住在积木房子里的小人,户外活动时张开双臂奔跑假装自己是小飞机,等等。③ 嬉戏:故意做"坏事"或某种动作来取乐,带有幽默、逗乐、玩笑的性质。例如婴儿在洗澡时故意用手击水,把水溅得满地都是,弄湿了妈妈的衣服,妈妈假装生气,而婴儿越发起劲地击水。儿童在游戏中并非只表现出单一的游戏动作,而是会交叉表现出几种动作,但在不同内容的游戏活动中三种游戏动作所占的比重不同。例如在"娃娃家"等角色游戏中象征性动作占优势,在搭积木、拼图等游戏中探索性动作占优势。即便是同一内容的游戏,在游戏进行过程中,不同阶段也会产生不同性质游戏动作之间的交替。例如,在搭积木的初级阶段,探索性动作较多;在搭好以后玩游戏"小矮人的家"(白雪公主的故事)时,象征性动作开始占主导地位。如果把三种不同性质的游戏看作是一个连续体,其关系如图1-4所示。

图1-4 探索、象征与嬉戏性动作之间的关系

3. 言语伴随

语言是思维的物质外衣,幼儿在游戏过程中通过伴随的言语来组织思维,表达情感并与他人进行沟通。注意倾听幼儿的言语,可以帮助我们判断幼儿是否在游戏

以及游戏的水平与状况。一般而言,儿童在游戏中的言语伴随主要包含三种类型。一是游戏过程中的独白语言,主要表现为儿童一边自言自语,一边操作游戏材料。例如,"把红色的长积木放在下面,把绿色的小积木放在红积木上……","娃娃生病了,我要带娃娃去医院",等等。这种独白性的言语是儿童在游戏中思维与想象的外化,在年龄较小的儿童中表现明显。二是扮演角色之间的交际性语言,也称之为游戏性语言。例如,"卖糖果啦,好吃的糖果,谁来买糖果","报告队长,侦查任务已经完成","医生,我的宝宝病了,请帮他检查检查",等等。游戏性语言的内容具有虚拟性,其说者和听者都是游戏角色,游戏性语言对合作性的角色游戏起到维系与支撑作用。三是同伴之间的交际性语言。这类语言在游戏中主要起到建议、解释、协商、求助、申辩、指责他人等功能。例如,"我们来玩丢沙包吧","我在帮宝宝洗澡呢","把你的小汽车借给我玩一会儿行吗","这个不是这样玩的",等等。

此外,游戏中幼儿言语伴随频度的高低也可以作为评价幼儿活动的自由度以及班级的心理环境质量的一个指标。1995年,项宗萍根据因果关系模型及一些相关因素分析,提出对教育过程进行评价的一些指标,其中"儿童活动的积极性"一项中就包括"儿童在园的言语伴随频度"[①]。游戏是儿童自发自愿的活动,在游戏中儿童的心理是最放松的,因此在游戏中儿童的言语伴随最多,最能真正体现儿童的所思、所感和所需。

4. 游戏材料

任何东西都可以成为学前儿童的游戏材料,玩具是现代社会儿童游戏时经常使用的游戏材料。学前儿童游戏的顺利进行依赖于具体的游戏材料或玩具支撑,儿童的年龄越小,对游戏材料和玩具的依赖性越高,对游戏材料的逼真性程度要求也越高。随着儿童年龄的增长,语言抽象思维的发展,会逐渐出现一些无外在游戏材料的游戏,如语言游戏等。但是总体来看,在学前儿童游戏中对游戏材料和玩具仍然具有很大的依赖性,因此,有无游戏材料和玩具也可以作为人们判断儿童是否在游戏的指标之一。

综上所述,学前儿童在游戏中的面部表情、动作行为、言语伴随和游戏材料等构成了游戏的外部行为特征,这些特征作为一种信息符号,在儿童游戏过程中向人们传递着幼儿游戏时最客观、最及时的信息。通过这些信息,我们可以初步判断出儿童是否在游戏,游戏的水平如何,发生了哪些变化等。需要说明的是,在某种具体的游戏活动中,由于游戏的种类和具体条件的差异,我们可能不能同时观察到所有这些方面的因素和特征,不过对于这些外部特征的研究与学习,的确有助于我们更好地了解学前儿童,更好地认识儿童的游戏。

---

① 项宗萍. 从"六省市幼教机构教育评价研究"看我国幼教机构教育过程的问题与教育过程的评价取向[J]. 学前教育研究,1995(2).

(二) 游戏体验的差异性

游戏性体验是游戏不可或缺的心理成分，指学前儿童在游戏活动中产生的对于游戏活动本身的主观感受或心理体验。我们通常说游戏是"自由的""愉悦的"，这些词汇都带有强烈的情绪体验色彩。游戏性体验的最大特点在于它的内在性，是主体游戏过程中实实在在获得的主观性体验。游戏所带来的愉悦体验是儿童进行游戏的最终目的，是游戏的魅力所在。

游戏性体验可分为兴趣性体验、自主性体验、胜任感或成就感、幽默感，以及因身体活动的需要得到满足而获得的生理快感或机能性快乐。

1. 兴趣性体验

兴趣性体验是指由外物刺激带来的一种体验，是一种情不自禁地被卷入、被吸引的心理状态。例如，当一套色彩鲜艳、形状多样的积木摆在儿童面前时，儿童会产生极大的兴趣并很快投入其中进行游戏，这就是一种兴趣性体验。兴趣性体验是游戏性体验不可或缺的成分，游戏因兴趣产生而发生，也因兴趣消失而停止。

2. 自主性体验

自主性体验是指学前儿童对自己在游戏中的主体地位的感知和体验，主要由游戏活动可以自由选择、自主决定的性质而引起。如果用学前儿童的语言来描述这种体验，就是"玩就是可以随便""玩就是想干什么就干什么"。在游戏中，儿童可以自由决定"玩什么""怎么玩""和谁玩"，即"我的游戏我做主"。自主性体验是幼儿游戏性体验的重要组成部分，也是儿童进行游戏的根本动因之一。

3. 胜任感或成就感

胜任感和成就感是一种对自己能力的体验，这种体验可以增强游戏者的自信心。在游戏中，儿童不必担心成人的批评与苛责，可以通过尝试错误选择适合自己能力的活动或找到屡次尝试后由成功所带来的胜任感与成就感。此外，儿童还可以通过假想、想象来实现对现实环境的改造，转换重构自己和外部环境之间的关系，进而获得掌握和控制感。例如，在游戏中儿童可以假装自己是神仙，手拿魔杖一挥，就可以变出自己想要的任何东西，甚至整个世界都可以按照自己的想法和愿望重新安排。

4. 幽默感

幽默是由嬉戏、欢笑、诙谐等引起的快感。学前儿童游戏是幽默的活动。作为游戏性体验的一部分，幼儿的幽默感有一个发生、发展的过程。最初的幽默感源于嬉戏性游戏的偶然结合，例如当幼儿无意中把母亲的长发拉下来挡住眼睛觉得很有趣时，就会马上重复这一动作，咯咯直乐，母亲的制止不但不会结束幼儿的这种行为，甚至还会强化其行为。伴随着儿童的成长与知识经验的丰富，他们会理解更多、更深层次的幽默并用于游戏过程中。

5. 生理快感

对处于高速成长期的学前儿童来说"动即快乐",游戏的生理快感主要来源于满足其身体活动的需要和机体维持中枢神经最佳觉醒水平的需要。由于骨骼肌肉系统在生长发育上的特点,幼儿有身体活动的需要,在游戏中,儿童自由地活动,体验着成长所带来的快乐,获得了机体上的生理快感。同时,作为运动控制中心的小脑与作为情绪控制中心的边缘系统之间存在着双向的神经联系,因此,积极的身体活动也可以使儿童产生愉快的情绪体验。

游戏性体验的实质是主体性体验,游戏之所以使人快乐,最重要的原因就是儿童能够从中获得肯定人的主体性的游戏性体验。需要说明的是,虽然游戏性体验包括上述五种体验,但在一种游戏活动中,这五种体验不一定同时发生。只有兴趣性体验、自主性体验与胜任感/成就感是进行任何游戏都不可或缺的基本游戏体验,不同性质的游戏性体验存在与否及存在多少都取决于游戏自身的性质。

(三) 外部环境的宽松性

学前儿童游戏的发生是主客体相互作用的结果,既与游戏主体有关,又与外部环境相关。游戏的外部行为特征和游戏性体验主要从儿童的角度来解释游戏的主要特征。这里主要分析游戏的外部环境所具有的特点,即在什么情景下,儿童能够进行游戏并且产生游戏性体验。总体来看,学前儿童游戏产生游戏性体验的外部环境相对宽松,主要具有以下特征。

1. 儿童有自由选择游戏的权利与可能

学前儿童游戏具有极强的自主性,游戏的自由选择是产生自主性体验的必要条件。因此,教师在组织学前儿童游戏时必须给予其自由选择的权利,并提供相应的条件使儿童可以根据自己的兴趣和意愿来决定做什么和怎么做。相关研究表明,游戏材料可选择与否及自选程度的高低直接影响学前儿童活动的积极性和主动性。在游戏材料可选的情况下,幼儿的无所事事率较低,幼儿间交流较频繁;反之,幼儿无所事事率较高。在游戏材料任选的情况下,无所事事率最低,交往最频繁。因此,教师应该致力于提供充足的游戏材料,并给儿童提供自由选择游戏的权利与可能,形象地说,即儿童有权利选择"玩不玩"和"玩什么"。

2. 游戏活动的方式方法由儿童自行决定

游戏活动的方式方法由儿童自行决定也是儿童游戏自主性的表现之一。自由选择是幼儿游戏发生的一个必要条件,但不是充分条件。对学前儿童游戏活动的观察显示,即便是在游戏材料可自由选择的前提下,幼儿园内仍有许多幼儿并没有从内心真正认为他们在"玩",而是将"老师的游戏"作为一项任务进行,原因就在于他们所选用的游戏材料的使用方式方法已经被教师提前规定好。学前儿童游戏的真谛在于幼儿可以自主决定游戏活动的方式方法,主动控制游戏的进程,即自己决定

"怎么玩",而不是完全遵循教师的规定对所提供的游戏材料进行机械操作。

3. 游戏活动的难度与儿童的能力相匹配

任务的难度与能力相匹配是胜任感产生的一个重要条件。自主游戏往往可以使幼儿通过自主选择任务找到与其自身能力相配的游戏活动,并通过游戏活动产生一定的胜任感和成就感。适应学前儿童能力水平的游戏存在这样一种可能,即儿童通过自身努力解决问题,获得成就感和胜任感,同时带来满足和快乐的习得性体验。正是这种可能,要求学前儿童游戏的活动难度要尽最大可能与其能力水平相一致,即游戏活动处在儿童的"最近发展区",是既有一定难度,但是学前儿童又可以通过努力来完成任务或解决问题。

4. 儿童不寻求或担忧游戏以外的奖惩

"玩即目的",学前儿童的游戏性体验产生于游戏活动当中,而不是在游戏活动之外,游戏本身的乐趣是吸引学前儿童置身于游戏中的直接动机和唯一关键。"游戏是目的在自身的活动",虽然游戏中的奖励有一定的积极作用,但必须明确学前儿童不是为了游戏以外的东西才进行游戏,游戏活动本身就能使幼儿感到满足。相关研究表明,外部强化(奖赏)会抑制儿童对游戏本身的兴趣。经常性的外部奖励手段不但不会鼓励幼儿积极游戏,反而可能造成幼儿对奖励的依赖,使游戏失去其真正的意义。一旦儿童关注奖励胜过游戏本身,游戏活动的本质就发生了变化,即儿童的游戏被"异化"了。

总之,教师在创设游戏情境和干预儿童游戏的过程中,应该将尊重儿童的自主选择放在首要位置,不论是游戏材料的选取,还是游戏活动的规则,都要尽可能体现学前儿童的意愿,尊重儿童,这样才会真正使幼儿获得游戏主体的地位,使游戏成为"儿童的游戏"。

第二节 学前儿童游戏的分类

学前儿童的游戏是丰富多彩、富于变化的,对学前儿童游戏进行分类,有助于我们更好地认识和理解儿童游戏。依据不同的分类标准,可以将学前儿童游戏划分为不同的类别。

一、根据学前儿童游戏的认知发展分类

游戏是儿童发展水平和发展状况的真实写照,认知发展是儿童发展的重要维度之一。皮亚杰最早从儿童认知发展的角度对儿童游戏进行分类,他认为儿童在不同的认识水平上,会进行不同类别的游戏,并据此将儿童的游戏划分为练习性游戏、象征性游戏、结构性游戏和规则性游戏四类。

（一）练习性游戏

练习性游戏（practical play）又称感知运动游戏（sensori-motor play）或机能性游戏（functional play），是儿童最早出现的游戏形式，主要发生在皮亚杰所说的感知运动阶段（0—2岁）。练习性游戏主要由简单的、重复的动作组成，基本动因在于儿童的感觉和运动器官在活动过程中获得快感。练习性游戏可以是徒手的，也可以是作用于实物的，例如，儿童反复拍水、摇铃、绕着房间四周跑动、滑滑梯等都属于练习性游戏。儿童在反复摆弄物体和动作练习中获得对于环境的控制感，发现自己的行为动作和物体变化之间的关系，并在此过程中获得愉快的体验。

练习性游戏在2岁前最多，以后比例逐步下降；到6岁时，大约只占到全部游戏的14％左右。需要说明的是，练习性游戏会伴随我们一生，只要有新的技能学习发生，就有可能出现这种游戏。例如，不管多大年龄的人学习骑自行车，或者成人学习开车，都会经历一个"练习性游戏"的阶段，即刚刚学会但还不是很熟练的时候。这个时候是我们最喜欢骑车或开车的时候，也是我们进行"练习性游戏"的时候。

（二）象征性游戏

象征性游戏（imaginative play）又称想象游戏或假装游戏（pretend play, make-believe play）、表演游戏（dramatic play），是学前儿童尤其是幼儿最典型的一种游戏形式。象征性游戏的主要特征是"假装"，即幼儿对事物的某些方面做想象性的改造，包括以物代物（如用积木假装打电话，把小椅子倒过来当汽车开）、情境假设（如张开双臂奔跑假想自己在开飞机，坐在秋千上高高荡起假想自己在飞翔）和以人代人（如在"娃娃家"中扮演布娃娃的爸爸、妈妈，带上听诊器扮演医生）等形式。在象征性游戏中，儿童可以摆脱客观现实，以表象代替实物进行想象，逐渐掌握基本的社会交往规则并学会用内部语言符号进行思考。同时，儿童在象征性游戏中，通过"假装"来按照自己的想法和愿望改造现实、转变情境，无拘无束地表现自己对于周围世界的体验和认识，宣泄自己的各种情绪情感。

象征性游戏大约发生在1岁半左右，在儿童2岁以后开始大量出现，4岁以后趋于成熟，并延伸到小学阶段。幼儿园阶段是儿童象征性游戏发展的高峰期，有研究表明，幼儿集体象征性游戏发展趋势呈倒U形曲线，5岁为高峰；幼儿独自象征性游戏发展趋势呈正U形曲线，5岁为低谷。[①] 象征性游戏中所包含的以物代物、情境假设与转变、角色扮演等社会性因素都是象征性游戏成熟的表现形式。

（三）结构性游戏

结构性游戏（constructive play）又称建构性游戏，是指学前儿童按照一定的计划或目的来组织游戏材料或其他物体（如积木、积塑、火柴杆、塑料管、冰棒棍、木片、纸片、泥、沙、雪等），使之呈现出一定的形式或结构，从而反映现实生活中的物体或场

---

① 刘焱. 儿童游戏通论[M]. 北京：北京师范大学出版社，2004：182.

景的活动。例如,儿童拼搭积木、拼插积塑、玩拼图游戏、堆雪人、做泥工、用沙筑碉堡、做木工活等建构性活动都属于结构性游戏。结构性游戏在幼儿阶段呈增加趋势,是学前儿童游戏活动向非游戏活动的过渡,前期带有象征性,后期逐渐成为一种智力活动。

结构性游戏一般发生在儿童2岁左右,伴随着儿童的成长,结构性游戏也会发生阶段性的变化。结构性游戏的特点是儿童按照自己的意愿通过造型活动模拟对象的结构特征,有助于提高学前儿童动作的精确性和手眼协调能力,也有助于发展学前儿童的认知能力,提高其审美能力,并促进和提高儿童的创造能力。

(四) 规则性游戏

规则性游戏是指由两个或两个以上的游戏者参加,按照预先设定的规则进行,通常具有竞赛性质和奖惩措施,以输赢为完结的游戏;在英文中的表述是"games"或"games with rules"。规则性游戏包括智力性质的竞赛游戏,如五子棋、牛角棋等棋类游戏,说相反、词语接龙等语言类游戏,也包括运动技巧性质的游戏如跳房子、丢沙包、贴人、老鹰抓小鸡等。规则性游戏在结构和玩法上不同于其他类型游戏的特点是"规则"和"策略",规则是规则性游戏的核心要素,而策略体现了儿童在游戏过程中为了获胜,通过去自我中心和不懈努力而逐渐提高游戏水平与技能。

规则性游戏是儿童游戏的高级发展形式,多在4、5岁以后发展起来,伴随着年龄的增长,游戏规则会更具体、更明确。根据游戏规则本身不同的复杂程度和对游戏技能的不断要求,规则性游戏可以从幼儿期一直延续到成人阶段。

二、根据学前儿童游戏的社会性发展分类

游戏可以体现并促进儿童的社会性发展水平和发展状况,以社会性发展水平为依据对儿童游戏进行分类的主要有柏顿(Parten,1932)和豪伊斯(Howes,1980)。其中,柏顿的游戏分类使用最为普遍,我们在此主要介绍柏顿对游戏的分类。柏顿通过观察托幼机构中学前儿童的游戏,按照社会性参与的不同水平把2—6岁学前儿童的游戏分为偶然的行为或无所事事、旁观、独自游戏、平行游戏、联合游戏、合作游戏等六大类。

(一) 偶然的行为

学前儿童在游戏中偶然的行为又称"无所用心的行为"或"无所事事",主要指儿童在游戏中缺乏目标,东游西逛,行为漫无目的,目光飘忽不定,注视碰巧引起其兴趣的事物,对事物没兴趣时就摆弄或玩玩自己的肢体,在椅子上爬上爬下,或是坐在一个地方东张西望。例如在某幼儿园的大型游戏室里,一间很大的屋子被分割成若干游戏区:饭店、医院、娃娃家、银行、商店、理发店等。各个区域被精美逼真的玩具与材料装饰得美轮美奂,在用不锈钢和有机玻璃制成的"挂号台"后面坐着一位"小护士",已经很久没有"病人"来挂号看病了,小护士就一直呆坐在那里,偶尔目光

游移、四处张望。严格地说,这种偶然的行为或无所事事不属于游戏。

(二) 旁观

在游戏中旁观(onlooking)时,学前儿童是作为游戏的旁观者(onlooker),即儿童置身于游戏活动之外,不参与游戏,大部分时间都是在一旁观看同伴们游戏,偶尔和他人交谈,有时候会提出问题或提供建议,但从行为上并不主动参与和介入同伴正在进行的游戏。例如在"娃娃家"游戏中,"宝宝"生病了,"爸爸""妈妈"非常着急。这时在一旁观看的小文也很着急,建议说赶紧送"宝宝"去医院看病;小美也在旁边看到了这一情景,她突然问了一句:"你们的娃娃是从哪里找到的?"旁观的行为可能是游戏,也可能不是游戏。案例中小文的行为说明她的旁观具有游戏的性质;而小美的旁观则与正在进行的游戏没有关系,不是游戏。

旁观与偶然的行为/无所事事的不同之处在于旁观者会针对特定的群体进行观察,而不是毫无目的地到处乱看。旁观的儿童通常会站在距离正在游戏的同伴比较近的位置,他们可以看到同伴的行为,听到同伴的对话,然而却没有参与到正在进行的游戏中去。

(三) 独自游戏

独自游戏(solitary play)是指学前儿童虽然与正在进行游戏的同伴在交谈距离之内,然而却专注于自己手中的游戏材料,不与其他同伴交流,一个人单独玩着自己的游戏。例如,在幼儿园的角色游戏区,天天在玩商店的游戏,他一边认真地整理着"货架"上的"商品",给"商品"贴"价签",一边把它们分类摆放得整整齐齐,等待"顾客"光临。而在他旁边的齐齐却趴在天天的"柜台"上,一边摆弄着手头的小积木,一边自言自语道:"这个是霸王龙,这个是三角龙,这个是巴斯顿龙……"随后还在"柜台"上开始了"霸王龙大战三角龙"的游戏。天天整完"货架",一回头看到自己的"柜台"被各种各样的积木占得满满当当的,不由得向齐齐说道:"请你往旁边挪一挪,好吗?"

从上述例子可以看出,独自游戏的特点是儿童专心、独立地操作玩具或游戏材料,他们在游戏中出现的言语行为,或者是指向自己的游戏,或者是指向两个人游戏以外的其他的行为动作,而没有接近其他儿童的尝试。学步儿通常是以这种方式进行游戏的。

(四) 平行游戏

平行游戏(parallel play)是指学前儿童操作着相同或相近的玩具或游戏材料,但他们彼此之间却没有进行真正意义上的互动。他们可能彼此和谐相处,不时地也有少量言语交谈,或者相互模仿,但是在活动中没有合作。例如,在幼儿园的积木建构区,天天和齐齐都在专心地摆弄和拼搭各自的积木。天天在把积木搭成"大高塔",齐齐在把积木连接成"小火车"。过了一会儿,齐齐一抬头看到了天天搭建的"大高塔",于是,他也开始尝试把积木搭高,并自言自语道:"我的大高塔也建起来了。"天天扫了一眼齐齐的高塔，冲他笑了一下，然后低头继续在自己的高塔旁边搭建新的高塔，齐齐则开始尝试把"小火车"首尾相接，围住自己搭建的"大高塔"了。

平行游戏相比独自游戏而言，学前儿童之间有了一定的联系，他们会有言语或眼神的交流，也可能会相互模仿，然而大部分时间仍是自己玩自己的，儿童之间没有合作。平行游戏是社会性游戏的初级形式，教师可以通过适宜的方式引导和促进处在平行游戏阶段的学前儿童开始学习在游戏中交往和合作。

（五）联合游戏

联合游戏（associative play）也称为协同游戏，多发生在由多个儿童参与的游戏中。协同游戏时儿童是在一起玩的，也有"我们一起玩"的共同活动的意识，然而却没有明确的分工与合作，他们对于游戏材料、游戏目的和游戏结果缺乏共同的计划和组织，只是因为玩游戏时游戏活动相似而简单地聚合在一起。例如，在"开火车"游戏中，几个儿童一个接一个地共同把"火车厢"连接在一起，组成了一列"火车"，然而他们对诸如"火车"开去哪里，怎么行驶等都没有明确规定，假如某个儿童离开了也不会影响其他儿童继续游戏。

联合游戏是继平行游戏之后出现的游戏类型，在联合游戏中，儿童之间的互动和合作开始增强，但是游戏团体的组织仍较为松散，小组成员变换较为频繁，没有明确的计划和组织。教师可以通过适当的引导和启发，增强幼儿的合作意识，并学习合作的具体方法。

（六）合作游戏

合作游戏（cooperative play）是指由两个或多个学前儿童在一起，围绕一个共同的游戏主题进行游戏。合作游戏的游戏主题明确，儿童对于游戏材料的使用、游戏目标和游戏结果都有共同的计划和组织，分工明确，角色互补，所结成的玩伴关系可以持续较长的一段时间。例如，在幼儿园的"娃娃家"中，齐齐、天天、小文和小美在商量角色的分配，小文和小美都想当"妈妈"，这时齐齐说道："妈妈要带宝宝，还要买菜做饭，谁最能干谁才能当妈妈。"小文抢着说："这些我都会，我来当妈妈。小美，你当宝宝吧，你当可爱漂亮的宝宝。"小美眨了眨眼，想了想然后说道："那好吧，我来当可爱的宝宝，嘻嘻。"天天在旁边插不上嘴，有点着急，说："我想当爸爸，我来当爸爸吧？"齐齐说："好的，那天天当爸爸，我来当舅舅吧，今天舅舅来家里做客了。"于是，孩子们按照商量好的角色开始了游戏。

合作游戏是学前儿童社会性发展的高级阶段，对于儿童的发展具有重要的意义。教师应该创设良好的环境，并鼓励和支持儿童进行合作游戏。

三、根据学前儿童游戏的活动对象分类

根据学前儿童游戏的活动对象进行分类源于加维（Garvey，1977）。加维认为，儿童游戏所使用的材料和所操作的对象可以作为评价其游戏水平的一个指标，观察

儿童游戏的一个角度是看他们"究竟在用什么玩"。不同的游戏材料或活动对象,构成了学前儿童经验的不同来源和不同等级,根据游戏的活动对象,加维把游戏分为以身体运动为材料的游戏、以物体为材料的游戏、以语言为材料的游戏、以社会生活为材料的游戏,以及以规则为材料的游戏等五类。这些以不同对象为材料的游戏,随着儿童发展逐渐融合,形成更为复杂的包含多种活动对象的综合性游戏。

(一)以身体运动为材料的游戏

以身体运动为材料的游戏即身体运动游戏,其基本的构成要素是感知觉与运动器官的联合活动,包括奔跑、攀爬、跳跃、追逐等活动,类似于皮亚杰提出的练习性游戏。例如,齐齐刚学会走路的时候喜欢不停地走来走去,能够自由移动对他来说是一件非常新奇有趣的事情,在走动的过程中,他不仅着迷地体验着对自己身体的掌控,也开始扩大对周围环境的探索范围,用蒙台梭利的话来说,这是孩子的"第二次诞生"。1岁8个月左右,齐齐开始对家里院门前的斜坡产生了兴趣,缓慢地走上来,走下去,走上来,走下去……然后是台阶,他最初是在院子里凉台前的三个台阶上上下下,乐此不疲,从最初动作很缓慢,需要一只脚先下到一级台阶,另一只脚再跟着到这级台阶,到后来可以一只脚迈一个台阶,然后尝试从最低一级的台阶上跳下来。

以身体运动为材料的游戏是动物与人类共有的游戏形式,也是儿童最早出现的游戏形式,这种类型的游戏既可能以个人游戏的方式发生,也可能以社会性游戏的方式发生。例如成人把婴儿举上举下,放在膝上前后摇摆,使婴儿高兴得咯咯大笑,就是以身体运动为材料的游戏较早的社会性形式,而齐齐从走路、走斜坡到上下台阶,则是个人的游戏。随着年龄的增长,这类游戏会逐渐减少,但并不会完全消失。

(二)以物体为材料的游戏

以物体为材料的游戏又称摆弄实物的玩物游戏,是以对物体的属性、功能的探索和操作为基本构成要素的一类游戏。这类游戏最初是探索性的游戏行为,主要表现为儿童对物体的属性、功能等进行探索和操作的活动,随着儿童对物品的熟悉程度加深,基于物体的想象性游戏才会发生。例如,齐齐9个月左右的一天,他正在床上爬着玩,妈妈打乒乓球回来后随手把球拍和球往桌子上一放,乒乓球没有放稳掉了下来,开始在地板砖上弹跳并发出清脆的声音,一下子吸引了他的注意。齐齐咿咿呀呀地要乒乓球,妈妈把球递给他,他端详了一会,然后就爬到床边往下扔,看到乒乓球一跳一跳的样子,听到乒乓球弹在地上的声音,齐齐脸上露出了开心的笑容。妈妈把球捡起来扔到床里面一点,他"蹭蹭蹭"地爬过去,拿起球爬到床边又往地上扔,然后妈妈再捡起来抛到床上,他再爬回去拿球,然后爬到床边往下扔……这样的游戏一直持续了20分钟,母子二人都很开心。

学前儿童摆弄实物的玩物游戏主要表现为反复做某些动作以取乐,或者以相同的方法反复摆弄、操作物体。这样的活动在年幼儿童身上最为常见,随着年龄的增长,儿童单纯摆弄物品的游戏行为逐渐减少,开始向象征性和结构性游戏发展。

(三) 以语言为材料的游戏

以语言为材料的游戏即语言游戏，以学前儿童对语言的嬉戏性运用为特征，包括学前儿童对语言的声音、节律、词汇、语法等语言构成要素的游戏性使用，例如各种儿歌、歌谣、说反话、词语接龙、颠倒歌、猜谜语、说笑话等都属于语言游戏。语言游戏包括两大类，一类是上述儿歌等单纯以语言为材料的游戏，还有一类是社会性的语言游戏，在这类游戏中，语言虽然不是唯一的游戏材料，但确是游戏中至关重要的因素，儿童在游戏中往往对自己、他人和玩具说话，并且会使用较多、较复杂的语言。

以语言为材料的游戏有助于学前儿童更好地学习语言，练习发音，理解词义，并进一步掌握语法结构。教师可以通过对儿童自发语言游戏的适度干预，或进行有组织的语言游戏，来促进学前儿童语言能力的发展。

(四) 以社会生活为材料的游戏

以社会生活为材料的游戏又称社会性游戏，是以学前儿童的现实生活经验为对象和主要内容的游戏。角色游戏是这种游戏类型的典型代表，以社会生活为材料的游戏发生发展标志着学前儿童作为人类社会的成员开始对人类社会生活产生兴趣、认识与理解。例如，"娃娃家"游戏、商店的游戏、车站的游戏、医生和病人的游戏、司机开车搭载客人的游戏，以及农民锄地、士兵站岗、教师上课等所有以显示社会生活为主要内容的游戏都属于此类游戏。

以社会生活为材料的游戏反映出学前儿童对现实社会生活的理解、兴趣与渴望像成人一样做事的愿望。通过社会性游戏，儿童的去自我中心化进一步完成，并逐渐掌握了社会交往的基本规则，同时也满足了其"想当成人"的愿望。

(五) 以规则为材料的游戏

以规则为材料的游戏是指按照规则进行的或者以规则为对象的游戏，主要包括两大类。一类是有规则的游戏(games with rules)，或称受规则支配的游戏，如"跳房子""老鹰抓小鸡""老狼老狼几点了""下棋"等都属于有规则的游戏，学前儿童在玩这类游戏时必须遵守游戏规则，游戏才能进行下去。另一类是以探索社会规范限度为目的的嬉戏性游戏(play with rules)，这类游戏通常以恶作剧、开玩笑等形式表现。例如，洗澡时成人不让儿童把水弄出浴缸，可儿童却偏偏变着法儿地击水、撩水，用小瓶子、水枪等喷水，然后嘻嘻笑着看成人的反应；再如，儿童有时会故意捉弄同伴，给对方起外号，或者编顺口溜相互取笑。

有规则的游戏一般具有竞赛性质，可以促进学前儿童在规则许可的范围内学习和发展获胜的游戏策略；嬉戏性游戏貌似"淘气"，实则是学前儿童对"规则"的挑战，儿童正是通过这类游戏探索规则的限度，同时了解自己的能力，认识社会规则的本质并规范自己的行为。

这一节我们介绍了根据认知发展、社会性发展和活动对象三种不同的分类标准，对学前儿童游戏进行分类，这些分类彼此之间或有交叉，其相互关系大致如表1-1所示。

表1-1 各种游戏分类之间的关系

按认知发展分类	按社会性发展分类	按活动对象分类
练习性游戏	偶然的行为	以身体运动为材料的游戏
象征性游戏	旁观	以社会生活为材料的游戏
	独自游戏	以语言为材料的游戏
结构性游戏	平行游戏	以物体为材料的游戏
规则性游戏	联合游戏	以规则为材料的游戏
	合作游戏	

第三节 学前儿童游戏的基本理论

游戏作为一种极为古老而又普遍存在的现象，以其独特的魅力吸引着语言学、人类学、社会学、文化学、生物学、教育学、心理学等众多学科进行研究。由于研究的角度和对象，以及所处的时代背景不同，不同学者对游戏的本质做出了不同的理论解释，形成了各种不同的游戏理论。从年代上看，比较有代表性的游戏理论大致可以分为古典游戏理论和现代游戏理论，这些理论可以帮助我们从不同的角度去思考游戏的意义，拓展我们对于游戏的认识。

一、古典游戏理论

古典游戏理论也称早期游戏理论，主要是指18、19世纪出现的游戏理论，这一时期比较有代表性的游戏理论包括剩余精力说、松弛说、生活准备说、复演说、生长说和成熟说等六种从不同角度分析和解释游戏的理论。

（一）剩余精力说

剩余精力说是最早出现的游戏理论之一，其主要代表人物有18世纪德国的思想家和诗人席勒（Friedrich Schiller）和19世纪的英国哲学家和心理学家斯宾塞（Herbert Spencer），也称席勒-斯宾塞说。剩余精力说的基本观点是：游戏是机体的基本生存需要（如吃、喝等）得到满足之后，如果仍有剩余精力，那么就需要通过一种方式把体内剩余的精力释放出来，于是便产生了游戏。换言之，游戏的动力来源于机体的剩余精力。

（二）松弛说

游戏可以使机体得到放松的思想古已有之，如亚里士多德（Aristotle）就最早强调游戏是一种休息。19世纪末20世纪初，德国哲学家拉察鲁斯（Moritz Lazarus）进一步发展了这种观点。松弛说的基本观点与剩余精力说恰恰相反,认为游戏不是发泄体内剩余的精力,而是因为缺乏精力或精力不足而产生的,游戏可以缓解机体的疲劳和紧张,具有恢复精力和放松的作用。因此松弛说主张通过游戏来使得机体的精力得以恢复,缓解因劳动或工作而带来的紧张。

(三) 生活准备说

生活准备说又称"前练习"说,产生于19世纪末20世纪初,代表人物是德国哲学家格鲁斯(Karl Groos)。格鲁斯最早提出了"游戏期"的概念,认为动物都存在一个不成熟期,动物在不成熟期需要对与生俱来的不成熟和不完善的本能进行练习,从而适应未来的生活,而练习的最主要形式就是游戏,因此不成熟期亦即"游戏期"。例如,小猫玩线团是练习捕鼠技能,幼年黑猩猩玩树枝是练习捕食白蚁的技能,女孩在"娃娃家"游戏里当妈妈是为将来做一个贤妻良母做准备。在种系发展的阶梯上,越靠上的位置不成熟期越长,游戏期也越长,因此,人类儿童的游戏期是最长的。

(四) 复演说

19世纪末,科学家发现人类胚胎的发展经历了与人类进化过程同样的阶段。美国心理学家霍尔(Granville Stanley Hall)将复演说应用于儿童游戏,认为游戏是个体对祖先的动作和活动过程的复演。例如,原始人的打猎、追逐等构成了现代儿童游戏的基本结构和内容,儿童爬树,是在重复祖先在树上的行为,玩棒球则可以帮助儿童学会用棒子进行攻击之类的原始打猎的本能。如果说在格鲁斯的眼里,儿童游戏是对未来成年生活的准备;那么在霍尔的眼里,游戏之谜则需要通过人类过去的历史来解开,他认为儿童通过游戏复演了人类的发展阶段(动物阶段→原始阶段→游牧阶段→农业-家族阶段→部落阶段),儿童游戏的发展阶段与人类进化过程的阶段存在对应关系。

(五) 生长说

生长说的代表人物是美国学者阿普利登(Appleton)和奇尔摩(Gilmore)。生长说的基本观点是:游戏是促进年幼儿童能力发展的一种模式,是生长的结果,是机体练习技能的一种手段。儿童可以通过游戏生长,游戏是练习生长的内驱力。与生活准备说相比,生长说更加强调游戏的过程性价值或者说是眼前效用。

(六) 成熟说

20世纪初,在传统的经典游戏理论大行其道时,以荷兰生物学家拜敦代克(F. Buytendijk)为代表,根据心理动力理论建构起来的游戏成熟说,虽然没能最终走出生物说的窠臼,但已经呈现出摆脱过去单纯地将游戏视为一种本能的、生理的机能的游戏发生学模式的意向。成熟说的基本观点是:游戏不是练习或本能等单纯的机能,而是儿童操作某些物品以进行活动,是一种欲望的表现。拜敦代克将引起儿童游戏的欲望分为三种:一是排除环境的束缚,获得自由,以发展个体主动性;二是与周围环境一致的欲望,以适应环境;三是重复练习的欲望。这种观点与生活准备说完全相反,认为人有潜在的内部力量,而心理的发展就是依靠这种潜在的内部力量进行的。

综上所述,古典游戏理论在人类历史上第一次对游戏做出了解释,提供了历史上成人对儿童游戏的看法,奠定了现代游戏理论发展的基础。古典游戏理论的局限性主要表现在缺乏科学的实验基础,且只能对儿童的一部分游戏行为做出解释,而不能解释儿童游戏的全部行为。为了便于大家学习和理解,表1-2对六种古典游戏理论进行了梳理和总结。

表1-2 古典游戏理论

理论名称	代表人物	基本观点
剩余精力说	席勒/斯宾塞	游戏是机体的生存需要满足之后,仍有剩余精力的产物
松弛说	拉察鲁斯	游戏是为了恢复在工作中消耗的精力,获得放松和休息
生活准备说	格鲁斯	游戏是儿童为未来的成年人生活做准备
复演说	霍尔	游戏是对人类种族进化发展历史的复演
生长说	阿普利登/奇尔摩	游戏是促进儿童能力发展的模式和机体练习技能的手段
成熟说	拜敦代克	游戏是儿童操作某些物品以进行活动,是欲望的表现

二、现代游戏理论

现代游戏理论是指20世纪20年代以后出现的游戏理论,主要包括精神分析学派的游戏理论、皮亚杰的认知发展游戏理论、社会文化历史学派的游戏理论、游戏的觉醒理论,以及游戏的元交际理论等。

(一)精神分析学派的游戏理论

精神分析学派是现代西方心理学的主要流派之一,也是最重视儿童游戏问题的一个学派。精神分析学派的游戏理论又称发泄说或补偿说,这一理论认为,人和动物一样,都有与生俱来的原始冲动和本能欲望,这些冲动和欲望在动物的世界可以通过随意争抢和掠食等形式表达,而在人类社会,由于社会道德规范的约束,不允许这些冲动和欲望直接表现。如果压抑冲动和欲望,使其长期得不到释放,人就会产生精神疾病。因此,人类需要为这些原始冲动和本能欲望寻找一个出口,而游戏就是宣泄受压抑的原始冲动和本能欲望的一种很好的方式。游戏提供了个人支配的自由天地和领域,在这里人们可以把那些受压抑的原始冲动和本能欲望释放出来。

1. 弗洛伊德的游戏思想

弗洛伊德(Sigmund Freud)是精神分析学派的创始人,他的游戏思想是建立在其人格构成学说基础上的。弗洛伊德认为人格由本我、自我和超我三部分组成。游戏在儿童早期人格的建构过程中具有重要的意义,通过游戏可以调节三种人格之间的矛盾和冲突,帮助儿童释放因本我受压制而产生的紧张,帮助儿童解决适应不良的问题。游戏为儿童提供了一个安全的环境,儿童在现实生活中不能实现的愿望可以在想象中得到满足。在游戏中,儿童可以用自己的方式去做那些在现实生活中超出自己的能力而对自己又有着特殊意义的事情。

弗洛伊德认为,游戏可以从两个方面帮助儿童释放因本我受压制而产生的紧张。一是游戏可以提供假想的情境,从而帮助儿童满足其愿望。在游戏中,儿童可以创造出一个自己想象的世界,他可以按照"唯乐原则"来对这个世界进行安排,自己是游戏世界的主宰,可以随心所欲,这样就从现实世界的紧张和约束中解脱出来。例如,在儿童的游戏世界中,他可以是超人、仙女,也可以是任何他羡慕的成人角色,他可以通过假想获得自己想要的任何东西。二是游戏能使儿童通过"强迫重复"来消除不愉快的体验。儿童在现实生活中不可避免地会有一些不愉快的体验,比如医生给儿童打针,对儿童来说就是非常痛苦的体验。在现实世界中,儿童的恐惧、紧张、愤怒无法对医生发泄,于是他们就通过游戏,通过自己扮演医生给"娃娃"打针来从体验的被动接受者转变为游戏的主动执行者,从而消除痛苦的记忆,获得掌控的快乐。

2. 埃里克森的掌握理论

美国心理学家埃里克森(Erik Homburger Erikson)从积极的方面发展了弗洛伊德的游戏思想,他不再像弗洛伊德那样过于强调本能论和泛性论,而是强调文化和社会因素对人格的影响。埃里克森强调游戏对人的自我发展的意义,认为游戏是自我的一种机能,是一种身体的过程与社会性的过程同步的企图,可以降低个体的焦虑并使愿望得到补偿性满足。埃里克森着重研究了游戏的心理社会发展顺序,把游戏当作一系列未被展开的心理社会关系加以探讨,提出了学前儿童游戏的三个发展阶段。

第一个阶段是自我宇宙阶段(0—1.5岁),信任与不信任是这一阶段的主要矛盾。婴儿以自己的身体为基础,开始探索周围的世界是否可靠。这一阶段又可以细分为两个时期:一是婴儿以探索活动为中心,语言被一遍遍地重复,试图重复或重新体验各种动觉和感知觉;二是探索活动逐渐扩大到他人和客体,例如婴儿试图用不同的语音和喊叫来验证自己对母亲的影响效果。

第二个阶段是微观阶段(1.5—3岁),自主和羞怯疑虑是这一阶段的主要矛盾。这一阶段的儿童处于学步期,开始有自我控制的需要与倾向,他们渴望自主,希望能自我照料,成人应该提供支持以帮助儿童自信心的形成。这一阶段的学步儿开始用小型玩具来表现游戏主题,并学会在微观水平上操纵和驾驭世界。

第三个阶段是宏观阶段(3—6岁),主动和内疚是这一阶段的主要矛盾。这一阶段的儿童能用语言和行为探索他周围的世界,对成年人角色的扮演充满兴趣,通过游戏的角色扮演,他们可以明确想象和可能性之间的最初界限,并明确了文化环境中可以和不可以被允许的事情。这一阶段的儿童起初把其他儿童当作客体,以后逐渐发展为可以合作的伙伴。

埃里克森认为,游戏所采用的形式是随着儿童心理社会问题和自我情景的变化而变化的。他把游戏与人格发展联系起来,突出了游戏在自我发展中的作用。埃里克森认为,人格的发展是心理性欲(生物因素)和社会因素相互作用的结果,而游戏可以帮助自我对生物因素和社会因素进行协调和整合。游戏的形式随着年龄的增长和人格的发展而不同,游戏可以帮助儿童的人格从一个阶段发展到下一个阶段,帮助儿童不断进入"掌握"的新阶段。

3. 蒙尼格的宣泄理论

弗洛伊德认为,游戏具有宣泄敌意和报复冲动的功能,如果人身上的焦虑、问题不宣泄出来,就会形成病症,伤害个体健康。因此,弗洛伊德专门对病人进行心理治疗,对儿童则采取游戏治疗的方式。蒙尼格(Menninger)发展了弗洛伊德的这一思想,强调游戏的益处在于宣泄和降低焦虑,游戏最重要的价值就是为释放被压抑的攻击性提供了机会。蒙尼格突出了游戏对降低被压抑的焦虑和冲动的价值,他认为人的身上天生存在着一种本能的攻击性驱力(即弗洛伊德所谓的"死的本能"),这种驱力不断寻求表现,如果在哪里被否定,就会在哪里形成病症。为了疏导这种攻击性的驱力,就必须找到合法的、为社会所允许的途径,而游戏正是宣泄这一驱力的合法途径。因此,儿童玩攻击性或侵犯性的游戏可以降低攻击性行为。需要说明的是,也有一些理论学家对此提出了相反的意见,认为攻击性游戏会刺激并提高儿童的攻击性行为。

4. 伯勒的角色选择理论

儿童在游戏中究竟扮演哪些角色,以及他们为什么扮演这些角色一直是精神分析学派感兴趣的问题。伯勒(Peller)的角色选择理论认为,关于在游戏中模仿什么人和什么事件,儿童具有较强的选择性,如果没有情感内驱力,也就没有模仿。儿童扮演的角色和游戏情景的选择建立在由游戏主题引起的特殊的动力和动机的基础之上。

伯勒分析了儿童在游戏中经常选择的三类特殊角色和人物,并讨论了其选择背后的动机,丰富和发展了弗洛伊德的思想。伯勒认为,儿童会通过模仿那些他们所爱戴、尊敬的人,如国王、仙女、爸爸、妈妈、老师等,使自己想当成人的愿望得到满足;儿童还会模仿使他们恐惧或害怕的人或事物,如模仿医生、怪兽等,通过模仿来征服恐惧;此外,儿童也乐于扮演那些低于他们的身份的角色,如小婴儿、小丑、小动物等,从而在游戏的安全氛围中做他们自己平时不能做的事情,或者掩饰自己的错误和过失。

(二)皮亚杰的认知发展游戏理论

皮亚杰融合了生物学、心理学和逻辑学等方面的知识,创造性地提出了发生认识论,自20世纪60年代以来在世界范围内产生了广泛的影响。皮亚杰是在研究象征性功能的形成和发展的问题时注意到儿童游戏的,他试图通过研究儿童的游戏和模仿找到沟通感知运动与运算思维活动的桥梁。因此,他的游戏理论与他的认知发展理论有着密切的联系,可以说就是他的认知发展理论的组成部分。

1. 游戏的实质是同化超过了顺应

皮亚杰试图在儿童智力发展的总背景中考察儿童的游戏。在他看来,游戏不是一种独立的活动,而是智力活动的一个方面。但是,在儿童早期,由于其认知结构的发展不成熟,所以往往不能够保持同化与顺应之间的协调或平衡。这种不平衡有以下两种情况。

(1) 顺应超过同化。指外部影响超过自身能力,表现为主体对客体的模仿。

(2) 同化超过顺应。主体完全不考虑事物的客观特征,而只是为了自我的需要与愿望去活动,去改变现实,将外部事物改造成能适应原有水平和主观意愿的事物。

前一种情况是模仿的特征,后一种现象是游戏的特征。因此,在皮亚杰看来,一种图式或活动是模仿还是游戏取决于同化和顺应在此图式或活动中所占的比例。皮亚杰认为,在认知发展理论中,游戏的实质就是同化超过了顺应。当同化超过顺应时,儿童自身的兴趣和需要超过外部影响,儿童可以不考虑事物的客体特征,而只要按照自己的兴趣和需要去改变现实,这时活动就带有了游戏的特征。

2. 游戏的发展受认知发展的驱使和制约,并与认知发展的阶段相适应

皮亚杰认为,游戏的发展随认知的发展而变化,呈现出相应的连续性和阶段性,并表现出一定的独立性和偶然性。在认知发展的不同阶段,游戏的发展也有不同的水平。与其发生认识论原理中的感知运动阶段、前运算阶段和具体运算阶段的智力水平相对应,他把游戏的发展划分为三种类型或水平,即练习性游戏、象征性游戏和规则性游戏。除此之外,皮亚杰还提出了"结构性游戏"的概念。他认为结构性游戏是伴随着象征性游戏和规则性游戏而出现的活动,介于游戏和工作之间或游戏和模仿之间,更多地接近于工作而不是游戏。皮亚杰关于认知发展的游戏类型的划分可详见本章第二节中根据学前儿童游戏的认知发展分类,此处不再赘述。

皮亚杰的认知发展游戏理论开拓了游戏研究的新领域,引领了游戏研究的方向,使人们看到了游戏与认知发展的密切关系,使他之后的游戏研究多集中在认知领域。然而,他只看到了认知发展对儿童游戏的制约,而没有关注到游戏对儿童的认知发展具有积极的促进作用;此外,皮亚杰只强调智力对游戏的作用,忽视了其他的社会性因素对游戏的影响。

(三) 社会文化历史学派的游戏理论

社会文化历史学派的游戏理论是建立在关于心理学基本理论基础之上的,其代表人物有维果茨基和艾里·康宁(Avery Corning),这一学派强调在成人的教育和引导下让儿童掌握以语言符号系统为载体的社会文化历史经验,并强调社会历史文化经验在儿童心理发展中的重要作用。

1. 维果茨基的游戏学说

维果茨基是苏联游戏理论的主要代表人物之一,是社会文化历史学派的创始人,他的游戏学说奠定了社会文化历史学派游戏理论的基础。维果茨基通过对游戏问题的研究创造了从根本上区别于西方心理学的游戏理论,强调游戏的社会性本质,反对本能论。他指出,儿童的游戏无论就其内容还是结构来说,都根本不同于小动物的游戏,儿童游戏具有社会历史的起源,而不是生物学的起源。维果茨基在游戏的概念、诱因、特征、分类和游戏价值等方面的分析都充分体现了这一思想。

首先,关于游戏的概念,维果茨基认为游戏应该是儿童凭借语言,以角色为中介,学习和掌握人与人之间社会关系的一种社会实践活动。其次,关于游戏的诱因,维果茨基认为儿童游戏的产生存在社会性情感的诱因,游戏是一种愿望的满足,这种愿望带有概括化的情感倾向,根源于儿童对成人生活的模仿,根源于儿童和成人之间的关系。再次,关于游戏的特征,维果茨基认为游戏有两个主要特征:一是儿童在游戏中创造了一种"想象的情境",当儿童在发展过程中出现大量超过实际能力、不能立刻实现的愿望时,游戏就产生了;二是游戏是有规则的,无论什么时候,只要有想象的情境存在,就一定有规则。基于此,维果茨基把儿童的游戏分为两大类:一类游戏表现为明显的想象情境与隐蔽的规则,比如说"娃娃家"游戏的想象情境非常明显,游戏时儿童可以假想自己是在"家"里,家里有爸爸、妈妈和宝宝,而游戏的规则,如爸爸、妈妈分别应该说些什么、做些什么却是隐藏在社会规则当中的;另一类游戏表现为明显的规则和隐蔽的想象情境,比如玩中国象棋的游戏,棋盘由 10 条横线和 9 条竖线交叉组成,棋子共有 32 个,分为红、黑两组,每组共 16 个各分 7 种,对局开始前双方棋子在棋盘上有固定的摆法,对局时由执红棋的一方先走,双方轮流各走一着,各个棋子也都有固定的走法,关于胜、负、和也有明确的规定,而游戏背后的想象情境(楚河汉界、两军交战)却是隐蔽的。最后,关于游戏的价值,维果茨基把游戏理论与他的"最近发展区"理论紧密相连,认为游戏就像放大镜的焦点一样,凝聚和孕育着发展的所有趋向,创造了儿童的"最近发展区"。

2. 艾里·康宁的游戏学说

艾里·康宁也是苏联现代游戏理论的主要代表人物之一。20 世纪 60 年代以后,他在维果茨基游戏思想的基础上借鉴列昂捷夫(Leontyev)的活动理论,创立了自己的游戏理论体系。艾里·康宁的游戏学说更集中、更典型地反映了社会文化历史学派关于儿童心理发展理论的主要观点,他认为角色游戏是学前儿童的典型游戏,研究儿童游戏应当以角色游戏为主要对象,因此艾里·康宁的理论也被称为儿童角色游戏理论。

艾里·康宁认为,儿童的角色游戏不是个体自发出现的,而是由于社会的需要而出现的。成年人为了使未来的社会成员具有掌握任何工具所必需的一般能力,为儿童创设了练习一般能力的专门物体——玩具。通过玩具，成人教会了儿童正确使用生活和劳动工具的方法，儿童也凭借玩具来模仿他们想参加但又不能参加的生产和生活活动。因此，艾里·康宁认为游戏起源的本质是社会性的，是与儿童所生活的特定社会条件密切相关的，而不是由某种内部天赋本质所决定。

相对于个体而言，角色游戏是由于儿童与成人之间关系的改变而导致的。由于运用实物等动作技能的发展和儿童独立性的提高，儿童想参加成人活动的愿望越来越强烈，但他们自身的能力又还不能胜任成人的活动，因此儿童就只有通过在游戏条件下担任成人的角色来表演成人的活动，从而使参加成人活动的愿望得到满足。此外，艾里·康宁还特别强调游戏对于儿童个性形成的影响。他指出，个性是一种关系系统，该系统包括两方面：一是儿童和社会现象的关系，二是儿童和社会成人的关系。儿童的游戏正体现了这两个方面关系的统一，在统一的过程中，便形成了儿童的个性。

（四）游戏的觉醒理论

游戏的觉醒理论是在皮亚杰之后出现的比较有影响、系统性较强的一种游戏理论，又称为内驱力理论或激活理论。这一理论建立在内驱力学说的基础上，试图通过解释环境刺激和个体行为的关系来揭示游戏的神经生理机制，其实质是要阐明游戏是一种内在的动机性行为。

"觉醒"（arousal）是游戏觉醒理论的核心概念，它主要是指中枢神经系统的机能状态或机体的一种驱力状态。"觉醒"与两个因素有关，一是外部刺激或环境刺激，二是机体的内部平衡机制。伯莱因（Berlyne）最先提出了游戏的觉醒理论，他的观点经过埃利斯（Ellis）等人的进一步发展和修正，形成了该学派游戏理论的基础，并成为觉醒理论的基本观点。

游戏的觉醒理论有两个最基本的观点。

第一，环境刺激是觉醒的重要源泉。新异刺激，除了发挥给学习提供不可或缺的线索作用之外，还能激活机体，从而改变机体的驱力状态。

第二，机体具有维持体内平衡的自动调节机制。中枢神经系统能够通过一定的方式来自动调节觉醒水平，从而维持中枢神经系统的最佳觉醒水平。

当外界刺激作用于儿童的感觉器官时，感觉器官会对当前的刺激进行感知分析。如果刺激与过去的感觉经验不一致，也就是说当刺激是新异刺激时，就会使儿童产生不确定性，进而导致儿童觉醒水平的增高，机体感到紧张。最佳觉醒水平使机体感到舒适，中枢神经系统有维持最佳觉醒水平的需要，于是它就采取一定的行为方式来降低觉醒水平。反之，当刺激过于单调、贫乏时，机体就会厌烦、疲劳，觉醒水平低于最佳状态，于是机体就会主动寻求刺激，提高兴奋程度，使觉醒水平由较低回复到最佳状态，如图1-5所示。

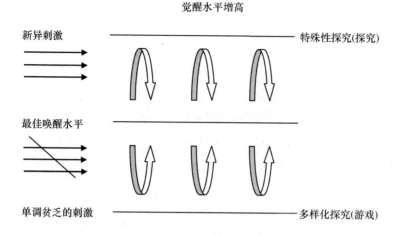

图 1-5 觉醒水平的调节[1]

游戏的觉醒理论描述了机体多样化探究（游戏）和特殊性探究（探究）两种不同性质的行为与不同性质的环境刺激之间的相互制约关系，揭示了环境与人的行为之间的交互作用，启示我们应当在人与环境交互作用的背景中注意环境刺激的适当性和合理性。例如，一个幼儿新入园时，陌生的环境会导致幼儿觉醒水平增高，使其感到紧张和焦虑，这时如果适当安排一些可以让幼儿独自进行的游戏或认知性成分较高的活动则可能更适合其较高的觉醒水平。

（五）游戏的元交际理论

"元交际"（meta-communication）是一种抽象的交际，是指处于交际过程中的交际双方对于对方真正的交际意图或所传递信息的"意义"的辨识与理解。人类的交际不仅有意义明确的言语交际，而且有意义含蓄的元交际。元交际依赖于交际双方对于隐喻的信息的辨识和理解，人类学家贝特森（Bateson）最早把游戏与元交际联系在一起，并揭示了游戏作为一种元交际的深刻意义，他运用逻辑学和数理论的学科原理来研究游戏，试图揭示游戏的意识与信息交流过程的实质。

元交际理论认为，所有的动物在游戏时都会发出某种适应性的信号，从而让其同伴知道所发生的动作的"目的"是什么，是"认真的"还是"假装的"。例如，小狗在玩打架时，会摇动着尾巴来让玩伴知道它并不是真咬。儿童在游戏时也往往通过动作和表情传递一种隐含的信息——"这是玩啊"。动作的非实义性是游戏动作的重要特征，例如，一个幼儿张大嘴巴，学着老虎"啊呜、啊呜"地咬人，但是他的动作和表情在告诉同伴："我在咬你，但我不是真的咬你，我是假装的。"再如，当一个孩子笑嘻嘻地将水洒向另一个孩子时，他脸上的表情"玩相"已向对方发出了"这是玩，不是真

---

[1] 刘焱. 儿童游戏通论[M]. 北京：北京师范大学出版社，2004：132.

的"的信号,对方很快理解了这一信息,两人便玩起打水仗的游戏。反之,如果那个孩子没有理解或不能理解这一信息,那么就会对自己被水洒这一事件产生误解,游戏就不可能发生。元交际的顺利与否依赖于交际双方对于行为或语言背后的隐含意义的敏感性,而这种理解隐含意义的敏感性又取决于交际双方相互了解的程度和知识背景的相应程度。基于此,我们可以说,游戏是信息的交流和操作的过程,而元交际就是游戏的特征。儿童的游戏得以顺利开展需要他们具备元交际的能力,同时,游戏过程本身也是儿童获得元交际能力的重要途径。

为了便于大家学习和理解,表1-3对五种现代游戏理论进行了梳理和总结。

表1-3 现代游戏理论

理论名称	代表人物	基本观点
精神分析学派	弗洛伊德/埃里克森/蒙尼格/伯勒	游戏为儿童提供了个人支配的空间和情境,可以帮助他们把那些受压抑的冲动和欲望释放出来
认知发展学派	皮亚杰	游戏的实质是同化超过了顺应
社会文化历史学派	维果茨基/艾里·康宁	游戏是儿童凭借语言,以角色为中介,学习和掌握社会关系的一种社会实践活动,游戏创造着"最近发展区"
游戏的觉醒理论	伯莱因/埃利斯	通过解释环境刺激和个体行为的关系来揭示游戏的神经生理机制,认为游戏是一种主要表现为多元化探索的动机性行为
游戏的元交际理论	贝特森	元交际是游戏的特征,儿童在游戏中通过"玩相"和非实义性动作传递"玩"的信息,同伴接收到信息并予以回应则游戏开始

本章小结

1. 学前儿童游戏就是学龄前儿童(0—6岁)在一定时空中,自发自愿进行的,伴有愉悦情绪体验的一系列假想的或现实的活动,这类活动以自身为目的,既可以是儿童个体独自进行,也可以是儿童与其他人之间的社会性交往活动。

2. 学前儿童游戏的外部行为特征。① 游戏不同于厌烦无聊、无所事事的被动消极状态,儿童在游戏中的表情特征说明其身心处于积极主动的活动状态。② 学前儿童游戏的动作具有非常规性、个人随意性和重复性等特点;根据游戏动作的性质,可以把儿童的游戏动作概括为探索、象征和嬉戏三种基本类型。③ 学前儿童的游戏往往有言语相伴随。④ 学前儿童的游戏往往依赖于具体的游戏材料或者玩具。

3. 游戏性体验是游戏不可或缺的心理成分,指学前儿童在游戏活动中产生的对于游戏活动本身的主观感受或心理体验。游戏性体验可分为兴趣性体验、自主性体验、胜任感或成就感、幽默感,以及因身体活动的需要得到满足而获得的生理快感或机能性快乐。其中,兴趣性体验、自主性体验与胜任感/成就感是进行任何游戏都不可或缺的基本游戏体验,不同性质的游戏性体验存在与否及存在多少都取决于游戏自身的性质。

4. 学前儿童游戏产生游戏性体验的外部环境相对宽松。主要具有以下特征：① 儿童有自由选择游戏的权利与可能。② 游戏活动的方式方法由儿童自行决定。③ 游戏活动的难度与儿童的能力相匹配。④ 儿童不寻求或担忧游戏以外的奖惩。

5. 游戏有不同的分类方法。① 按照认知发展分类，可以分为练习性游戏、象征性游戏、结构性游戏和规则性游戏四种。② 按照社会性发展分类，可以分为偶然的行为、旁观、独自游戏、平行游戏、联合游戏和合作游戏六种。③ 按照活动对象分类，可以分为以身体运动为材料的游戏、以物体为材料的游戏、以语言为材料的游戏、以社会生活为材料的游戏、以规则为材料的游戏。这些分类彼此之间有交叉。

6. 游戏理论可以分为古典游戏理论和现代游戏理论。古典游戏理论也称早期游戏理论，主要包括剩余精力说、松弛说、生活准备说、复演说、生长说和成熟说等。现代游戏理论主要包括精神分析学派的游戏理论、皮亚杰的认知发展游戏理论、社会文化历史学派的游戏理论、游戏的觉醒理论，以及游戏的元交际理论等。

自我评量

一、名词解释
1. 学前儿童游戏　2. 剩余精力说　3. 游戏觉醒理论

二、简述题
1. 学前儿童游戏的外部行为特征有哪些？
2. 根据学前儿童的认知发展，游戏主要包括哪些类型？
3. 代表性的现代游戏理论主要有哪些？

三、论述题
1. 如何理解学前儿童的游戏性体验，怎样促进学前儿童游戏性体验的产生？
2. 皮亚杰的认知发展游戏理论和社会文化历史学派的游戏理论有什么区别和联系？

第二章　学前儿童游戏的意义与价值

1. 理解并深化"游戏是学前儿童身心发展的需要"这一理念。
2. 认同并了解游戏在促进学前儿童身心健康发展方面的重要意义。
3. 掌握游戏在促进学前儿童身体发展、认知能力发展、社会性发展、情感发展等方面的作用。

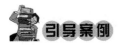

滑梯上的"铠甲勇士"

户外自由活动时，教师把孩子们带到了滑梯边。四个男孩飞奔过去，昆昆边跑边喊："我们是铠甲勇士！"这一喊就好比是集结号，四个男孩立刻进入状态。"我是黑犀侠""我是风鹰侠""我是地虎侠""我是炎龙侠"……他们一边攀登滑梯，一边先后自报家门，彼此很有默契地分配了所有的角色，没有重复，也没有冲突。就在这时，只听男孩中的多多大叫一声："看，怪兽在那里！"顺着他手一指，另外几个男孩立即响应，在大叫着"抓怪兽！抓怪兽！"的同时依次顺着那"S"形滑梯飞速滑下，四个男孩一字排开，俨然要与"怪兽"作殊死搏斗，他们"嘿嘿哈哈"拳打脚踢空比划了一阵后，多多再次号召："看，怪兽逃到山上去了！"四个男孩又重新攀登上了滑梯，俊俊故意东张西望，"在哪里？怪兽在哪里？"四个男孩不停地环顾四周，终于哲哲大叫一声："我看见了，怪兽在那里了！"这次，四个男孩在多多的安排下兵分两路从两个滑梯滑下，再次集合在滑梯的一角，男孩们毫不懈怠，使出浑身力气和"怪兽"展开搏斗。户外活动结束，教师询问："你们打败怪兽了吗？"满头大汗的男孩们很是神气，非常得意地说："我们打败了怪兽。""怪兽死了，最后变成了一片树叶！"……①

---

① 徐则民,洪晓琴.游戏,幼儿"想自己所想,做自己所做"[EB/OL].(2011-09-08). http://www.age06.com/Age06.Web/Detail.aspx? InfoGuid=727d9a9e-56a5-437d-8e31-ab07169db60e.

> 那天,我和几位老师都在观察幼儿的游戏,大家不约而同地将目光集中到这四个男孩身上。看他们尽情尽兴地玩耍着,我们则悄悄讨论:"这样的过程对幼儿的成长有没有价值?"一位教师斩钉截铁地回答:"有价值!因为男孩的游戏有想象空间,有角色扮演,有滑梯上大动作的自发练习……"另一位老师持不同观点:"这样的过程和我们小时候在弄堂里嬉戏差不多,挺傻的,教师的作用如何发挥?教师是否可以顺应幼儿的兴趣,设计一个体育游戏呀!"

第一节 游戏促进学前儿童身体的发展

学前期是儿童身体的高速发展期,而身体健康发展是学前儿童全面发展的基础。儿童的年龄越小,身体发展对其心理发展的影响作用就越明显。人的身体发展包括三个方面的基本内容:各器官系统的生长发育(包括形态结构与生理机能的发展变化,可用身高、体重、头围、胸围、脉搏、血压、肺活量等作为测量指标),运动能力的发展(包括身体基本活动能力与身体素质的发展,可用走、跑、跳、投掷等动作以及动作与运动的协调、灵敏、速度、力量等作为测量指标),机体适应能力的提高(包括对外界环境变化的适应能力,对各种疾病的抵抗能力和病后恢复能力)。本节主要从游戏促进学前儿童身体的生长发育、运动能力发展和运动技能形成三个方面分析游戏在学前儿童身体发展方面的意义和价值。

一、游戏促进学前儿童身体的生长发育

游戏是儿童最喜爱的、自发的活动。在这种儿童自发乐见的活动中,儿童的各种身体器官和运动机能均可获得发展。各种游戏尤其是户外游戏有助于儿童呼吸新鲜空气,锻炼心肺功能,可以满足儿童身体活动的需要,促进机体的新陈代谢和生长发育,增强体质。

(一)游戏促进学前儿童神经系统的发展

人类的神经系统包括中枢神经系统和外周神经系统,其中脑和脊髓构成中枢神经系统。虽然神经系统和脑的基本结构在胎儿后期就已经形成,然而出生后大脑仍会经历一个持续发展的快速时期,并一直持续到2岁。婴儿刚出生时,其脑重约是成人脑重的1/4,1岁时其脑重已经增加并达到成人脑重的3/5,2岁时婴儿脑重已经增加并达到成人脑重的3/4。幼儿期儿童的大脑发育速度虽然不像婴儿期那么快,但仍在持续发育,到6岁时,幼儿脑的重量已经达到成人脑重的90%。学前儿童神经系统的快速发展一方面体现在脑重的持续增加,另一方面体现在神经系统尤其是脑

的功能不断完善。例如,婴儿大脑皮层各个区域的生长发育和功能完善与其所获得能力的顺序是一致的:大脑皮层中负责身体运动的区域中,控制头部和胸部的神经元要比控制四肢的神经元成熟早。

游戏是促进学前儿童神经系统发展的重要因素。在各类游戏中,儿童不仅要动脑、动口,也要动手,可以通过很多的思维、语言和肢体、手部活动刺激大脑神经元的生长和发育。此外,儿童在游戏时全身心投入的状态,还能将大脑皮层中占优势的"兴奋灶"调动起来,形成优势原则,提高注意力;同时,在游戏中儿童通过积极主动地行动也更容易建立起动力定型,这样脑细胞就能以最少的消耗获得最多的效果。

(二) 游戏促进学前儿童骨骼肌肉的发展

游戏可以直接促进儿童骨骼和肌肉的生长和发展。例如,包含着奔跑、跳跃、钻爬、攀登等动作的户外体育游戏可以锻炼儿童的大肌肉群;全蹲走、左右内扣脚跳向前行进、鸭子步、左右击脚跳、海龟舞步等可以锻炼儿童以踝关节为主的小肌肉群;折纸、泥塑、插塑、穿珠、拼图、手指游戏等精细动作游戏可以发展儿童的手部小肌肉。

户外游戏活动还有助于儿童的呼吸系统和循环系统功能增强,使儿童能呼吸到新鲜的空气,血流畅通,代谢旺盛,心脏供血充分,为肌肉和骨骼的生长提供充足的养料。经常参加户外体育游戏的儿童,其身高、体重增长较快,骨骼、肌肉发展良好。此外,游戏还给儿童带来愉悦和满足,使儿童保持积极的情绪,是儿童身体健康发育所必需的。

(三) 游戏提高学前儿童的机体适应能力

人体是一个完整的系统,一切器官和系统的活动,都是在神经系统的指挥和调节下进行的。在自然、自发的游戏中,儿童与外界环境不断互动,大脑皮层中不断建立起新的条件反射,其中皮肤起着重要的作用。自然因素刺激皮肤上的感受器,并在神经系统的指挥和调节下,不断调整和改善体温,使机体与外界保持平衡,增强对外界环境和温度变化的耐受力。

游戏,尤其是户外的体育游戏可以有效提高学前儿童的机体适应能力。此外,三浴锻炼法是专门提高学前儿童机体适应能力的方式,三浴锻炼即通过科学、合理地利用空气、阳光和水这三个最佳自然条件,对儿童进行体格锻炼。基于学前儿童的身心发展特点,三浴锻炼法结合游戏进行,效果更好,更容易为儿童所接受。

二、游戏促进学前儿童动作的协调发展

在人的大脑皮层上,身体的各个部位都占有相应的代表区域,该皮层区域的大小与儿童相应身体部位活动的复杂和精细程度成正比。灵巧、精细的动作能够促进儿童大脑的发展,大脑的发展又可以进一步使儿童的动作更加精确和灵敏。

(一)游戏促进学前儿童大肌肉和动作协调性的发展

在游戏中,学前儿童需要练习和掌握各种基本动作,因此游戏有利于促进儿童动作的协调发展。学前儿童的游戏总是与身体动作分不开的,在游戏中,走、跑、跳、钻爬、攀登、投掷、平衡等基本游戏动作可以锻炼儿童的大肌肉群,增强灵敏、平衡、协调等身体素质。例如,在传统的民间游戏"老鹰抓小鸡"当中,扮演小鸡的儿童为了不被"老鹰"抓到,就必须在母鸡的带领下躲避奔逃;而扮演老鹰的儿童则必须避开"母鸡"的阻挠,努力追捕"小鸡"。在这一游戏中,儿童通过不断地奔跑、躲闪、跳跃锻炼了很多大肌肉群,同时四肢的协调性和灵活性也得以发展。

(二)游戏促进学前儿童小肌肉和控制能力的发展

游戏有利于促进学前儿童小肌肉和精细动作的发展,提高控制能力和手眼协调能力。例如,在捏泥、插塑、拼图、穿珠、剪画、搭积木等手工活动和游戏中,儿童必须耐心地用手去操作物体,因此他们的手部肌肉得到了锻炼,手指灵活性进一步增强,手部小肌肉的活动能力和手眼协调、并用的能力得到发展,如图2-1所示。

图 2-1 游戏促进学前儿童小肌肉的发展

此外,游戏对于运动控制与协调能力的发展具有积极意义。因为学前儿童,尤其是年幼的儿童在游戏时总是喜欢多次重复一种运动,而且总是用各种不同的方法来进行这种运动。例如,幼儿总是喜欢在马路沿上走、在弯曲的小路上走。当他们在不同的地面上走的时候,他们正是在进行探究,正是在向自己提出新的挑战,不断调整身体动作,适应不同的路面环境。这正是儿童在游戏中体验和使用自己的能力的表现。在游戏中,儿童通过不断地控制和微调,增强控制能力,使自己的动作变得更为精细、熟练和灵活。

三、游戏促进学前儿童的运动技能形成

运动的控制与协调是运动技能发展的核心,运动控制与协调能力是进行复杂的规则游戏和体验运动的基础。游戏可以丰富幼儿的运动经验,为其身体运动能力的发展和运动技能的形成奠定良好的基础。

（一）学前期是儿童运动能力发展的关键期

格拉胡（Gallahue）把儿童的运动发展分为四个运动发展期和多个运动发展阶段（参见图2-2）：① 反射运动时期（从胚胎第4个月至出生后1岁）：身体运动以非自主性运动为特征，一些反射运动随神经系统机能成熟而消失，另一些则保留下来。② 初步运动时期（从出生后4个月至2岁）：学习对头与颈部的控制、随意性的抓握与放松，以及爬、坐、站、行走等动作与身体的移动。③ 基础运动时期（从2岁至7岁）：开始学习多种动作的协调，出现自主性的协调运动，如跑、跳、扔、踢、伸展等。④ 与体育运动有关的能力专门化时期（从7岁至14岁以后）：基础运动时期获得的基本运动技能协调成为复杂的运动。

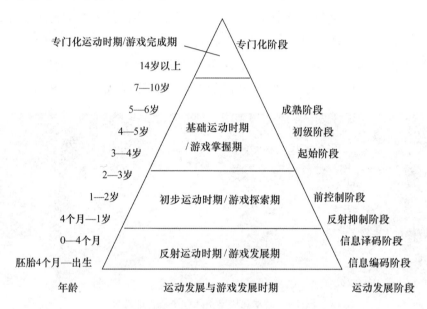

图2-2 运动发展时期与游戏发展时期的对应关系图

根据格拉胡的研究，在前两个时期中，儿童的运动发展相对而言受生物因素影响较大，而第三个时期（基础运动时期）在教育上具有重要的意义。从第三个时期开始，运动任务的特殊要求与各种环境条件在相当大的程度上决定着儿童运动技能的获得及掌握程度。所以，在基础运动时期我们不能指望仅通过儿童身体的自然成熟带来运动能力的发展，而要给予儿童充分的动作技能练习机会，指导和鼓励儿童通过游戏来锻炼运动技能，促进儿童掌握基础运动能力。

（二）儿童游戏发展阶段与运动能力发展具有一致性

在格拉胡关于运动发展模式的基础上，雷利（Railey）进一步提出了运动发展与游戏发展之间存在阶段一致性的关系。他认为，游戏发展可以分为探索期、掌握期和完成期，这三个时期与运动发展的初步运动时期、基础运动时期以及专门化运动时期在时间上是一致的，具体关系请见图2-2。

在初步运动时期，儿童游戏的特点是探索，他们以一种好奇的态度与方式来接触新物体。基础运动时期是游戏发展的高峰期,表现为幼儿对外部世界的掌握。7岁以后,幼儿的游戏数量开始下降,逐步进入完成期,各种体育运动开始成为儿童喜欢的活动。运动发展阶段与儿童游戏发展阶段之间的一致性,表明了游戏与运动能力发展之间的相互作用、相互促进的关系。这也启示人们应当重视通过游戏来促进幼儿基础运动能力的发展。

学前儿童的运动性游戏包括儿童自由自发的运动性游戏和教师专门组织的体育活动或游戏。在运动能力发展的四个时期中,前三个时期都属于学前期的范畴。这一时期的儿童开始学习多种动作的协调,并出现了自主性的协调运动,如跑、跳、扔、踢、伸展等。这个时期正是儿童开始探索世界、爱跑爱跳的时期,能够获得充分的运动性游戏和基本动作练习机会对他们运动能力的发展至关重要。我们都有过这样的体验,在一群同样学习舞蹈或打球的成年人中,可能有的人学得快,动作技能掌握较好,有的人则协调性相对差一些,动作技能掌握慢,究其根源,这与其在基础运动时期是否获得了足够的游戏和运动机会,发展了基本运动能力密切相关。

实践拓展

有趣的体育类游戏[①]

1. 抓小鸡接龙

首先选出一个幼儿当老鹰,其他幼儿当小鸡,然后开始做游戏,老鹰拼命地去追小鸡,小鸡四散逃跑。凡是被老鹰抓到的小鸡立刻和老鹰手拉手去追其他小鸡。追小鸡的老鹰达到4个后,可以分成两组继续做游戏。

此外,该游戏还有一种叫"梯子游戏"(又称围攻游戏)的玩法,即老鹰不能分组,被老鹰抓到的小鸡也成为老鹰,老鹰们要手拉手地包围逃跑的小鸡,直到全部小鸡都被抓住。

2. 开火车

(1) 全班幼儿围坐一圈,教师请6名幼儿(3男3女)到中间,按男女间隔的顺序站好,引导幼儿观察这列火车是按什么顺序排列的,男孩和女孩哪个多,哪个少,还是一样多。幼儿回答正确后,请大家按照这列火车排列的顺序接着往后站,站好后,火车开动(大家模仿开动的声音"呜——轰隆隆、轰隆隆、轰隆隆……")。

(2) 教师请5名幼儿到中间,按一个坐、一个站的间隔顺序排好,引导幼儿观察这列火车是按什么顺序排列的,坐着和站着的比哪个多,哪个少,还是一样多。幼儿回答正确后,请大家按照这列火车排列的顺序接着往后站,站好后,火车开动。

教师可不断改变火车的排列规则,如一个站、一个蹲,或一个直立双手下垂、一

[①] 幼儿园大班体育游戏大全[EB/OL]. (2012-11-26)[2013-11-20]. http://www.baby611.com/jiaoan/db/ty/201211/2697198.html.

个直立双手前举,等等。

3. 袋鼠妈妈

准备4个不同颜色的大布口袋(里面装着沙子)、平衡木、呼啦圈。将幼儿分成人数相同的4队,每队排头的幼儿系上大口袋当袋鼠妈妈,走过平衡木,跳到呼啦圈里,再跳回来把口袋交给下一名幼儿。

注意:当袋鼠妈妈的幼儿必须跳着完成游戏,否则要重新开始。

第二节 游戏促进学前儿童认知与语言的发展

游戏对学前儿童的认知和语言发展具有重要的意义与价值。我们平时会说"会玩的孩子更聪明","儿童的智慧长在指尖上",儿童正是在游戏中形成与发展了概念,锻炼了思维,提高了解决问题的能力。语言是思维的物质外衣,不管是游戏中的喃喃自语,还是社会性游戏中的言语交流,儿童都在游戏中表达着自己的想法和感受,从而使语言能力得到了发展。需要说明的是,游戏不仅反映着儿童的认知和语言发展,同时也为儿童发展提供新的机会与条件。

一、游戏促进学前儿童的认知发展

认知发展是人的发展的重要组成部分,它是指个体认知结构和认知能力的形成、发展、变化的过程,涉及知觉、记忆、注意、思维、语言、想象等多种心理过程。皮亚杰的认知发展理论认为游戏能够促进儿童解决问题能力的提高,培养创造性,建立守恒概念和去中心化等。此外,后续有关游戏与幼儿认知发展的关系的研究表明,游戏在幼儿认知发展过程中的作用远不止练习与补偿,还具有建构与生成的作用。鲁宾等人(Rubin & Maioni)的研究发现,游戏的认知分类与儿童的认知能力呈等级相关,例如,经常玩象征性游戏的儿童在分类、空间知觉、阅读准备等测验中均得分较高。

(一) 游戏促进学前儿童感知能力发展和概念形成

在人生最初的两年中,感知觉与动作是婴儿认识世界与自我的重要手段,感知运动游戏是婴儿与环境相互作用的基本形式。皮亚杰所命名的"感知运动游戏"这一名称充分说明了在这种活动中感知与运动的相互依赖、相互作用。在游戏中,学前儿童探索世界,形成知觉概念与功能性概念,并为以词为标志的符号性概念的形成提供了基础。

1. 游戏促进学前儿童感知能力的发展

感知觉是学前儿童认识活动的开端,是儿童认识外界事物,增长知识,发展智力的主要途径。感知觉主要包括视觉、听觉、味觉、嗅觉、肤觉、时间知觉、空间知觉和观察力等。学前儿童在游戏活动中需要某些感知觉的参与,同时,感知觉也在儿童的游戏中得到了发展。儿童的感知觉只有在活动中才能更好地得到发展,而游戏的过程实际上就是一种通过操作物体来感知事物的过程,例如图2-3。总之,游戏是学前儿童感知能力形成和发展的重要途径。

图 2-3　游戏促进学前儿童感知能力的发展

在游戏中,儿童接触到各种性质的物体,并通过眼看、耳听、口尝、手摸及身体动作来了解事物的个别属性,大大增强了感官的感受性;同时,通过对物体属性以及空间和时间概念的把握,儿童对物体的整体属性的感知也加强了。例如,"击鼓传花"游戏可以通过不同长度和节奏的鼓点促进儿童听觉和注意力的发展;"找不同"可以通过两幅图之间的细微差别对比促进儿童视觉敏感性和观察能力的发展;"奇妙的口袋"可以通过儿童把手放进口袋里触摸并猜出物品的名称来锻炼儿童的触摸觉和联想匹配能力;"浮与沉"的游戏则可以通过把不同材质和体积的物体浸入水中帮助儿童感知和认识水的流动、浮力、物体的轻重和体积等特性,以及不同材质和体积的物体与水的关系。

2. 游戏促进学前儿童概念的形成和发展

概念的形成和发展是认知发展的重要内容。对于学前儿童来说,口头告知和死记硬背式的概念学习很难起到实质性作用,儿童需要通过自己的游戏和活动来积累感性经验,理解和掌握概念。在游戏中,学前儿童探索世界,积累有关事物形状、颜色、位置、用途等的感性认知,通过大脑的认知加工处理,将其纳入自己的认知系统当中,从而形成概念。例如,婴儿通过"伸手够物"游戏当中的伸手和抓握动作,开始注意到空间关系;通过最初的"捉迷藏"游戏,得到了有关消失在眼前的物体仍将继续存在的概念;通过"过家家"游戏当中用杯子喝水,用小勺吃饭等获得了有关物品的功能性概念。总之,正是通过游戏,尤其是感知运动游戏,儿童逐渐获得了社会约定俗成的相关概念,如表2-1所示。

表 2-1　感知运动游戏与儿童概念的形成

大肌肉活动	走、跑、跳、踢、扔、接、钻爬、攀登、跳跃等
小肌肉动作	抓、握、捏、捡、拾、插等
方位意识	移动、位置、方向等
物理经验	物体的颜色、大小、形状、软硬等
逻辑数理经验	辨别、比较、分类、排序等
社会经验	物体名称、用途等

（二）游戏促进学前儿童注意和记忆的发展

游戏是学前儿童最喜闻乐见的活动形式，在游戏中，兴趣性体验让儿童全身心投入游戏当中，注意力和记忆力均得到了发展和提高。为今后的学习奠定了基础。

1. 游戏有助于引起和发展学前儿童的注意

游戏有助于引起和发展学前儿童的注意，尤其是有意注意。儿童发展心理学的研究告诉我们，学前儿童的注意分无意注意和有意注意两种。3岁以前的儿童，其注意基本属于无意注意，随着年龄的增长，学前儿童的有意注意会逐步增多，得到进一步发展。在游戏活动，尤其是规则游戏中，儿童需要专注于当下的游戏任务才能够更好地完成游戏，也需要明白教师提出的游戏活动的目的和任务，或遵守一定的游戏规则才能更好地开展游戏。这就要求儿童必须理解和记住相关内容，从而使儿童在游戏活动中的注意被唤起，并能够得到进一步发展。

苏联心理学家曾经做过这样一个实验：他们让学前儿童在游戏和单纯完成任务两种不同的活动方式下，将各种颜色的纸分别装在与之同色的盒子里，通过这个实验观察儿童注意力集中的时间。实验结果发现，在单纯完成任务的情境下，4岁幼儿只能坚持17分钟，6岁幼儿能坚持62分钟。而在游戏的情境下，4岁的幼儿可以持续专注于游戏任务22分钟，6岁幼儿可以坚持71分钟，并且其分放不同颜色纸张的数量比单纯完成任务的无游戏情境的形式下多50%。可见，游戏可以引起并促进学前儿童注意和专注力的发展。

2. 游戏可以促进学前儿童记忆力的发展

游戏能够促进学前儿童记忆力的发展。记忆根据内容不同可分为形象记忆、逻辑记忆、情绪记忆和运动记忆等。在游戏活动中，学前儿童会有意识地进行记忆，并可以运用到多种记忆形式，促进其记忆力的发展。例如，在骑小车、走平衡木等锻炼学前儿童身体协调和平衡性的体育游戏中，儿童能够愉快地掌握动作，熟练操作后能储存到长时记忆中，丰富原来的记忆内容，实现游戏动作的自动化。再如，在"听听我是谁"的游戏中，儿童需要记住所听到的小动物或者别人说话的声音，并且跟自己记忆中的声音线索相匹配，才能完成游戏。

在幼儿园，有的老师在一天的活动结束后会带领幼儿回忆并讨论当天所做过的事，这是培养儿童有意识回忆，并促进其语言表达能力发展的很好的方式。此外，教师还可以多为学前儿童提供游戏的机会,创设情境,有意识地引导和帮助儿童掌握记忆的方法和策略,促进儿童记忆力的发展。

(三) 游戏促进学前儿童思维能力发展,培养创造性

游戏是儿童的优良教师,通过游戏学前儿童不仅可以强健身体,认识环境,还可以学习解决问题的方法,促进思维能力发展,培养创造性。

1. 游戏促进学前儿童思维能力的发展,提高解决问题的能力

正如陈鹤琴先生所说,思维是人类认识活动的核心之一,思维的产生是儿童心理发展的重大质变。在学前儿童的教育活动中,由于儿童在参与游戏时主体性最强,卷入程度更高,因此游戏活动能够在很大程度上促进儿童思维能力的发展,提高其解决问题的能力。儿童思维的发展经历一个从直接行动性思维到具体形象性思维,再到逻辑抽象性思维为主的过程。游戏可以促进学前儿童思维概括水平的提高,可以帮助儿童去自我中心,克服思维的片面性。在游戏中,学前儿童通过运用各种思维方式,逐步发展了动作、形象和逻辑思维,并在此过程中提高了解决问题的能力。例如,在自发的游戏活动中,幼儿需要自行决定游戏主题,选择适合的游戏材料,与同伴结组合作等,这就要求儿童在游戏前要自己去分析、判断、推理、概括和总结。而在游戏中,幼儿还会遇到一些突发性的状况,为了使游戏能够顺利地进行下去,幼儿需要针对问题想出解决的方法,从而进一步促使幼儿思考。

人的思维能力在解决问题的过程中会得到发展。学前儿童在游戏活动中会遇到各种各样的问题,例如想给娃娃打针却没有注射器怎么办,在抓人游戏中如何才能抓到别人而不被别人抓到,等等。没有努力的游戏不是好游戏,在游戏活动中,儿童要积极开动脑筋,想办法去解决面临的一系列问题和困难。可以说,游戏活动中始终伴随着儿童积极的思维活动,游戏为学前儿童思维能力的发展提供了机会和条件。

2. 游戏促进学前儿童想象能力的发展,培养创造性

想象是创造的基础和源泉。根据创新程度不同,想象可以细分为再造想象和创造想象。学前期,尤其幼儿园阶段是象征性游戏的高峰期,想象和假想是其基本特点。可以说,儿童游戏的过程就是想象和创造的过程,而游戏则为学前儿童的想象和创造提供了宽松的环境和充分的空间。例如,借助于想象,儿童可以做到以物代物,即把一种物品当作另一种物品来使用,一个贝壳可以被儿童当作猫,一块积木可以被儿童当作蛋糕、小人、火车……借助于想象,儿童可以去做现实生活中不能去做的事情,他们可以像爸爸妈妈一样在"娃娃家"里"照顾宝宝",可以像医生那样"给病人看病打针",可以像解放军叔叔一样为保卫祖国"放哨站岗",也可以像传说中的仙女一样"点石成金"……可以说,正是游戏使儿童展开了想象的翅膀,在他们自己创造的世界中自由飞翔。

心理学家亨特(Hunter)在20世纪70年代曾经为3—5岁的儿童设计了一个新

颖的玩具,并通过这个玩具测试儿童的创造力,即考察被试儿童会怎么操作这个玩具。这个玩具是用金属制成的红色箱子,箱子上装有一个杠杆,杠杆的顶部是一个蓝色的木球。杠杆运动的方向是由箱子上的四个计数器控制的,计数器可以打开,也可以被盖住。如果杠杆呈水平状,就会传出铃声;如果杠杆呈垂直状,蜂鸣器就会发出声音。根据儿童对该玩具的反映,亨特把他们分为三种不同的类型:一种是无探究精神者,这些儿童只是看看玩具,但不会对玩具进行探究活动;一种是探究者,这类儿童会对玩具进行探究,但不会用它来玩,比如不会试图发现怎样才能让铃声再次响起;还有一类是创造性探究者,这类儿童不仅对玩具进行探究,而且会创造想象情境,利用各种方法来操作这一玩具。通过后期对教师和家长的访谈,亨特发现创造性探究者这一类儿童在平时是最爱玩、游戏体验最多的儿童。可以说,游戏的实质就是儿童进行多样化的探索,这与创造性思维的灵活性和发散性特质高度吻合。在游戏中,儿童可以自由操作游戏材料,可以对同一物体作出不同的动作或对不同物体作出相同的动作,可以变换各种方式来操作物体,扩大了儿童与物体之间的互动范围和形式。游戏也为儿童提供了自由探索、大胆想象的机会,有助于儿童养成乐于探索、勇于创造的态度和精神。

二、游戏促进学前儿童的语言发展

语言是表达思想和交流情感的工具,其最本质的功能就是交际。儿童学习语言是一个连续发展的过程,学前期是口头语言发展的关键期。儿童在游戏中与同伴进行的交流与互动其实就是其组织语言、锻炼表达能力的过程。

(一)游戏为学前儿童提供了语言交往的机会

游戏是促进儿童语言发展的重要途径。游戏,尤其是角色游戏,往往有言语伴随,而且这些言语还是儿童与同伴、教师以交流为目的进行的,不同于儿童的喃喃自语,这为儿童的语言实践提供了机会。在角色游戏中,儿童在选择扮演的角色时会不断交流,在角色游戏中还会自然而然地练习特定社会角色的语言。

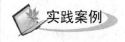

实践案例

小 医 院[①]

在角色游戏"小医院"中,医院里人很多,许诺戴着听筒,穿着白大褂,一副医生的架势,于佳倩在一旁做配药医生。突然,一阵争执声传来:"医生,你是不是拿错药了!这是什么药啊?好像不是咳嗽药水。"老师闻声赶来,问:"发生了什

---

① 王珍.对幼儿角色游戏的有效观察与指导[J].上海教育,2010(10).

么事?""老师,于佳倩配错药了,这样是不行的,会死人的。"于佳倩不服气地说:"我也不知道啊,这里药太多了呀!"老师一看,真的好多,各种药都堆在一起,于是问于佳倩:"那么多的药,你能辨别得出来吗?""我会啊,我都知道的!"老师随手拿了一瓶药水问她:"这是什么药啊?"她想了半天也没答出来。老师温和地对她说:"我们可以在上面做一个标记,这样人多的时候也不会拿错药啦。"听了老师的建议,他们不再争执,开始认真地在药品包装上做记号。

在上述案例中,我们可以看到"小医生"把医治病人、给病人打针拿药当作自己的职责,当游戏实际进展中出现"配错药"的问题时,在不同角色之间就会由于冲突而产生讨论、交流,甚至争执。可见,在游戏活动中,幼儿需要和同伴、教师进行交流,这就促使儿童不断提高其语言能力。另外,在这个案例中,教师敏锐地抓住契机,给予儿童游戏以更加充实的内容,也是非常值得称道的。

(二) 游戏促进学前儿童语言能力的发展和提高

2001年印发的《幼儿园教育指导纲要(试行)》指出:"语言能力是在运用的过程中发展起来的,发展幼儿语言的关键是创设一个能使他们想说、敢说、喜欢说、有机会说并能得到积极应答的环境。"如前所述,游戏为儿童提供了没有压力、轻松愉悦、充满语言实践机会的环境,使儿童可以在不同的语言情境下与游戏伙伴相互交流、展开讨论、表达建议等,这有助于促进学前儿童语言能力的全面提高。

游戏中的语言运用还可以纠正学前儿童的发音,丰富学前儿童的词汇,发展其口语表达能力,并掌握一定的语法知识,从而使儿童可以更好地表达自己的想法。例如,小班语言游戏"我吃甜柿子",就以对答的形式帮助儿童在朗朗上口的儿歌中练习声母"ch"和"sh"的发音。具体的游戏规则是全体幼儿拉成大圆,教师在圆中携带实物或者图片扮演送柿子的人,问:"红柿子,黄柿子,谁吃我的甜柿子?"幼儿回答:"红柿子,黄柿子,我吃你的甜柿子。"声音洪亮且发音准确的幼儿就能得到奖励,可以"吃柿子"。幼儿吃完之后要说:"吃,吃,吃,甜甜的柿子真好吃!"游戏多次重复以后,也可以请发音准确的幼儿扮演送柿子的人。此外,在智力游戏中说"相反词",不仅可以扩大儿童的词汇量,也可以进一步加深幼儿对词语的理解和使用。一味地教给学前儿童一些复杂的词汇,只能使其长时间停留在消极词汇中,只有在游戏情境中,这些词汇才有机会转换为积极词汇。又如,布鲁纳(Bruner)认为儿童最复杂的语法和语言符号往往是最先在游戏情境中使用的,在游戏活动中儿童可以最迅速地掌握语言。他以一个3岁儿童第一次使用条件句为例:"如果你和我好,把你的石弹子给我,我就把我的枪给你。"从语法的角度来说,如此复杂的语言是很难通过"教"来实现的,哪怕是教一个4岁的幼儿用"如果……就……"来造句一般也是很难顺利完成的。可以说,一些新的复杂的谓语、省略语、重复句等也是最先出现在儿童游戏中的。

第三节 游戏促进学前儿童社会性的发展

学前期是儿童社会性形成的关键期。学习成功地发起和维持与伙伴、成人之间的交往,学会成功地介入游戏,学习用双方都满意的方法而不是用攻击性行为来解决冲突,都是学前期应当形成的重要的社会性能力。社会性的培养和社会交往能力的形成一般不是直接来源于教学,而是学前儿童在实际的交往活动和游戏中形成与发展的。

一、学前儿童社会性发展的任务与游戏的重要价值

游戏是学前儿童社会性交往的主要形式,也是儿童社会性发展的重要途径。社会性的培养和社会交往能力的形成对于儿童以后的发展与提高适应社会的能力有重要的影响。

(一)学前儿童社会性发展的主要任务

社会性与人作为生物个体的生物性相对,是"指人在社会上生存过程中所形成的全部社会特征的总和,包括人的社会心理特性、政治特性、道德特性、经济特性、审美特性、哲学特性等"[1]。狭义上,社会性被看作人的发展的一个方面,与身体、认知、情绪情感等方面的发展并列,是指个体在社会性交往过程中获得的人际关系与处理人际关系时所表现出来的心理倾向性。这种狭义的社会性发展可以概括为以人际交往系统为定向的个体心理特征与能力的发展。狭义的社会性能力是指发起、形成和维持与他人尤其是伙伴的令人满意的关系的能力。社会性交往活动是人生存和发展的条件,在与周围人的交往和互动中,幼儿的社会性能力会随年龄的增长出现不同的发展任务,如表 2-2 所示。

表 2-2 学前各年龄段的社会性发展任务[2]

年　　龄	发 展 任 务
0—3 个月	生理方面的协调
3—6 个月	对紧张的控制
6—12 个月	建立情感上的依恋关系
12—18 个月	探索和掌握
18—30 个月	训练自主性
30—54 个月	培养对冲动的控制、性别认同、建立伙伴关系

[1] 陈会昌.儿童社会性发展的特点、影响因素及其测量[J].心理发展与教育,1994(4).
[2] 刘焱.儿童游戏通论[M].北京:北京师范大学出版社,2004:218.

（二）游戏对学前儿童的社会性发展具有重要意义

游戏具有重要的社会文化适应功能，可以帮助学前儿童去自我中心化，培养其亲社会行为。从学前儿童游戏发展的顺序来说，婴儿出生后，最先出现的是独自游戏，如注意床头的摇铃，玩弄自己的口水和手脚等。然后是亲子游戏，这时婴儿可以把成人与物品区分开来，并与最主要的哺育者母亲建立互动和联系，比如母亲哺乳时，婴儿会盯着母亲的面部，母亲逗弄婴儿，婴儿会有回应，在此基础上逐渐发展起亲子游戏。当婴儿再大一些，开始注意到自己周围的同伴，尤其是入幼儿园之后，同伴游戏的数量开始增多，并开始占据主导。对儿童的社会性发展的重要性程度来说，同伴游戏最重要，其次是亲子游戏，最后才是独自游戏。

为了研究伙伴交往与游戏对动物发展的影响，哈罗（Harlow）夫妇设计了著名的罗猴实验。[①] 他们将小罗猴分成两组喂养。一组与母亲在一起生活，完全没有同伴交往机会；另一组与一个布做的母猴生活在一起，有与同伴交往和游戏的机会。结果表明，与母亲在一起生活但缺乏伙伴交往的小罗猴，长大以后在社会性方面发展滞后，同龄伙伴不能接受它们，甚至对它们表现出攻击性行为；而有同伴交往和游戏机会的罗猴，虽然被剥夺了真正的母爱，但是在以后的社会性发展方面相对正常。哈罗夫妇的实验说明，在幼年时被剥夺了同伴游戏机会而缺乏同伴交往经验所造成的社会性发展方面的损害是明显的。然而，游戏有一定的补偿功能，如果通过让这些没有同伴游戏机会的罗猴与比它们年龄更小的伙伴游戏，可以使它们有机会重新获得同伴交往的经验。虽然哈罗夫妇是以动物为被试进行的实验，但是也可以在一定程度上解释儿童在游戏时通常按照心理年龄而不是生理年龄扎堆这样的现象，也说明游戏，尤其是同伴游戏对于儿童社会性发展具有不可替代的重要意义与价值。

在儿童的各类游戏中，伙伴游戏对于幼儿的社会性发展的影响最大，远远超过独自游戏和亲子游戏。不被同伴接纳，不能有效参与到同伴游戏中，对于学前儿童来说是非常残忍的事情，因此，教师应该关注这类儿童，并在必要的时候通过适当的干预帮助儿童掌握社会交往技能，形成亲社会的行为模式。

拓展阅读

融入同伴游戏的策略

如果幼儿试图进入其他伙伴已经开始的游戏，75%的可能性结果是遭到拒绝。幼儿似乎天生具有保护自己的想象性游戏不被别人打扰的倾向。在经过2~3次的尝试以后，50%的幼儿可以成功地进入他人的游戏。

幼儿加入其他伙伴的游戏往往采用以下不同的策略。

[①] 刘焱.儿童游戏通论[M].北京：北京师范大学出版社，2004：33.

1. 运用请求的策略,如在看到别人游戏时主动说:"我也能玩这个吗?"
2. 运用评论的策略,如在看到其他幼儿在玩从台阶上跳下的游戏时说:"我看,这太高了,你在做什么呢?"
3. 运用建议的策略,在玩游戏"娃娃家"时说:"我可以当阿姨吗?"或"我可以当爸爸吗?"
4. 运用主动邀请的策略,如幼儿说:"你来和我们一起玩儿好吗?"
5. 运用提供自己拥有的玩具的策略,如一句"你要玩这个吗"可以很好地拉近幼儿间的距离。
6. 运用平行游戏的策略,模仿伙伴的游戏动作可以很好地起到吸引注意的作用,从而进入游戏。

二、游戏从不同方面促进学前儿童的社会性发展

学前儿童正处于从"自然人"向"社会人"转变的时期,学前阶段是社会性发展的关键阶段。游戏是儿童主要的社会性交往活动,可以从不同方面促进儿童的社会性发展。

(一)游戏促进学前儿童"去自我中心",掌握社会规则

在学前儿童心理发展的过程中,自我中心是一个必经的阶段,主要表现为儿童往往只从自己的角度出发看问题,不能理解他人的观点、想法,也不能体会他人的情感。皮亚杰曾经设计过一个著名的"三山实验",把一个玩具小人放在三座山模型当中的一座山前,让儿童坐在不同的角度观察,说出这个小人处在山的哪一个方向。结果发现处于前运算阶段的儿童无一例外地认为别人在另一个角度看到的山丘和从自己所站的角度看到的山丘是一样的。这个实验说明前运算阶段的儿童主要是采取一种自我中心的"我向思维",很难从他人的角度来看待事物。

游戏是儿童克服自我中心思维的重要途径。在游戏中,儿童需要从不同的角度去考虑问题,发现自己和他人的区别,逐渐克服思维的自我中心倾向。例如,在角色游戏中,儿童需要讨论游戏如何进行,考虑到他人的看法,也需要理解所扮演角色的所思所感和行为表现,让自己的语言和行为都像所扮演的人。比如大班的幼儿在玩"餐厅"的游戏,妮妮正在用皱纹纸做面条,瑞瑞说:"我不喜欢用皱纹纸做面条,我想像妈妈一样用真的面粉做面条。"小美听了在一旁说:"我们应该每天从家里带一些黄瓜头、青菜叶,在餐厅里练习切菜。"小文则说:"我们应该像真正的餐厅一样,有菜单,有笔,还有瓶起子。"一会儿,游戏开始了,扮演顾客的齐齐和天天来到了"餐厅",与服务员小文、小美,厨师妮妮和瑞瑞开始了点餐、上菜、用餐的过程。在这样的角色游戏中,儿童必须学会按照自己所扮演的角色的行为方式来扮演角色。此外,规则游戏也需要儿童逐渐去自我中心,才能使游戏成功进行。游戏可以帮助儿童逐渐

理解规则是经过大家协商,共同建立起来的。在游戏中必须遵守规则,否则游戏就无法进行,在游戏中还要考虑同伴的想法,才能有助于获胜。比如捉迷藏、丢手绢等游戏,都需要儿童能够站在别人的角度考虑问题,要想办法考虑藏在什么地方才能不被别人发现,要考虑怎么不被注意悄悄地把手绢丢在小朋友的后面。只有儿童逐渐去自我中心,游戏才能更好地进行。去自我中心,不仅让儿童在玩中取胜,更发展了儿童的移位、共情能力,促进了儿童社会性的发展。

此外,学前期还是儿童意志行动的萌发期,遵守规则的游戏有助于学前儿童控制自己的冲动性行为。苏联心理学家马卡连柯(Makarenko)曾经做过一个"哨兵站岗的实验",要求4岁和5岁的幼儿在空手的情况下保持哨兵持枪的姿势。一种情境是非游戏情境:其他幼儿在一起玩,而被试在一边站着保持姿势;另一种情境是游戏情境:其他幼儿是糖果厂的工人在包糖果,被试是哨兵,正在为糖果厂站岗放哨。结果发现,在扮演角色的游戏情境下,幼儿坚持站立不动的时间远远超过非游戏情境下站立不动的时间。可见,儿童最大的自制力是来自于游戏中的。

(二)游戏促进学前儿童社会交往技能发展

社会性交往技能是指发起、组织与维持社会性交往活动的能力。儿童一出生,就处在一定的人际关系中,游戏为儿童提供了社会交往的机会,扩大了儿童的社会性交往范围,增加了儿童社会性交往的频率。儿童的社会交往技能最初是在亲子游戏中产生的,例如在母亲与婴儿的亲子互动游戏中,儿童逐渐理解并掌握了基本的社会性交往结构(共同参与、等待、轮流、重复),并且通过视线交流、微笑、谈话、歌谣等方式与成人建立起信任、依恋关系,促进儿童合作性倾向的形成。

在亲子游戏的基础上,儿童在伙伴游戏中进一步丰富和发展了其社会性交往技能。为了获得伙伴的认同和接受,拥有"好朋友",在伙伴团体中争得一席之地,儿童必须掌握一定的社会交往技能,学会以社会和同伴群体接受的方式来行动。例如,幼儿为了参与进别人正在进行的游戏,可以通过靠近、微笑、请求、建议等方式,而不是生硬地介入游戏。同伴提名法可以用于考察儿童在同伴群体中的受欢迎程度或接纳程度。研究表明,受欢迎的儿童经常是游戏的发起者,他们知道如何与别人进行合作游戏、分享游戏材料,能够给伙伴提出具有建设性的好主意和中肯的、适宜的意见,积极想办法加入同伴的游戏,并积极协调自己与其他同伴的关系和行为。而不受欢迎的儿童往往不会分享,不考虑也不注意别人正在做的事情,往往因强加于人而不能加入同伴的游戏。那些受忽视的儿童则倾向于站在旁边观看,而不会主动寻求加入,他们可能是没有掌握加入游戏的社会交往技能,也可能就是没有加入游戏的意愿,这样的儿童没有跟同伴的实质性交往。

总之,游戏尤其是角色游戏等社会性游戏,是儿童社会性发展的重要途径。以"娃娃家"为典型代表的角色游戏是学前儿童中最为常见的一种游戏形式,儿童通过扮演角色,创造性地反映社会生活,并尝试理解游戏规则,明白对方的意图,学会理解与自己不同的观点,协调人际关系,形成诸如等待、轮流、分享、合作、友好、助人等亲社会行为,同时也促进归属、同情,甚至道德感等社会性情感的形成。

第四节 游戏促进学前儿童情绪情感的发展

情绪情感是一个人心理活动的重要构成因素,它可以发动、组织与干扰人的认知过程与学习活动,影响人际关系的性质与发展方向,以及人对待生活的态度。游戏在儿童的情绪情感发展过程中具有重要的意义和价值。

一、游戏促进学前儿童情绪情感发展,更好地适应社会

婴儿出生时即具有爱、怕、怒等基本情绪,具有环境适应的基本能力。这些基本情绪在后天逐渐显露与分化,并且随着儿童的身心发展与交往活动范围的扩大及教育要求的逐渐提高,逐渐衍生出成就感、道德感、同情心、美感等高级社会情感。

(一) 游戏对学前儿童情绪情感发展的重要意义

游戏作为一种充满情绪情感色彩的基本活动,不仅对于以情感联系为纽带的各种良好的人际关系如亲子关系、伙伴关系、师生关系等的形成具有积极的建设性作用,而且对于儿童情绪情感发展的各个方面都有重要的和独特的作用。

1. 游戏可以发展学前儿童的成就感,增强自信心

成就感或胜任感是与自我概念相联系的情绪情感,它是主体对自己力量与能力的认识与体验,是一种正向的积极的情感。成就感或胜任感是游戏性体验的基本构成要素。在游戏过程中,儿童享有充分的自由选择的权利,可以根据自己的想法与愿望来行动。游戏活动为儿童探索自己的能力提供了机会。

2. 游戏可以发展学前儿童的美感

美感是人对事物审美的体验。婴儿看到鲜艳夺目的东西会很高兴,漂亮的玩具会使他们愉悦,促使他们伸手去抓、去摆弄操作。随着年龄的增长和知识经验的丰富,原始的美感逐渐社会化,对美的评价标准也逐渐提高,不仅能够感受美,而且能够创造美。游戏就是学前儿童感知美、创造美的一种审美活动。在游戏中,儿童主动地反映自然和社会生活中美好的事物,结合游戏学习文学、语言、音乐、美术等内容,装饰、美化自己的游戏环境和建筑物等,这些都有助于培养儿童对自然、社会生活、艺术的审美能力,发展他们的美感。

3. 游戏能够发展学前儿童的同情心与移情能力

游戏为幼儿提供了扮演他人角色、站在他人角度考虑问题、体验他人的情感与态度的机会。在游戏中,儿童是以认真的态度、真实的情感表现现实生活,体验角色的情感和态度的。在游戏中获得的情感体验会对儿童产生潜移默化的影响,使他们

的同情心得到发展。

（二）通过游戏发展学前儿童积极的情绪情感体验

在儿童游戏的外部行为特征中，我们可以看到儿童在游戏当中的表情总是积极的、正向的表情，这其实正是儿童积极的或正向的情绪情感体验的外部表现。游戏中的积极的情绪情感体验为学前儿童带来积极的影响，促进学前儿童身心健康发展。

例如，在游戏"娃娃家"中，儿童通过扮演不同的角色，一方面可以体验到游戏的乐趣，另一方面也可以体验到父母对孩子的爱，从而促进儿童情绪情感的健康发展。再如，在角色扮演游戏"三只蝴蝶""我们是一家"中，通过理解游戏规则、获得游戏体验，儿童能够体验并发展朋友之间的情谊。在故事《狼来了》及其角色扮演游戏中，儿童可以直观地了解到说谎的坏处，从而在游戏中培养了道德感和诚实的品质。此外，在欣赏艺术作品和进行建构性游戏的过程中，儿童能够通过感官的体验来培养对美的感受力，并进一步萌生表现美的情趣。

二、游戏帮助学前儿童进行情绪恢复，有助于心理健康

游戏可以帮助儿童释放紧张与焦虑的情绪，将其"玩出来"(play it out)，具有明显的情绪恢复和治疗功能。20世纪中叶以来，有关儿童"游戏性"的研究开始出现，发现游戏有助于儿童形成主动积极、活泼开朗、快乐幽默的个性特征，有助于儿童保持快乐的情绪，促进心理健康。此外，20世纪以来游戏治疗的临床实践也充分证明了这一点。

（一）游戏促进学前儿童的情绪恢复

人的情绪情感具有两极性：愉快和不愉快。人不仅有积极的、正向的情绪情感，也有消极的、负面的情绪情感。人的各种情绪情感都需要得到表现。消极的情绪（如焦虑、紧张、愤怒、嫉妒等）如果长期受到压抑而得不到缓解与释放，就会影响人的心理健康。游戏为儿童提供了表达自己的各种情绪的安全途径。从消极情绪的释放与缓解来说，游戏对于情绪发展的独特作用在于它可以修复"受伤的心灵"。

游戏的这种独特功能早已引起众多心理学家的重视。以弗洛伊德为代表的精神分析学派把游戏看作个体内心世界（包括情绪情感）的表达，认为游戏对于儿童及其成年以后的心理健康具有积极作用，它可以保护幼儿免受"成人世界"的伤害。从情绪发展的角度来看，游戏是沟通儿童的内部心理生活与外部现实之间的桥梁，是自我表现与自我概念形成的重要手段。皮亚杰把游戏看作幼儿自我表达的工具，它可以使幼儿通过同化作用来改造现实，满足自我在情感方面的需要，是幼儿解决认知与情感之间冲突的一种手段。维果茨基也认为游戏可以帮助幼儿实现在现实生活中不能实现的愿望，这种愿望是概括化的情感倾向性，基于儿童与成人之间关系

的变化与发展。辛格(Singer)认为,想象游戏是探究的一种形式,通过这种想象的探究,幼儿对还未被同化的经验进行探索。通过想象,幼儿创造了一个新的刺激场来帮助自己处理不愉快的经验。近二三十年来的研究为游戏可以帮助幼儿处理消极情绪的说法提供了实证研究的依据。

拓展阅读

游戏与焦虑

吉尔摩(Giamore)通过3个系统研究考察住院治疗儿童的游戏与焦虑之间的关系。研究发现,住院治疗的儿童比没有住院的儿童更喜欢玩与医院有关的医疗玩具。玩医疗玩具可以帮助住院治疗的儿童降低因住院引起的恐惧与焦虑,使他们更好地理解医院的环境。

班尼特(Barnett)在实验室和自然条件下研究游戏降低焦虑的作用。她发现游戏确实可以帮助幼儿降低焦虑。幼儿第一天入幼儿园会因与亲人分离和情境陌生而产生"分离焦虑"。她首先测定入园第一天每个幼儿的分离焦虑水平,然后根据测定结果把幼儿分成高焦虑与低焦虑两种被试。接着,让这些幼儿分别进行不同性质的活动:社会性情境(有其他幼儿在场)中的自由游戏、独自游戏、结成小组听讲故事(非游戏,社会性情境)、自己一个人听故事(非游戏,独自活动)。活动结束之后,再次测定这些幼儿的焦虑水平。结果发现,高焦虑幼儿在自由游戏之后焦虑水平的下降明显高于故事组的高焦虑被试,而且独自游戏的效果要比有其他幼儿在场的社会性情境更明显。高焦虑幼儿比低焦虑幼儿在游戏中表现出更多的假装或想象行为。班尼特的研究说明,游戏,尤其是想象性游戏可以帮助幼儿降低焦虑与紧张,具有情绪修复功能。

一些研究者认为,想象游戏可以改变消极的情绪体验,伴随着肯定的情感的想象游戏有助于降低幼儿的攻击性行为。当一组10岁儿童的"工作"受到一个年长儿童的打扰后,他们都很愤怒。然后让这些儿童看攻击性的电视节目,时长为3分钟。想象水平高的儿童在看了攻击性的电视节目后紧接着进行自由游戏,攻击性水平随之降低。事实上,许多游戏材料与游戏都有帮助幼儿宣泄与释放消极情绪的作用。例如,面团、黏土、橡皮泥等可以使幼儿做出各种强度不同的动作,帮助幼儿释放愤怒等消极情绪。又如,奔跑、推倒积木等也具有类似的功能。

(二)游戏治疗

游戏可以帮助儿童释放紧张与焦虑。游戏治疗是以游戏为治疗手段帮助幼儿处理恐惧、愤怒、敌意等情绪障碍的一种情绪治疗方法。埃里克森生动地把游戏治疗概括为:把受压抑的情绪"玩出来"。20世纪以来,游戏一直被看作情绪治疗的有效手段而被应用于临床实践。从游戏治疗的临床实践中形成与发展起来的理论与技术,反过来也对教育的理论与实践产生了巨大影响。

游戏治疗是"游戏治疗者与儿童之间的互动关系,而治疗者必须受过良好的训练,知道如何选择游戏材料以及如何发展一种安全的关系,让儿童能用其最自然的沟通方式(即游戏)来完全表达与探索自己的情感、想法、经历与行为"(Garry L. Landreth,1991)[①]。夏弗(Schaefer)把游戏治疗分为精神分析模式、关系模式和结构化模式。

在精神分析模式中,临床实践中病人必须有改变自己的强烈动机;把医生看作对自己有重大影响的人物的替代者,对医生敞开心扉,与医生交流;能够进入自由联想的过程,随时把想到的事情说出来。精神分析模式分为两种类型:一种是消极的游戏治疗,会演变为非指导性治疗或关系模式;另一种是积极的游戏治疗,会演变为结构化模式。

在关系模式中,治疗者非常注意治疗者与儿童之间关系和相互作用的质量。治疗者的任务是创设一种使儿童感到被完全接纳的气氛,治疗者不批评儿童,其任务只是表达对儿童的关心、尊重与接纳。以儿童为中心是游戏治疗关系模式的基本特征。在关系模式中,成人的主要任务是帮助儿童形成自我定向和自我意识。

结构化模式具有一定的结构,包括规则、玩具、建议等。这种结构既依赖于儿童的发展水平和个性特征,也取决于治疗的特定目标。这种有结构的治疗模式,总的来说还是把游戏看作儿童的一种语言,想象是这种语言的特点。结构化模式包括松弛治疗、化装游戏治疗、故事讲述等不同的方法。

总之,游戏的治疗作用可以使因情绪方面的问题导致种种适应不良(包括生理的与心理的)的儿童得到适当的治疗。通过治疗可以使儿童建立正确的自我概念,更能接纳自己,对自己更具信心,体验控制的感觉,增强自我定向的能力;更愿意自己去解决问题,增强独立决策的能力,提高解决所面临问题的敏锐性;愿意承担更大的责任。

拓展阅读

游戏治疗的基本原理[②]

1. 情绪情感是儿童游戏的天然组成部分。游戏对于儿童的心理健康是不可或缺的。儿童在自发的游戏中能更直接、更完整地表达自己。

2. 游戏是儿童的语言。儿童用游戏比用语言来"说话"更自在。游戏使儿童能有效地表达与交流自己的感情。

[①] 刘焱.儿童游戏通论[M].北京:北京师范大学出版社,2004:239.
[②] 刘焱.儿童游戏通论[M].北京:北京师范大学出版社,2004:239.

3. 游戏可以使儿童用社会认可的方法来释放消极情绪而不必害怕成人的指责。这些消极情绪在日常生活中往往很难被人们接受。

4. 游戏为儿童提供了在安全的情境中尝试新的角色、用各种不同的方法来解决问题的机会，从而增强自信心。

5. 游戏是儿童内心世界的镜子。观察儿童的游戏能够帮助成人更好地理解儿童。

6. 游戏使成人能够进入儿童的世界，与儿童建立治疗性的平等合作关系。

 本章小结

1. 学前期是儿童身体的高速发展期，而身体健康发展是学前儿童全面发展的基础。儿童的年龄越小，身体发展对其心理发展的影响作用就越明显。游戏可以促进学前儿童身体的生长发育，可以促进学前儿童动作的协调发展，还可以满足儿童身体活动的需要，促进学前儿童动作技能的形成。

2. 游戏对学前儿童的认知和语言发展具有重要的意义与价值。我们平时会说"会玩的孩子更聪明"，"儿童的智慧长在指尖上"，儿童正是在游戏中提高了感知能力，形成与发展了概念，促进了注意与记忆力的发展，锻炼了思维，提高了解决问题的能力，培养了创造性。游戏还为儿童提供了语言交往的机会，促进了学前儿童语言能力的发展和提高。

3. 游戏是学前儿童社会性交往的主要形式，也是儿童社会性发展的重要途径。游戏具有重要的社会文化适应功能，可以帮助学前儿童去自我中心化，培养其亲社会行为。游戏为儿童提供了社会交往的机会，帮助儿童掌握诸如等待、轮流、分享、合作、友好、助人等社会规则和交往技能，同时也促进归属、同情，甚至道德感等社会性情感的形成。

4. 游戏在儿童的情绪情感发展过程中具有重要的意义和价值。游戏可以增强学前儿童的成就感，增强自信心，可以发展幼儿的美感，发展儿童的同情心与移情能力。游戏还可以帮助儿童释放紧张与焦虑的情绪，将其"玩出来"，具有明显的情绪恢复和治疗功能。

 自我评量

一、简述题

1. 游戏是如何促进学前儿童运动能力发展的？

2. 游戏在促进学前儿童的认知发展中具有什么作用?
3. 为什么说游戏可以促进学前儿童情绪情感的健康发展?

二、论述题

1. 你觉得自己是一个"爱玩"的人吗?请结合自己幼时的游戏体验和在幼儿园的实践,分析游戏对学前儿童发展的意义与价值。
2. 请在幼儿园或生活中选定一名幼儿,观察与记录游戏对其身心发展的影响与作用。

第三章　游戏在幼儿园中的地位与作用

 学习目标

1. 理解幼儿园"以游戏为基本活动"的目的及其必要性。
2. 掌握幼儿园生活游戏化和幼儿园课程游戏化的意义与实践含义。
3. 理解游戏和教学的区别与联系，能够有意识地促进幼儿园课程与游戏的融合。

 引导案例

大班的趣味数学活动①

数学是一门高度抽象的科学，数学教育通常被幼儿园老师视为不容易组织的学习活动，因为它不像跳舞、唱歌、绘画等活动形式灵活，符合幼儿好动的特点。然而，芦德芹老师为幼儿组织的数学教育活动，则颇有"乐嬉戏"的感觉。

"十个小矮人"的乐曲拉开活动的序幕。随着乐曲全班小朋友载歌载舞进入音乐情境：第一遍音乐，每个小朋友找座位坐好；第二遍音乐，一个小朋友从首位站起，边唱边走，绕场一周邀请出 10 个小朋友（点数），10 个小朋友和他一起快乐地唱着、跳着。轮番几次，每个小朋友都能够得到一次圈内表演的机会，幼儿参与活动的兴趣被调动起来。

还有以 10 以内的加减为主题的游戏活动，活动形式是首先在所有幼儿的脚腕上系上一个彩色气球，然后把幼儿分成两组：一组幼儿拿着口算算式的卡片，一组幼儿拿着相应的得数卡片。游戏规则是要求幼儿踩到和自己的数字卡片得数相同的小朋友的气球，看谁最机智，既能踩到对方的气球，又能保护好自己的气球不被对方踩到。

---

① 芦德芹.游戏的魅力[M].北京：中央民族大学出版社，2007：7，9.

> 教师设计的这个游戏很有嬉戏性。幼儿在欢快、好奇、探索和操作活动中,轻松有趣地实现及巩固了 10 以内加减法的学习任务。游戏充满了对抗性,算得快的幼儿最容易抢占先机,知道自己要去踩谁的气球。同时,这个游戏也培养了幼儿的集中注意力,并使幼儿能加快口算速度,并主动积极参与到游戏中,成为学习和活动的主体。

第一节 游戏在幼儿园教育中的地位

幼儿园(kindergarten)一词是福禄培尔在 1840 年为他的学前教育机构创造的新词,意指儿童的发展犹如植物的成长,幼儿园如同花园,生活在幼儿园当中的幼儿如同花园里的花草欣欣向荣,教师则犹如辛勤的园丁。那么,游戏在幼儿园教育当中的地位是什么呢?根据游戏对学前儿童发展的重要意义和价值,我们认为游戏就如幼儿园中的阳光雨露,是幼儿身心健康发展的重要保证。

一、游戏在幼儿园生活中的重要性

游戏是儿童最喜爱的、自发的活动。在这一儿童自发乐见的活动中,儿童的各种身体器官和运动机能均可获得发展。各种游戏尤其是户外游戏有助于儿童呼吸新鲜空气,锻炼心肺功能,可以满足儿童身体活动的需要,促进机体的新陈代谢和生长发育,增强体质。

(一)创设适宜幼儿发展的幼儿园生活

幼儿园是幼儿重要的社会生活场所,幼儿园生活为幼儿的学习和生活提供了一种特殊的游戏生态环境。在这种游戏生态环境中,幼儿的身体、认知、社会性和情感和谐统一,幼儿的兴趣和需要与社会要求也处于和谐的统一之中。

1. 幼儿园是幼儿的教育和生活场所

在各国的学制系统中,大多把学前教育作为学制的起始阶段。传统的学校观把幼儿园和学校看作纯粹的"教和学"的地方,认为教师工作的目的就是传授知识,学生是为了求知而来到学校的。在传统学校观的影响下,在幼儿园中获得知识的目的取代了人的"生活"和"养成",人的情感和需要被漠视和忽略。我们应该明确,幼儿园虽然是学制的起始,是"教和学"的特殊场所,但是幼儿园首先应该是"人的世界",不管是幼儿还是教师,都是活生生的、具有丰富的情感和需要的"人"。幼儿不是等待知识灌输的容器,而是有自己的特殊发展需要,有自己的情感和想法的完整的儿童(the whole child),幼儿园不仅仅是教育机构,更是幼儿生活的场所。

游戏是幼儿的生活方式和存在方式,社会和成人都没有权利剥夺幼儿在幼儿园里过一种适宜他们身心发展需要和特点的"游戏的生活"。幼儿园以游戏为基本活动,一方面是要满足幼儿游戏的需要,促进幼儿身心发展,使幼儿拥有快乐的童年;另一方面也寓教育于游戏这种适宜幼儿身心发展特点和需要的活动之中,引导并积极促进幼儿的学习和身心全面发展,为幼儿的终身学习和发展奠定良好的基础。因此,应做到两方面的和谐统一,使幼儿园不仅成为幼儿的"教育场所",同时也成为幼儿的"生活场所"。

2. 幼儿园游戏环境影响幼儿的生活和发展

英国教育学家斯宾塞认为,人的教育是为完满的未来生活做准备的。在传统的教育观念中,人们认为儿童自出生起的一切活动都是在为将来更好地融入社会、生存做准备。于是,学业压力逐渐向学前阶段下放,幼儿被要求去接触小学阶段的学习内容,反复识记那些对于他们来说意义甚微的文字符号,这样的幼儿教育观念是狭隘的、功利的,违背了幼儿的成长发展规律,不利于幼儿的身心健康发展。

我们应该认识到,幼儿不只是在为将来的生活做准备,他们当下所在的幼儿园经历就是生活,现在的生活和经验将决定他们未来的生活和经验,良好的成年生活是以丰富而充实的童年生活为基础的。因此,为儿童的将来做准备不能以牺牲现阶段的童年幸福和应有的发展为代价。游戏是幼儿获取经验体验和掌握各种技能的重要渠道,承认游戏是幼儿身心发展的需要,保障这种需要得以满足并使之成为幼儿的基本权利,已经是人类社会文明进步的标志之一。以游戏为纽带构成的儿童团体和家庭儿童文化是儿童重要的社会生活和儿童社会化的重要条件。在幼儿园,教师通过鼓励和支持幼儿游戏,为幼儿的游戏尤其是伙伴游戏创造条件,可以让幼儿在以自由平等的交往为基础所构成的"儿童社会"中学会更好地与同伴相处,学会做事,学会生活。因此,保障幼儿的游戏权利,为幼儿的幸福童年作出积极贡献,为幼儿的终身发展奠定基础是幼儿园应当担负的重要的社会责任。

(二)促进幼儿的主体性发展

在人的培养过程中,主体性的发展与培育是核心内容之一。对主体性的探讨不能抛开人的整体性发展,但要注意到人的整体性是以主体性为中心的。主体性并不是抽象的,它是人的实实在在的心理素质,由主体的动机、情感、态度、能力等构成,具体表现为主体活动的动机、独立决策与活动能力、勇于首创的态度和肯定主体存在的情感体验等。

1. 幼儿主体性发展的特点与条件

学前儿童的主体性发展是一个不断发展壮大的过程,主要表现为主动性和受动性、独立性和依附性、创造性和模仿性的对立统一。① 主动性和受动性的对立统一。研究显示,新生儿及幼儿对环境的刺激具有选择性反应的能力。幼儿年龄尚小,各方面都不成熟,作为活动主体,在与周围的环境相互作用中总是表现出与其身心发展水平相适应的主动性,在主动地影响周围环境的同时,也受到环境的影响。虽然他们不是被动地承受环境的影响,但对环境的反应方式和与环境发生相互作用时的主动性,既受到自身身心发展水平与特点的制约,也受到环境影响的制约,表现为主动性和受动性的统一。② 独立性和依附性的对立统一。幼儿身心发展的不成熟导致其独立生活能力差,对周围环境和成人表现出一种依附性,这种依附性不仅是物质上的也是精神上的。幼儿的依附性是暂时的,独立性才是幼儿发展的方向。随着幼儿的成长,其自身在身心发展水平提高、活动能力增强的同时,独立活动的要求也在逐步增加,暂时的依附性更像是幼儿独立性发展的前提条件。从整体来看,在幼儿整个的成长过程之中,独立性和依附性是相辅相成的。③ 创造性和模仿性的对立统一。创造性是主体性的集中表现,表现在主体与环境相互作用的方式方法和结果的个体独特性方面。模仿也是幼儿与周围环境相互作用的方式,从某种程度上来说,模仿是创造的前提,没有模仿就没有具有个体独特性的创造,但创造必须超越模仿。幼儿在现实生活中的模仿虽反映周围的现实生活,但这种模仿已经加入了幼儿自己对环境的理解,体现出幼儿个人的创造,已不是完全照搬的机械式模仿。

幼儿在不同的发展阶段呈现不同的成长特点。上述主动性和受动性、独立性和依附性、创造性和模仿性对立统一的特性在不同的阶段会表现出相互间地位的转变,但总的来看,主动性、独立性和创造性占据主导地位,也应该是幼儿成长发展的主导方向。对于幼儿主体性发展中所包含的双重可能性,强调不同的一方即反映了不同的教育价值取向。幼儿园教师应该根据幼儿的成长阶段,科学准确地把握占主导地位的阶段性特点,本着有利于发展幼儿主动性、独立性、创造性的大方向更好地为幼儿教育作出积极贡献。

2. 游戏是发展幼儿主体性的适宜途径

幼儿主体性的发展与培育是幼儿园教育的根本目的。主体性发展必须以幼儿的主体性活动为中介。在学前儿童游戏的基本特征中,游戏性体验是最重要的要素,而自主性体验又是游戏性体验不可或缺的部分。在幼儿园的各种活动中,游戏是最能表现与肯定幼儿的主动性、独立性和创造性的活动。适合幼儿身心发展特点与水平的游戏能满足幼儿主体性发展的客观需要。作为学前阶段培养幼儿主体性的最佳途径,游戏对于幼儿主体性的发展与培养具有独特的教育价值。

苏联教育家马卡连柯曾经指出:"游戏在儿童生活中具有极重要的意义,儿童在游戏中怎么样,长大的时候在工作生活的许多方面也会怎么样。未来活动家的教育,首先要在游戏中开始。"有鉴于此,在日常的幼儿教育过程中,把游戏放在幼儿园教育的中心地位是发展幼儿教育的必然选择。

二、游戏在幼儿园中的法律地位

幼儿园"以游戏为基本活动"已经成为现代学前教育的重要命题和普遍共识。但是游戏在我国幼儿园中地位的确立并不是一蹴而就的,而是经历了几代学前教育工作者的研讨总结,是在不断变化、发展的实践中总结出来的科学教育理念。

(一)"以游戏为基本活动"的首次提出

在我国,对游戏地位的提法最早涉及"主要活动"和"主导活动"等。1955年,我国印行的苏联《幼儿园教养员工作指南》中文版中提到"游戏是学前儿童的一项主要活动,是共产主义教育的重要手段"。1956年,在当时聘请的苏联专家指导下,北京师范大学学前教育研究室和北京市教育局合作编写并印发了《学前教育工作指南》,明确指出,"在正确的教育下,三至七岁的主导活动是游戏"。

"基本活动"的提法始于20世纪80年代,最早见于1981年《幼儿园教育纲要(试行草案)》,其中规定"幼儿园的教育任务、内容和要求是通过游戏、体育活动、上课、劳动、娱乐和日常生活等各种活动完成的,不可偏废","由于幼儿生理、心理的发展特点,幼儿最喜欢游戏,因此游戏成为幼儿生活中的基本活动。在游戏中幼儿最易接受教育,游戏在整个幼儿教育工作中占极为重要的地位,是进行德、智、体、美全面发展教育的有力手段"。

我国真正首次明确提出幼儿园"以游戏为基本活动"的政策文本是1989年颁布、1996年正式实施的《幼儿园工作规程(试行)》。《规程》第21条明确规定幼儿园要"以游戏为基本活动,寓教育于各项活动之中",并将其作为幼儿园教育工作的原则之一。在《规程》第25条中,进一步对幼儿园游戏做了具体的规定:"游戏是对幼儿进行全面发展教育的重要形式。应根据幼儿的年龄特点选择和指导游戏。应充分尊重幼儿选择游戏的意愿,鼓励幼儿制作玩具,根据幼儿的实际经验和兴趣,在游戏的过程中给予适当指导,保持愉快的情绪,促进幼儿能力和个性的全面发展。"

(二)"以游戏为基本活动"的再次重申

2001年,我国颁布实施了《幼儿园教育指导纲要(试行)》(以下简称《纲要》),《纲要》颁行的目的在于进一步贯彻《中华人民共和国教育法》《幼儿园管理条例》《幼儿园工作规程》,指导幼儿园深入实施素质教育。《纲要》中关于游戏的阐述秉承了《幼儿园工作规程》的主要精神,再次重申并强调幼儿园教育应"以游戏为基本活动",提出"幼儿园教育应尊重幼儿的人格和权利,尊重幼儿身心发展的规律和学习特点,以游戏为基本活动,保教并重,关注个别差异,促进每个幼儿富有个性的发展"。

《纲要》关于游戏的论述主要体现了以下几个方面的精神。

1. 幼儿园教育以游戏为基本活动

《纲要》再次重申幼儿园"以游戏为基本活动"的精神,强调尊重幼儿身心发展特点,承认幼儿学习的多样性、等价性、开放性等;强调在各种活动中注重内容的整合性、形式的灵活性、方法的多样性、师生的互动性、教育的过程性等,以幼儿感兴趣的、游戏性的体验来促进幼儿的发展。教师要积极引导,真正认识游戏的价值,保证幼儿"每天有适当的自主选择和自主活动时间"。

2. 游戏是对幼儿进行全面发展教育的重要形式

《纲要》从教育教学途径和方法的角度指出了游戏的重要价值,进一步强调"游戏是对幼儿进行全面发展教育的重要形式"。幼儿园教育区别于其他类型教育的一个典型特征就在于其游戏化的教学形式。游戏不是在形式上充当教学内容的调味品,不是用来控制幼儿学习的手段,而是应该让幼儿在游戏情境中积极主动地探索和发现,以自己的方式获取各种经验。游戏的意义在于为幼儿的自我表现提供场所。

3. 寓教育于生活、游戏之中

学前教育的目的并不是让幼儿学习掌握一定数量的静态知识,关键在于促进幼儿自身的发展,通过幼儿感兴趣的方式和手段让幼儿了解现实生活中的各种事物和现象,让他们在感知体验的过程中获取各种经验,促进身心全面和谐地发展。生活的方方面面都在以不同的形式对幼儿发生作用,在生活和游戏中教育幼儿,更贴近幼儿的经验,更易于幼儿体验和接受。

可见,在《纲要》中,游戏是作为一种整体的教育思想贯穿于幼儿园教育过程当中的,游戏不再狭隘地扮演教学内容附庸的角色。《纲要》超越了单独游戏的概念,将游戏与课程更广泛地加以融合,使游戏成为课程的主线。

第二节 游戏与幼儿园课程的融合

游戏是"玩",课程是"教"。怎样处理"玩"和"教"的关系是幼儿园教育重要的理论和实践问题。正确认识和深入理解游戏与课程的内涵,将游戏与幼儿园课程进行融合是当前我国学前教育事业发展的大趋势。

一、幼儿园"以游戏为基本活动"的教学原理

幼儿园"以游戏为基本活动"的提出基于学前儿童教育过程当中的主动性原理、个别化原理和社会化原理,这三个原理是幼儿园实施以游戏为基本活动的幼儿园课程和教学的基本依据。

1. 主动性原理

幼儿园教学是幼儿在教师的引导下通过与富有社会文化意义的幼儿园环境的

交互作用积极主动地构建自己的经验的过程。从本质上来看，主动学习是幼儿的一种积极的经验构建，表现为外部行为和内部行为的统一，在使幼儿的内外行为达到协调的同时，引起幼儿原有认知结构或经验的变化、改造、扩展和丰富。主动学习具有两个基本特征，即对物体的直接行动和以问题为引导的探索。幼儿通过主体行动感知周围环境，进而发现问题、探究问题的本质。问题引发相应的认知冲突，认知冲突引导着解决问题的过程，通过问题的解决，幼儿能够感知到自身的力量，有助于"自我"的发现与肯定。

游戏是积极主动、真实自然的学习活动，它能够激发幼儿的主动学习行为。充分利用游戏的这一特性，为幼儿创造有利的、适宜其发展的游戏环境正是幼儿园教学以游戏为基本活动的目的。

2. 个别化原理

个别化原理是指尊重幼儿学习与发展的个体差异，在此基础上使教学内容、进度和方法适合每一个幼儿的身心发展水平、进度和特点。

个别化原理是学习者独立性发展的要求。只有重视学习者之间的差异，才能把教学活动的主动性原理贯彻到底。在游戏的组织过程中，教师作为决策者要多方面照顾每一个幼儿的需要。对幼儿之间差异的尊重是打造优质幼儿游戏的要求，也是高质量幼儿教育的要求。

3. 社会化原理

人的学习总是要发生在一定的社会关系系统中。幼儿教育是发生在人类社会中的社会性活动，它是人类文化传承、社会延续的一种形式。游戏是幼儿的主体性活动，也是社会性活动。通过游戏，幼儿可以掌握游戏材料的社会意义，习得一定的社会经验，满足成长的需要。在与教师、游戏伙伴的交往中，幼儿同样展现了社会性的需要，接受社会化的教育是幼儿发展的需要。

二、游戏与幼儿园课程的融合[①]

目前关于幼儿园课程的定义很多，然而无论怎样进行定义，都无法否认游戏与幼儿园课程的密切关系。幼儿园课程应该与游戏有机结合，才能更好地发挥课程和游戏的作用。"预成"和"生成"是建构和形成幼儿园课程的两种基本方法。从课程建构与形成的角度来看，课程生成游戏、游戏生成课程是融合游戏和幼儿园课程的基本途径。

（一）课程生成游戏

预成性课程是指教师按照教育目标和幼儿园课程大纲的要求，有计划、有目的地选择和组织课程内容，设计并按照预定的步骤实施教学活动方案。预成性课程强

---

① 刘焱. 幼儿园游戏与指导[M]. 北京：高等教育出版社，2012：81.

调教学活动的计划性和目的性,要求教师对即将展开的教学过程的每一个步骤或环节都精心设计,形成教学活动方案。教学过程就是教案或结构好的课程的实施或展现过程。预成性课程的目标在于确保所有幼儿都能够获得成人认为重要的、必须掌握的知识经验。教材或教案是预成性课程的载体或主要表现形式。

课程生成游戏,是指在设计预成性课程方案时,按照课程的目标与要求,为幼儿创设与课程内容相关的游戏或学习环境,精心选择、设计与组织专门的游戏活动,在游戏中支持、促进和引导幼儿的学习与发展。在预成性课程方案的设计过程中,可以根据课程目标与要求,为幼儿创设适宜的游戏活动环境,以课程生成游戏。例如本章开篇的"大班的趣味数学活动"这一案例,就是教师根据让幼儿熟练掌握10以内加减法的教学目的,加入游戏的要素"十个小矮人"和"踩气球"而形成的从课程当中生成的游戏。我们通常所说的游戏化教学,基本上都属于课程生成游戏的范畴。

(二) 游戏生成课程

生成性课程,是指关注、追随、支持和引导幼儿在游戏活动中表现出来的学习兴趣和需要,通过师幼互动的过程逐渐形成和发展起来的课程。课程不应当仅仅是预先做好的"罐头食品",也应当是能够容纳幼儿当前的学习兴趣和需要的"新鲜食品"。在反思预成性课程的问题的过程中,关注和追随儿童兴趣的生成性课程应运而生。例如意大利瑞吉欧·艾米利亚(Reggio Emilia)的方案课程,就是典型的游戏生成课程的例子。

生成性课程要求教师掌握教学目标、课程大纲的要求,但不要求教师预先设计即将展开的教学过程的每一步骤与细节;要求教师发挥教育机智,在与幼儿互动的过程中敏锐地察觉幼儿的兴趣与需要,并采取适当的行动来适应、满足和支持他们的兴趣与需要,包括调整预定的教学计划和方案。生成性课程具有灵活性和适宜性,可以弥补预成性课程的不足,满足儿童多样化的需求。意大利瑞吉欧教育创始人罗里斯·马拉古兹(Loris Malaguzzi)在《儿童的一百种语言》的诗篇中,充分体现了这一点。

拓展阅读

儿童的一百种语言

孩子,是用一百种组成的。
孩子有一百种语言,
一百只手,一百个想法,
一百种思考、游戏、说话的方式。
一百种,总是一百种倾听、惊奇、爱的方式,
一百种歌唱与了解的喜悦。

一百种世界，
等着孩子们去发掘；
一百种世界，
等着孩子们去创造；
一百种世界，
等着孩子们去梦想。
孩子有一百种语言，
但是他们偷走了九十九种。
学校和文化，
把脑袋与身体分开，
他们告诉孩子：
不要用脑袋去想，
不要用双手去做，
只要倾听不要说话，
了解但毫无喜悦。
只有在复活节与圣诞节的时候，
才去爱和惊喜。
他们告诉孩子：
去发现早已存在的世界，
而一百种当中，
他们偷走了九十九种。
他们告诉孩子：
工作与游戏，
真实与幻想，
天空与大地，
理想与梦想，
不是同一国的。
因此他们告诉孩子，
一百种并不在那里。
孩子说：
不，一百种是在那里。

第三节　幼儿园以游戏为基本活动的建构

游戏是幼儿园课程与教学的基本活动,以游戏为基础的幼儿园教育存在着多种教育模式,因此,对于多样的学习类型的探讨很有必要。幼儿主要的学习类型有以下三种:以游戏为基本途径的探究性学习,以教育性玩具为中介的支架式教学,非游戏活动游戏化。

一、以游戏为基本途径的探究性学习

幼儿园以游戏为基本活动的目的在于创造与幼儿年龄相适应的幼儿生活,保障幼儿游戏的权利和童年的快乐;促进幼儿主体性的发展,使幼儿在主动学习中获得身心全面、和谐、健康的发展。

(一)以游戏为基本途径的探究性学习的类型

以游戏为基本途径的探究性学习是指幼儿在成人的支持和引导下对在游戏过程中所产生并感兴趣的问题展开的探索活动。以游戏为基本途径的探究性学习具体可划分为两种不同的类型:主题开放式探究性游戏和主题预定式探究性游戏。

1. 主题开放式探究性游戏

在主题开放式的探究性游戏中,教师为幼儿创设以活动区为特征的游戏环境,提供丰富的玩具和游戏材料,幼儿可以自由选择活动区,随意使用材料。在主题开放式的探究性游戏过程中,问题既可以是天然生成的,也可以是在教师的引导下形成的。教师的任务是通过仔细观察确定幼儿操作活动中存在的有意义的问题,引导和帮助幼儿解决问题。在以游戏为基础的探究性学习中,玩具和游戏材料是幼儿游戏的支柱,幼儿通过探索形成问题,幼儿的探索包括特殊性探索和多样性探索两个阶段。特殊性探索阶段即针对所提供的玩具或游戏材料进行探索,新奇感使幼儿积极地操作材料、摆弄材料。随着幼儿对玩具材料的了解的加深,幼儿开始按照自己的想法而不是按照玩具或游戏材料的特性来使用它,这一阶段即多样性探索阶段。在上述两个阶段中,幼儿在游戏探索中的问题和教师的问题相互作用,共同促进幼儿的探索活动发展。

2. 主题预定式探究性游戏

与主题开放式探究性游戏相比,主题预定式的探究性游戏最大的特点就是教师根据课程或教学计划创设可以激发幼儿发现问题和解决问题的"问题情境"。在主题预定式探究性游戏中,教师提供游戏材料并提出一个探究性课题。该问题虽来自成人,但幼儿的探究也是相当开放的,具体分为两个阶段,即积极探索阶段、反思和经验分享阶段。幼儿通过自身的积极探索,在探索过程中引发认知冲突、形成问题,

然后在教师的帮助下通过解决问题获得经验并进行反思。

(二) 以游戏为基本途径的探究性学习的过程与特点

以游戏为基本活动的探究性学习的基本过程可以概括为"游戏—探究—再游戏—再探究"。游戏的过程即幼儿不断发现问题、探索、讨论与解决问题的过程,同时使幼儿的知识经验得到丰富和扩展,呈现螺旋式上升的发展模式。概括来说,以游戏为基本途径的探究性学习包括以下四个阶段:问题的形成、假设的形成、计划的实施和经验的分享。

以游戏为基本途径的探究性学习有其自身的特点。具体表现为:① "问题"引导下的经验构建;② 以幼儿自主探索学习为基础;③ 注重幼儿的真实感受和体验;④ 多样的经验表征手段;⑤ 注重个别化、小组化教学;⑥ 以经验为本位的生成性课程;⑦ 注重家庭和社区参与合作;⑧ 注重动态性的学习评价。

总之,以游戏为基本途径的探究性学习把幼儿看作"完整的人",关注幼儿身心的全面发展,与传统的"教师讲、幼儿听"的教学模式是截然不同的。

二、以教育性玩具为中介的支架式教学

以教育性玩具为中介的支架式教学是幼儿教育领域的一种教学类型。作为一种特殊的支架式教学类型,教育性玩具在整个教学的组织、运行过程中发挥了重要的作用。支架式教学强调通过为学习者提供一定的必要知识框架来促进学习者对知识的理解与知识体系的构建,进而达到一定的学习目的。教育性玩具作为一种中介为幼儿在游戏过程中感知世界、了解世界提供了桥梁,使得幼儿有了了解外部世界、感知自己内部心理环境变化的可能。

(一) 以教育性玩具为中介的支架式教学的特点和过程

以教育性玩具为中介的支架式教学有着自身显著的特点,具体表现为教育性玩具、成人和同伴都以中介身份存在于整个教学过程中。幼儿通过教育性玩具感知外部世界,形成问题;成人作为中介引导幼儿解决问题;幼儿的同伴作为幼儿知识经验分享的客观对象,在与幼儿分享经验的同时也为幼儿的反思创造了条件。

以教育性玩具为中介的支架式教学的基本教学过程包括以下环节:① 分析玩具所蕴涵的概念和任务;② 确定搭设支架的计划和步骤;③ 把幼儿引入有趣且有意义的任务环境;④ 和成人合作进行游戏;⑤ 同伴游戏和独立探索;⑥ 动态的、发展性的教学评价。

上述六个环节之间是紧密联系、互为依附的,每一步的安排与相关问题的解决都会影响后续问题的产生与解决。在现实的教学组织过程中,要从整体上进行宏观的把握,同时关注细节问题的解决。

(二) 以教育性玩具为中介的支架式教学的策略

支架式教学思想源于维果茨基的"最近发展区"理论和"辅助学习"的观点。支

架的原意是指建筑行业中的脚手架,用在这里形象地说明教师为学习者搭建向上发展的平台,引导学习的进行,使学习者掌握和内化所学的知识技能,并为下一阶段的进一步发展再建构平台。支架式教学应当发生在儿童的最近发展区,此时的支架式教学是最为有效的。

在教育教学活动或游戏活动中,当幼儿的活动出现问题或幼儿的操作遇到困难时,就成为教师给幼儿的学习提供支架的适宜的切入点,这种切入点也称为支架式教学的中介点。中介点是作为中介的教师融入幼儿游戏、帮助幼儿解决问题的关键所在。合理有效的游戏介入关乎整个支架式教学的最终结果。

以教育性玩具为中介的支架式教学常见的策略包括提问、描述、建议、聚焦、降低任务难度和促进反思。以教育性玩具为中介的支架式教学的实质是成人对幼儿学习的一种干预,这种干预在成人和幼儿的互动中产生,以学习者已有的发展水平为依据,具有明确的目的性、方向性和策略的选择性与灵活性。

三、非游戏活动游戏化

幼儿园虽然应当以游戏为基本活动,但是这并不意味着幼儿园所有的活动都是游戏。幼儿园还存在着由教师预先设计并发起的、以传递一定的知识技能为目的的"非游戏化"教学活动。非游戏化教学活动可以将预设的涵盖多种知识经验的学习内容系统化地传授给学习者。非游戏活动不像游戏活动那样能激起幼儿的兴趣,但大家也要重视其存在的特定价值,充分发挥它的积极作用。

(一)非游戏活动游戏化的目的和原理

非游戏活动游戏化的根本目的是调动作为学习活动主体的幼儿参与教师设计与建构的教学活动的积极性,使学习活动主体化。非游戏活动游戏化成功的关键在于能否使幼儿在学习活动中占据主导地位,能否使他们真正产生兴趣体验、自主性体验、胜任感和成就感体验等游戏性体验,使来自外部的教学要求转化为幼儿自身的学习需要。

非游戏活动游戏化的原理是利用幼儿喜欢游戏的心理来提高幼儿参与教师发起的、结构化程度较高的非游戏活动的积极性和主动性。非游戏活动的游戏化是通过把幼儿喜闻乐见的游戏因素与一定的教学因素有机结合起来使来自外部的教学要求转变为幼儿自身的需要,进而获得游戏性体验。积极的情感体验不仅有利于提高教学活动的效果,还能激发幼儿学习的兴趣,对后续学习产生影响。

(二)非游戏活动游戏化的教学游戏的编制实施和质量标准

利用规则游戏的形式编制教学游戏是我国幼儿园教学实践中最常见的一种非游戏活动游戏化的方法,具体步骤如下:① 确定教学游戏的目的。游戏目的的制定要遵循发展性原则,根据一定的课程目标和内容,以及本班幼儿的一般发展水平来制定。② 构思游戏的玩法。构思游戏主要是对游戏动作进行计划和构思。游戏动作要求有一定的动作限制性,但要遵循游戏的主体性,给幼儿以足够的自由空间。③ 拟定游戏规则。一定的游戏规则是维持游戏有序进行的保障。规则的制定要合理、严谨、明确,尽量不使用制约幼儿行为的纪律性规则,不要过于烦琐,同时要尽可能避免物质奖励和惩罚性规则出现。④ 添加游戏因素。游戏因素的添加是为了提高活动的趣味性,但相关的游戏因素必须符合幼儿身心发展的特点。⑤ 概括出游戏题目。⑥ 提出游戏建议。

教学游戏的编制只是为成功教学提供了必要的基础,教学的成功与否最终取决于教师对教学活动的实际组织,在实际的教学组织实施中应注意以下几点:① 教师要学会转变角色。适宜的角色可以更好地融入幼儿游戏,更好地观察游戏,进行及时有效的干预。② 注意讲解游戏玩法。教师要注意自己的说话方式应符合幼儿的理解能力,简明易懂,要学会用自己的兴趣去感染幼儿,激发幼儿的活动欲望。③ 尽量减少对幼儿行为的直接干预。④ 注意幼儿的年龄特点。

教学游戏的效果取决于教学游戏质量的好坏,好的教学游戏应具备如下特征:① 所选用的游戏因素适宜幼儿年龄特点,与教学内容相配。② 教学游戏任务的难度与幼儿已有的经验相匹配。③ 充分考虑幼儿参与教学游戏的可能性。④ 幼儿自己能够判断活动的结果。

总的来说,不论是以游戏为基本活动的探究性学习,还是以教育性玩具为中介的支架式教学,或者非游戏活动游戏化,都是对幼儿园教育的有益探索。以游戏为基本活动的幼儿园教学实践对幼儿教师而言充满了新的挑战,掌握多样化的教学策略可以帮助幼儿教师更好地应对挑战,促进幼儿的学习发展。

本章小结

1. 幼儿园是幼儿重要的社会生活场所,幼儿园生活为幼儿的学习和生活提供了一种特殊的游戏生态环境。幼儿园游戏环境影响幼儿的生活和发展,在这种游戏生态环境中,幼儿的身体、认知、社会性和情感和谐统一,幼儿的兴趣和需要与社会要求也处于和谐的统一之中。

2. 幼儿园课程应该与游戏有机结合,才能更好地发挥课程和游戏的作用。"预成"和"生成"是建构和形成幼儿园课程的两种基本方法。从课程建构与形成的角度来看,课程生成游戏、游戏生成课程是融合游戏和幼儿园课程的基本途径。

3. 游戏是幼儿园课程与教学的基本活动,以游戏为基础的幼儿园教育存在着多种教育模式。幼儿主要的学习类型有以下三种:以游戏为基本途径的探究性学习,以教育性玩具为中介的支架式教学,非游戏活动游戏化。

自我评量

一、名词解释

1. 预成性课程   2. 生成性课程

二、简述题

1. 2001年颁布的《幼儿园教育指导纲要(试行)》关于游戏的论述主要体现了哪几个方面的精神?
2. 幼儿园"以游戏为基本活动"的教学原理是什么?
3. 如何实现游戏与幼儿园课程的融合?

三、论述题

请结合实践讨论分析如何才能在幼儿园做到"以游戏为基本活动"。

游戏发生发展篇

　　游戏在学前儿童的生活中无所不在，具有极其特殊的意义和重要的价值。从繁华的都市到宁静的乡村，从广袤的北国到秀美的江南，从绵延的海滨到巍峨的群山，只要有儿童存在的地方，我们随时随处都可以见到他们兴致盎然游戏的身影。可以说，除了睡眠之外，儿童会抓住一切的时间和条件去游戏，甚至连吃饭、喝水这样满足基本生存需要的活动，也往往可能被儿童演化成"好玩的游戏"。学前儿童为什么游戏？游戏到底是什么时候出现的？哪些因素影响着学前儿童的游戏，不同年龄段的儿童游戏发展有哪些基本特点呢？本部分就试图来回答这些问题，介绍学前儿童游戏的发生和发展。

第四章　学前儿童游戏的发生

学习目标

1. 了解学前儿童游戏的生物和社会实践基础,把握学前儿童游戏的前提条件。
2. 了解学前儿童发展的三个层次和九种需要,掌握学前儿童游戏的基本动因。
3. 掌握有关儿童游戏发生时间的基本观点,掌握游戏、学习和发展的关系。

引导案例

小来的电话游戏[①]

一天上午,小来在家和爸爸一起玩。小来拿起玩具手机扮成幼儿园的王老师,给爸爸打电话。

"王老师":"喂,你是谁?"

爸爸:"我是小来爸爸。请问,你是谁?"

"王老师":"我是小一班的王老师。"

爸爸:"小来最近在幼儿园表现怎么样?"

"王老师":"她在幼儿园的表现很好啊!吃饭吃得好,睡觉睡得好,绘画也画得不错,跳舞嘛跳得好,英语也学得棒!"

爸爸:"她会讲哪些英语句子?你可以讲几句给我听听吗?"

"王老师":"今天没时间,因为马上要吃饭了,以后再说吧。"

爸爸:"好的。她在幼儿园上课有没有积极举手发言?"

"王老师":"有。"

爸爸:"发言的声音大不大?"

"王老师":"大。"

爸爸:"她听课认真不认真?有没有东张西望?"

"王老师":"没有,她听课很认真!"

---

① 梁周全,尚玉芳.幼儿游戏与指导[M].北京:北京师范大学出版社,2011:11-12.

爸爸："好的。"

"王老师"："小来在家的表现怎么样？"

爸爸："总的来说还可以。她能讲《西游记》的故事，讲得比较完整，词汇也记得比较多。她还能认识一些字，但有的字怎么教也记不住。"

"王老师"："那就叫她继续认，一定要记住。"

爸爸："但是，她今天早上起来就要吃冷饮，你说能不能吃？"

"王老师"："不能。"

爸爸："为什么？"

"王老师"："冷饮太凉了，早上空腹吃，肚子会疼的。"

爸爸："小来早上醒来时，如果看到妈妈起床出去了，就吵着要妈妈，不肯要爸爸，还要爸爸走开。你说这能行吗？"

"王老师"："不行。不能只喜欢妈妈，对大家都要喜欢。不仅要听爸爸的话，而且还要听爷爷、奶奶的话。"

爸爸："王老师，小来起床后，第一件事要干什么？"

"王老师"："起床后先要刷牙、洗脸，然后要吃早饭、喝牛奶。"

爸爸："小来不好好吃鸡蛋。"

"王老师"："要叫她好好吃。"

……

学前儿童会抓住一切时间和条件去游戏，他们拿起一个玩具电话就可以像模像样地模仿老师说话的声音、语调，创造性地运用老师经常说的话和老师的观点。在日常生活中，甚至连吃饭、喝水这样满足基本生存需要的活动，也往往可能被他们演化成"好玩的游戏"。小来和爸爸进行这样的互动游戏，首先需要小来身心发展到一定的水平，其次需要小来的幼儿园生活经验。此外，虽然电话过程充满了爸爸的引导和期望，但不可否认这样的游戏是小来首先发起的，在作为"老师"和儿童家长的交往和表达中，小来一方面满足了其想当老师，对老师的孺慕之情，另一方面也满足了其交往和表达的需要。

第一节　学前儿童游戏的基础

儿童生来好玩，游戏对于儿童的身心发展具有特殊的意义和重要的价值。从呱呱坠地，物我不分，完全没有生活自理能力，到去自我中心，或模仿、或建构、或追逐打闹,以游戏为生活。儿童身上发生如此大的变化,有赖于生物和社会实践两大基础。

一、学前儿童游戏的生物基础

一个完全没有自理能力的新生儿,发展为能跳能叫、能玩能闹的幼儿,有赖于其神经系统的日益发展和身体机能的不断完善。

(一)大脑神经中枢的发展

人的神经系统包括中枢神经系统和外周神经系统。脑和脊髓构成中枢神经系统。支配感觉器官和四肢运动的神经系统从脑和脊髓延伸出来构成躯体神经系统,从丘脑系统延伸出支配内脏系统活动的是自主神经系统。神经系统是婴儿发展的基本物质基础。个体的成长和发育,游戏的发生和发展都是由神经系统和脑的发育所决定的,个体心理发展也是由神经系统和大脑的成熟规律所制约的。

1. 神经元联系增多,皮层面积显著增加

大脑和神经系统是由无数复杂的细胞构成的,这些细胞被称为神经元或神经细胞。每个神经元都由树突、轴突和细胞体三个不同的部分组成。神经系统和脑的基本结构在胎儿后期已经形成,支配生命活动的脑的低级中枢已经基本发育成熟。然而,婴儿的脑和神经系统作为整合高级适应功能的器官,在出生时仍处于相对未发展的状态,甚至有的研究者认为3/4的大脑在子宫外发育。

婴儿出生时,脑重只有成人脑重的1/4,重300—390克;到出生后第一年末,婴儿的脑重已经增至800—900克,接近成人脑重的3/5;到出生后第二年末,脑重增至1000克左右,约占成人脑重的3/4。此后脑重的增加渐缓,三岁时婴儿的脑重接近成人脑重,突触连接的显著增加和皮层面积的快速增长是学前儿童大脑发育的典型特征,见图4-1。大脑神经元联系的不断增多既是儿童活动和游戏的产物,也为儿童游戏的进一步发展提供了物质基础。

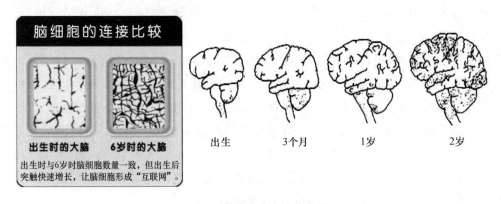

图4-1 学前儿童大脑的发展

2. 神经纤维髓鞘化，神经传输日益精确

胎儿后期和新生儿早期，神经元和神经纤维会迅速被一层称为髓鞘质的脂质层所覆盖，这一过程即神经纤维髓鞘化的过程。髓鞘化就像在电缆外面包裹一层绝缘层，可以使神经电信号在传输过程中不"出轨"，确保神经通路有效工作。在儿童大脑的发育过程中，最先髓鞘化的是感觉通道部位的神经纤维，大部分髓鞘化在出生后一两年内完成，小部分髓鞘化较晚，要在2—3岁以后甚至更晚才能完成。

神经纤维髓鞘化是儿童游戏的重要生理基础。学前儿童最初的游戏动作是未分化的，比如说婴儿想要拿一个球，但是他的整个身体，包括脚趾头可能都在使劲。之后随着神经系统的不断成熟，儿童的感觉和动作都得到了发展，精细动作能力也得到提高。

（二）感觉运动系统的发展

人的一生当中，有两个生长发育的高峰期，一个是学前期，一个是青春期。婴儿在出生后的前两年，感觉运动系统的发展就取得了令人瞩目的成就，主要表现在感知能力和运动系统的发展两个方面。

1. 感知能力的发展

婴儿一出生，就已经具备了视觉、听觉等感觉能力，随着婴儿的不断发展和成熟，其图形和形状知觉、面孔知觉、深度知觉等视知觉，以及对人类语音的听知觉迅速发展，婴儿早期的触觉发展也非常迅速，2岁之前处于口和手的敏感期。

幼儿园阶段，儿童的视觉感受性和听觉感受性不断提高，空间方位知觉和形状知觉不断发展。例如3—4岁的幼儿可以非常容易地认识圆形和三角形，5岁幼儿能够以自身为中心辨别左右。此外，学前儿童的注意、记忆、思维能力都得到了快速的发展，为他们开展丰富多彩、类型多样的游戏活动奠定了重要的生理基础。

2. 运动系统的发展

新生儿除了被父母抱着，几乎不能做任何移动。然而，在出生后的头两年，婴儿从躺着看世界到逐渐能够坐着看世界，最终能够自如地走着看世界，其活动的空间、游戏的类型明显增加。婴儿8个月左右开始爬行，1岁左右开始独立行走，2岁以后不仅可以自如走路，还开始学习跑、跳、攀爬等。3岁幼儿的大肌肉已经有了较大的发展，他们能够用双脚交替上楼梯，向上跳和向前跳的动作比较灵活。大肌肉的发展使得3岁以上的幼儿愿意做各种各样的动作，让他们静止不动是很困难的。

学前儿童精细动作的发展主要表现在手的抓握动作上。3个月以前的婴儿拳头紧攥，有时会和手臂一起乱伸乱动，4—6个月后开始表现出随意的抓握动作，7个月后开始表现出双手的协调。之后，儿童逐渐能从瓶中倒出小球，用双手端碗，能进行串珠、折纸、拼插、搭建等基本动作为基础的游戏。

二、学前儿童游戏的社会基础

对于学前儿童来说,游戏不仅具有自然适应的功能,可以使其更好地掌握工具、适应环境,游戏还具有文化适应的功能。游戏的文化适应功能需要有相应的社会基础,我们主要从物质文化基础和社会文化基础两个方面来分析。

(一) 物质文化基础

人类的幼儿不同于动物发展的根本特征之一,就在于人类幼儿的发展是以掌握积淀在物品之中的人类社会经验为中介的,最为典型的就是工具的使用和掌握。原始社会初期的劳动工具非常简单,这种简单的劳动工具不需要儿童练习即可直接使用。在生产力发展的稍高阶段,儿童需要进行专门的练习以掌握最简单的劳动工具,比如说在沙滩游戏当中儿童学会使用小桶、小铲子等进行挖掘、堆叠和运输沙土的活动。

人类社会深厚的物质文化积淀是学前儿童进行游戏的物质文化基础,儿童游戏的主题、内容、玩具,甚至在游戏中出现的"工具性动作"都是建立在这一基础之上的。如前所述,游戏的特征是对环境的多样化探索,它使儿童不是消极被动地,而是积极主动地、富有创造性地适应和发展物质文化。可以说,充满丰富游戏的童年生活,离不开人类社会发展历史深厚的物质文化基础。

(二) 社会文化基础

"社会文化"是指以语言、风俗习惯、道德法律、规则管理、仪式礼仪等形式表现出来的人的行为规范和行为方式。如果说物质文化倾向于指向人类生存的物质环境,反映人与物的关系,那么社会文化则指向人类生存的社会环境,反映人与人之间的关系。在人类社会发展的历史长河中,人与人之间的关系几经变迁,成为儿童游戏的重要主题和内容。例如,"孟母三迁"的故事中讲到的孟子随母亲最初住在墓地旁边时进行的丧礼游戏,搬到集市后进行的商人买卖游戏,以及搬到学校附近后进行的谨守礼制和读书游戏,都反映了社会环境和文化对儿童游戏的影响。

由于人类社会文化发展的差异性,儿童游戏也表现出一定的文化差异性。例如,中国母亲与孩子所玩的游戏中有许多歌谣涉及家庭关系,这与中国文化重视家庭与家庭成员之间的关系有关;墨西哥母亲与儿童所玩的游戏中,大多歌谣与"艰辛的生活"有关,这可能与这里墨西哥裔母亲多来自贫苦的家庭有关。此外,儿童游戏中竞争与合作的文化差异、社会角色和性别的文化差异,无不体现了社会文化作为儿童游戏的基础之一,对儿童游戏产生的影响。

第二节 学前儿童游戏的动因

对于"儿童为什么游戏"这个问题,从来是见仁见智,众说纷纭。在有关儿童游戏的基本理论部分,我们可以看到早期古典游戏理论和现代游戏理论对于儿童游的不同解释。本节我们主要从儿童游戏的需要入手,来分析学前儿童游戏的动因。根据马斯洛的需要层次理论以及近年来动机心理学有关认知内驱力等的研究,我们可以把儿童的基本需要分为三个层次九种需要,如图4-2所示。① 驱使儿童游戏的需要主要包括身体活动的需要、认知的需要、交往和表达的需要三种,其中基本生存需要和安全需要的满足是学前儿童游戏的前提。

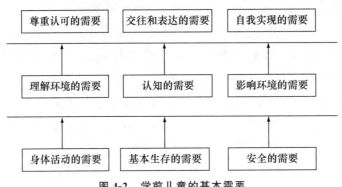

图4-2 学前儿童的基本需要

一、身体活动的需要

儿童生来不仅有吃、喝、睡等基本生存需要,也有身体活动的需要。这种身体活动的需要仅次于饥、渴、困等生理需要。由于儿童神经系统的兴奋强于抑制,加之儿童身体生长的需要,因此"动即快乐"是儿童游戏的最初动因。

(一)儿童神经系统的兴奋强于抑制

人的身体的活动是受神经系统支配的。在整个学前期,儿童的神经系统,尤其是高级神经系统的活动还不成熟、不完善。神经系统的基本活动过程包括兴奋和抑制。对于学前儿童来说,其神经系统的活动不平衡,兴奋强于抑制。这种神经系统特点的外在表现就是学前儿童比成人要好动。

例如,只要不把婴儿捆绑起来,我们就会看到婴儿在吃饱睡足之后,会伸胳膊蹬腿,不停地变换姿势。有人曾做过一个有趣的实验,让一个训练有素的运动员模仿一个健康的婴儿在醒着时的活动,结果是婴儿战胜了运动员,运动员不一会儿就感到非常疲劳。再如,如果要求学龄前的儿童坐着不动,儿童就会感到疲劳和厌倦,他们会通过做各种"小动作"来主动寻求刺激。此外,由于小脑是运动控制中心,负责身体平衡,调节肌肉运动,而小脑由于与情绪控制中心相联系,因此积极的身体活动可以使儿童产生愉快的情绪体验,同时又可以使中枢神经系统的机能状态调节到最佳水平,从而避免厌烦和疲劳,使机体感到舒适。

---

① 刘焱.儿童游戏通论[M].北京:北京师范大学出版社,2004:162.

(二)儿童运动系统不断成长的需要

从运动系统来说,儿童的骨骼和肌肉生长也需要适宜的活动。学前儿童的骨骼比较柔软、有弹性,肌肉收缩力较差,如果让他们长时间保持一种姿势,会使有关的肌肉群总是处于紧张状态。身体的活动可以经常改变姿势,使不同部位的骨骼、肌肉系统轮流承受负担,紧张和松弛的状态得到轮换。此外,身体的运动也可以使更多的血液流向骨骼和肌肉,使骨骼和肌肉获得更多的养料和氧气。因此,也有人把这种对身体活动的需要称为对"外感官的刺激的需要"。

学前儿童好动的特点与他们处于生长发育中的机体具有密切关系,好动是幼儿的特点,"动即快乐"是儿童游戏的最初动因。在游戏中,幼儿可以自由地变换动作、姿势,可以多次重复他们所感兴趣的活动。

二、认知的需要

兴趣和好奇往往是推动儿童游戏的直接动因,探究往往是儿童游戏活动的开端。探究行为来自于认知的需要,认知的需要包括理解环境的需要和影响环境的需要,根据游戏觉醒理论的观点,游戏的生理机制是中枢神经系统维持最佳唤醒水平的需要。

(一)理解环境的需要

游戏的觉醒理论从机体和环境之间的信息交流和平衡的角度解释了探究内驱力。探究可以分为特殊性探究和多样化探究,在当前刺激物为新异刺激的情况下,发生的是特殊性探究。特殊性探究的目的是获得对于当前环境刺激物的认识,消除主观上的不确定性,降低已经升高的唤醒水平。特殊性探究主要指向于回答"这是什么"的问题,表现出机体积极理解环境的需要和倾向。

例如,陈鹤琴先生对其长子进行记录的案例中,在第121天,有这样的描述:"他坐在我的膝上,我忽然用双手叉住他的腰部,把他举在空中,他并不觉快乐,且显出有些惊讶的模样,我就把他放下来;稍停,复如前把他举起来;一共举了七次,每次举止的时间与动作都约相同的,到了第三四次他就哈哈大笑,以后在每次未举起以前,他即显出欢迎我做的样子。"在这个亲子互动中,刚开始父亲"忽然用双手叉住儿童腰部"的动作对儿童来说就是一种新异刺激,儿童的反应是"他并不觉快乐,且显出有些惊讶的模样"。这时的儿童全部身心都用于理解父亲到底在干什么的问题。

(二)影响环境的需要

与特殊性探究相对,在缺乏新异刺激,环境输入是单调贫乏的刺激时,儿童进行的是多样化的探究。多样化探究的目的在于主动寻求新的刺激来提高机体的兴奋性,使已经降低的唤醒水平回到最佳状态。多样化探究主要指向于回答"我能拿它来做什么"的问题,表现出机体主动影响环境的需要和倾向。

同样是陈鹤琴先生记录的案例,当亲子游戏互动"到了第三四次他就哈哈大笑,以后在每次未举起以前,他即显出欢迎我做的样子"时,游戏就已经开始了。这时儿童对父亲举起自己已经有了预期,并且从这一动作中获得了快乐。我们可以预见,在将来的某一天,当儿童无聊的时候,他也许会通过表情和动作主动影响环境,要求父亲再玩那种把自己高高举起来的游戏。

需要说明的是,特殊性探究和多样化探究并不是截然分开的,它们共同构成了儿童游戏的动态结构,以新的玩具或者游戏材料为对象的游戏活动往往表现为这两种探究行为的轮流交替。在特殊性探究阶段,儿童往往专注于"研究"物体或事件的特点,他们的表情往往是非常认真的,有时甚至是严肃的。在多样化探究阶段,儿童已经掌握了物体或事件的基本特点,他们对待物体或事件的方式方法具有了个人随意性、想象性和创造性等特点,可以按照自己的想法变着花样来玩。

三、交往和表达的需要

交往和表达的需要推动着儿童去游戏。游戏是学前儿童交往的基本形式,它满足儿童与人交往的需要,发展和形成着儿童最初的社会性关系和情感。

游戏也是儿童自己的"语言"。由于儿童还不能很好地驾驭社会化的、成人的语言来表达自己的想法和愿望,因此游戏就成为他们表达自己的想法和愿望的手段。

游戏对于儿童不仅仅是好玩,更重要的是儿童在游戏中可以获得影响与控制环境的体验,建立起对自己的信心。当儿童在游戏中通过自己的行动对物体或他人产生影响时,会感到自己是有能力的人,会获得成功的喜悦,体验到克服困难、达到目的的快乐,儿童自我实现的需要得到满足。

综上,身体活动的需要、认知的需要、交往和表达的需要等发起了儿童的游戏,游戏使儿童的各种需要得到满足,需要的满足带来快乐,快乐作为强化物使儿童对游戏活动本身产生兴趣,兴趣和快乐这两种正情绪体验相互作用,相互补充,进一步支持和促进儿童继续去游戏。如此循环往复,游戏就成为儿童稳定的兴趣,成为学前期占主导地位的活动需要,成为学前儿童的基本活动。

第三节 学前儿童游戏的发生及其与学习、发展的关系

游戏的发生、发展问题是游戏的个体发生学研究当中的一个重要问题。在这个问题上,历来存在着不同的看法和争论。这些争论主要集中在四个问题上:① 游戏在什么时候发生?最初两年中的游戏算不算真正的游戏?② 婴儿游戏的能力是怎样获得的?是与生俱来的"天赋"能力还是后天通过学习获得的能力?③ 游戏是有益于学习的行为还是可能妨碍学习的行为?④ 游戏和发展,孰先孰后?[①]

---

① 此部分内容详细论证参见:刘焱.儿童游戏通论[M].北京:北京师范大学出版社,2004:152-158,163-167.

一、游戏的个体发生

关于游戏的发生时间有不同的看法,分歧产生的根源在于人们对"什么是游戏"的看法不同。受社会建构主义观点的影响,当前人们普遍认为婴幼儿游戏的能力得益于与其他成人或同伴共同游戏的经验。

(一)游戏发生的时间

关于游戏发生的时间,目前主要有两种不同的观点:一种观点认为游戏在婴儿出生后不久即发生;另一种观点认为游戏大约在儿童3岁左右发生。

1. 出生后不久即发生

皮亚杰是游戏于婴儿出生后不久即发生这一观点的代表人物,他认为游戏不是一种本能,而是随着儿童的认知发展逐渐发生发展起来的"认知活动的一种形式"。皮亚杰认为,在出生后的第一个月,婴儿只有一些尚未协调的,与营养等基本需求相联系的遗传性图式。这时,主客体混沌一片,同化与顺应也是混合的、无区别的。因此,儿童的游戏是在感知运动的第二阶段,即"初级循环反应"阶段(2—4、5个月)发生的。在反射练习的基础上,当新生儿杂乱的动作偶然产生了某些新的因素时,比如婴儿碰巧把手指放到嘴里,他就试图重复这一新的动作,从而导致了循环反应的发生。但是,循环反应本身并不是游戏,而是一种探究性质的适应性活动。循环反应持续下去,即行为的重复出现才会变成游戏。

在出生后不久即发生游戏的观点中,关于游戏发生的具体时间,也有人提出了不同于皮亚杰的观点。例如,福斯特等人认为游戏在婴儿出生的第一个月就已经发生了,这时候的婴儿就能够运用视觉和其他感觉器官进行练习性游戏,同时也可以发生看护者(主要是父母)和婴儿之间的社会性游戏(Frost, Wortham & Reifel, 2001)。

2. 3岁发生论

社会文化历史学派的维果茨基是这一观点的代表人物。他认为,儿童游戏的实质是具有概括化情感倾向(如儿童对成人能力、权威的渴望或成人对儿童生活中行为的期待)且持续时间较长(儿童能够具备延迟满足的能力)的愿望满足的活动。

社会文化历史学派的理论认为,婴儿在出生后的最初三年中,只有实物活动而没有游戏。所谓实物活动,就是以对物体的操作为特征,以掌握社会所规定的物体用途和使用方法为结果的活动。真正的游戏是儿童3岁以后才出现的、以假装为特征的角色游戏。成人的教育影响对于实物活动的发展和角色游戏的出现具有决定性作用。

(二)游戏与探究

游戏的发生与探究总是混杂在一起,我们怎样区分婴儿的行为究竟是探究还是游戏呢?皮亚杰和萨顿等人对此都做过论述。

1. 皮亚杰的观点

皮亚杰认为婴儿的表情可以作为婴儿游戏是否发生的判断标准。在探究（循环反应的最初阶段）时，婴儿努力协调自己的动作，试图理解当前的刺激是什么，这时婴儿的表情是严肃的、认真的。在婴儿理解了当前刺激或掌握了新的动作图式之后，循环反应就不再具有"学习"的性质，他继续或重复这种动作仅仅是出于"机能快乐"，因而循环反应就变成了嬉戏性的游戏活动。

例如，婴儿的手偶然碰到了系在摇篮上的一根绳子，绳子带动了摇篮上方的玩具，发出了声响。这种现象吸引了婴儿的注意，他很严肃地想弄清楚到底发生了什么。类似的情况发生了多次以后，婴儿才会把自己的动作和绳子以及玩具的摇动、声响联系起来。这时，婴儿的表情就会转换为轻松愉快的表情，接着他会一次又一次地去故意碰绳子，以便让他感兴趣的现象发生。在这种情况下，游戏就发生了。

2. 萨顿-史密斯的观点

萨顿-史密斯认为，婴儿最初的行为既不是"游戏"，也不是"非游戏"。在最初两年中，婴儿的行为在本质上是探究，即"原始的游戏"。在第一年中，玩具并不具有"象征物"的意义，它们实际上只是婴儿努力去探索掌握的对象（参见表4-1）。

表4-1 婴儿探究行为的特点

不加选择地吸吮物体
击打或摇晃物体
用不符合常规的方式使用物体
以符合常规的方式使用物体（例如，把盖子盖到茶壶上，把勺子放在杯子里）
以不完整的方式模仿物体的常规用法（例如，把电话放在耳朵上，但没有进一步的动作）
运用感知觉对物体进行探索

出生后的第一年，婴儿除了与父母"游戏"外，几乎没有多少游戏。即使在第二年，婴儿的活动也仍以感知运动活动为主，大多数活动仍然是对物体物理性质的探究和掌握，很少有游戏。因此，可以用"探究""掌握""游戏"这样三个概念来概括婴儿第一年的游戏生活（参见表4-2）。

表4-2 探究、掌握、游戏的不同特点

探究的特点	掌握的特点	游戏的特点
分析性智力 探究性学习 知觉性行为 操作性行为 实验性行为	综合性智力 检验性行为 练习性学习 问题解决行为 建构性行为 力量的表现	游戏的标志：微笑、模仿、特别的声音、发亮的眼睛 游戏的结构：夸张、洋洋得意、假装、重复、动作的变化、新异性动作、非常兴奋

(三)儿童游戏能力的获得

婴儿游戏的能力是怎样获得的？是生来就有的"天赋"能力还是后天获得的能力？如果是后天获得的，那么婴儿又是怎样获得这种游戏能力的？是婴儿在与物体的交往过程中自我建构的还是在社会性情境中获得的？

1. 皮亚杰的观点

早期的游戏理论和研究往往把婴儿的游戏看作是本能或者与生俱来的"天赋"能力。20世纪60年代以后，主张"自我建构"的皮亚杰的理论曾经一度占据主导地位。皮亚杰认为与物体的交互作用是婴儿游戏的最初形式。游戏是自然出现于儿童的认知发展过程中的，并且随着儿童认知的发展而进步，从自我中心到社会化。

在皮亚杰的"自我建构"理论中，游戏仅仅被看作是婴儿独自面对周围环境的孤立的认知活动的产物，其功能只是"巩固"婴儿已经学会或获得的东西。皮亚杰根据对自己孩子的游戏的观察建构了自己的理论，但是他忽略了母亲和婴儿之间的相互作用，即漏掉了"社会情境"这个因素。

2. 社会建构主义的观点

20世纪80年代，随着维果茨基理论的再度兴起，社会建构主义的影响逐渐明显。以维果茨基为代表的苏联社会文化历史学派认为，早期的假装游戏是一种形成性的活动，直接关系到儿童更高水平的心理机能的发展。游戏以及更高水平的心理机能都来源于儿童与成人或同伴的相互作用。

萨顿-史密斯指出，游戏的学习发生在社会性情境之中。在出生后的头两年，婴儿和学步儿根本不能完全独立游戏。在这个阶段，他们主要从父母和兄弟姐妹那里学会了怎样游戏。所以，游戏就像语言等其他学习一样，也需要婴儿花费大约两年的时间去学习和掌握。成人，尤其是父母对于婴儿游戏的发展具有扶持作用。

二、游戏、学习与发展

游戏和学习、发展之间的关系是游戏发生学研究中的一个重要的理论问题。游戏是有益于学习的行为还是可能妨碍学习的行为？游戏在先还是发展在先？这些都是游戏的发生学研究不可回避的重要问题。

(一)游戏和学习的关系

关于游戏与学习之间的关系，目前主要存在两种观点：一种观点认为游戏不是学习，是与学习相对立的行为；一种观点认为游戏就是学习，而且是比探究更为重要的学习。

1. 游戏与学习相对立

传统上人们认为游戏不同于学习，而且游戏是可能妨碍学习的行为，如我国关于"玩物丧志""业精于勤荒于嬉"等的说法和典故，都是游戏妨碍学习的例子。受行为主义学习理论的客观主义传统影响,一些西方的研究者也认为探究才是"学习",而游戏是不同于学习的行为,甚至是妨碍学习的行为。此外,认知主义中从信息加工角度分析问题(也称为认知-行为学派)的理论家基本上也是采取客观主义的传统,认为世界是由客观实体及其特征和客观事物之间的关系所构成,学习的任务就是习得这些事物及其特征,使外界客观事物内化为内部的认知结构。因此,游戏或多样性探究只是嬉戏性行为,其主要功能在于情绪方面的自我娱乐与满足。

哈特(Hart)是这种观点的代表人物。她设计了一个特殊的玩具让幼儿去操作摆弄,结果发现如果一个孩子发现了铃,并开始摇铃玩的话,他就不会再发现这个玩具中的蜂鸣器了。据此,哈特认为儿童是在探究(认知性行为)的过程中"学习"(获得信息)的,象征性游戏(嬉戏性行为)会妨碍"学习"或进一步获取信息。

2. 游戏与学习相一致

许多人不同意哈特的观点,他们认为游戏就是学习,而且是比探究更为重要的学习。在探究过程中,只能了解物体的知觉属性;在游戏过程中,通过对于动作的概括,掌握物体的功能属性,个别的、简单的动作图式可以联合成较为复杂的动作图式,并且可以迁移到其他的物体上去。按照皮亚杰的观点,动作的概括化,正式概念的原型,体现了从动作到思维的发展规律。

因此,概念的重组与巩固仍然是学习过程中的一个重要部分,这不仅仅是简单的已有反应的巩固,而且是以新的方式去组织它们,意味着新的图式的出现,这是一种水平更高的学习。在游戏中,儿童通过创造一个新的情境,来探究物体象征的可能性,这是一种新的水平的探究,不仅是前一阶段探究的继续,而且是更为精细的探究形式。

(二) 游戏和发展的关系

游戏和发展孰先孰后,或者究竟是谁决定谁?有关游戏和发展的关系问题,目前也主要存在着两种不同观点的争论,并且有折中的趋势。

1. 发展先于游戏

皮亚杰是发展先于游戏这一观点的代表人物,他认为发展先于游戏并决定着游戏的水平,游戏是从属于发展的。儿童的发展水平制约着游戏的发展水平,儿童玩什么,怎么玩,取决于他的发展水平。有什么样的发展水平,就有什么样的游戏水平,游戏活动犹如一面镜子一样反映着儿童的发展。游戏本身对于儿童的发展并不具备任何积极的、建设性的意义,只具有联系和巩固的作用。

2. 游戏先于发展

维果茨基是游戏先于发展这一观点的代表人物,他认为游戏领先于发展,游戏创造了"最近发展区"。新的发展可能孕育于游戏活动之中,儿童在游戏中的表现高于其在实际生活中的表现。游戏在儿童的发展中具有建构和生成的作用。目前,很多研究者都倾向于支持这种观点，认为游戏为发展提供了可能性。

3. 游戏与发展相互作用

游戏与发展之间的关系并非非此即彼，二者之间有着密切的联系，是相互作用的。从游戏的个体发生、发展的历程来看，游戏并不是与生俱来的行为，而是在个体后天与环境的相互作用过程中，当个体发展到一定的水平时才出现的，从这个意义上来说，游戏是从属于发展的。另一方面，游戏活动并不是发展的消极被动的附属物。作为学习活动，在游戏中也孕育着新的发展的可能性，可以为新的发展提供必要的经验与基础。

列昂捷夫认为，在学前期的不同年龄阶段，游戏和发展的关系是不同的，在先学前期，游戏之于发展是第二位的，游戏反映发展，并依存于儿童的发展，实物操作是发展的基本途径。但是，在以后的发展过程中，游戏和非游戏活动之间的关系发生了改变，彼此交换了地位：游戏从一个从属性的过程变为影响发展的主导活动。

本章小结

1. 学前儿童游戏有赖于生物和社会实践两大基础。生物的基础包括神经系统的发展和感觉运动系统的发展：① 神经系统的发展。这是婴儿发展的基本物质基础。个体的成长和发育，游戏的发生和发展都是由神经系统和脑的发育所决定的，个体心理发展也是由神经系统和大脑的成熟规律所制约的。② 感觉运动系统的发展。婴儿在出生后的前两年，感觉运动系统的发展就取得了令人瞩目的成就，主要表现在感知能力和运动系统的发展两个方面。

社会基础包括物质文化基础和社会文化基础两个方面。① 人类社会深厚的物质文化积淀是学前儿童进行游戏的物质文化基础，儿童游戏的主题、内容、玩具，甚至在游戏中出现的"工具性动作"都是建立在这一基础之上的。② 社会文化是指以语言、风俗习惯、道德法律、规则管理、仪式礼仪等形式表现出来的人的行为规范和行为方式，它指向人类生存的社会环境，反应人与人之间的关系，也是儿童游戏的重要主题和内容。

2. 儿童的基本需要分为三个层次九种需要，驱使儿童游戏的需要主要包括身体活动的需要、认知的需要、交往和表达的需要三种，其中基本生存需要和安全需要的满足是学前儿童游戏的前提。

3. 关于游戏发生的时间，目前主要有两种不同的观点：皮亚杰认为游戏在婴儿出生后不久即发生；维果茨基等认为游戏大约在儿童3岁左右发生。

4. 皮亚杰认为婴儿的表情可以作为婴儿游戏是否发生的判断标准。萨顿-史密斯则分析了婴儿探究行为的特点，并用探究、掌握和游戏三个概念来概括婴儿第一年的游戏生活。

5. 关于游戏与学习之间的关系,目前主要存在两种观点:一种观点认为游戏不是学习,是与学习相对立的行为;一种观点认为游戏就是学习,而且是比探究更为重要的学习。

6. 关于游戏和发展之间的关系,目前也主要存在着两种不同观点的争论,并且有折中的趋势。皮亚杰认为发展先于游戏并决定着游戏的水平,维果茨基认为游戏领先于发展,并创造了"最近发展区"。目前广为接受的观点是游戏与发展之间的关系并非非此即彼,二者之间有着密切的联系,是相互作用的。

 自我评量

一、名词解释

1. 特殊性探究　　2. 多样化探究

二、简述题

1. 学前儿童游戏的基础有哪些?
2. 学前儿童游戏的动因是什么?
3. 学前儿童的游戏是何时发生的?

三、论述题

1. 如何看待游戏与学习、发展的关系,请结合实践谈一谈你的理解。

第五章 学前儿童游戏的发展

 学习目标

1. 掌握学前儿童游戏发展的基本规律和特点。
2. 能够从年龄特点和游戏发展水平分析0—3岁婴幼儿游戏的发展。
3. 掌握幼儿园游戏的基本类型,并能针对性地分析3—6岁幼儿游戏的发展特点。

 引导案例

> **一个儿童游戏的发展**[①]
>
> 第82天
>
> 玩笑:现在我的小孩渐渐喜欢与人玩笑。今天早晨他吃乳后,卧在床上,我拿一条领带与他玩,他张着口转过头来向着我微笑,同时手臂和腿乱动。
>
> 第92天
>
> 近日下午我摄了他的手颤动,并摩擦他的额角与下颌,他显出很快乐的样子,嘴巴开着,作无声的大笑。
>
> 第110天
>
> 喜闻声音:他正坐在他祖母膝上,我站在他前面一尺远处鼓起掌来,他就对着我舞着手,踢着脚笑。
>
> 第111天
>
> 发声谈讲:近日吃乳的时候,忽然中止,并且发出"ng,o"细微的单音,同母亲谈讲。
>
> 第121天
>
> 他坐在我的膝上,我忽然用双手叉住他的腰部,把他举在空中,他并不觉快乐,且显出有些惊讶的模样,我就把他放下来;稍停,复如前把他举起来;一

[①] 陈鹤琴.儿童心理之研究[M]//北京市教育科学研究所.陈鹤琴文集(上卷).北京:北京出版社,1983:195.

共举了七次,每次举止的时间与动作都约相同的,到了第三四次他就哈哈大笑,以后在每次未举起以前,他即显出欢迎我做的样子。

第 125 天

藏匿面孔:今日早晨他坐在母亲膝上,看见我走进来,就对我笑,并立刻将头转向后边低着;不一刻,转过头来望着我又一笑;笑了,复转过去藏着。这种动作,从没有人教过他做的,他也没有看见人做过,可以说完全是他自己发现出来的。

今日他醒着睡在床上的时候,我用手帕盖住他的眼睛,他两手乱抓,两脚乱踢;后来我把手帕拿开,他就即刻愉快起来,好像知道我是同他玩弄的。

第 152 天

我拿了一张新闻纸,放在他的右边,他就用右手来拿拿看,并且双脚乱踢,显出很快乐的样子;后来我把他全身用纸盖牢,他就格外显出有趣的样子。

第 158 天

近来他喜欢看颜色鲜明的东西,并且喜欢抓拿东西。今天他开着眼睡在床上的时候,我用一个垫子把他眼睛、身子都盖住,他就抱牢垫子,快乐非常。

第 159 天

他吃饱乳后,躺在地板上,我同他玩耍,我转过头来对他说"hohkih"(恶葛),他就大笑起来,如是者有好几次。到了后来,只要我转过头来向他望望,并不说什么,他也大笑。这样我共转头二十余次,每次他均作笑状。等到后来,只要我转头向他看看,他就笑。这里有一点我们要注意的:就是当初我转头对他说"恶葛",他笑,后来只要转头他就笑,这是起初用完全刺激所引起的反应,经过多次以后,这种反应渐成习惯,只需用刺激的一部分就可引起其同样的反应了。

第 161 天

玩纸:他睡在床上,我给他一篇新闻纸,他两手拿着把它弄皱,且把它撕破,他虽玩了许多工夫,并不显出厌倦的样子。

第 181 天

吹涎作戏:今天他又自己吹着口涎玩弄,不过没有从前的厉害。

第 187 天

吹匙作戏:每天他母亲用匙灌水给他吃的。今天他吃了一点之后,就吹汤匙里没吃完的水作"boo-boo"的声音。

第 192 天

他坐母亲膝上的时候，他堂兄在后边叫他，他就转过头来去寻找；等他向左边转的时候，他堂兄就向右边躲，再叫他，他立刻向后边再寻；一旦寻着，就大笑非常，这样他们共玩了三分钟的工夫。

第 195 天

会做藏猫游戏：这天他祖母抱他的时候，他姨母跑来叫他，他看见姨母立刻就笑，并藏匿他的头在祖母的右边，后来他姨母到右边看他，他又藏到左边。

第 205 天

他睡在床上的时候，给他一个转照相片的小辘轳玩，他用手来接着，仔细看了很久，玩弄一会，才把它的一端放进嘴里，从前他玩弄东西，一拿到就放进嘴里，现在却多借用着手了。

现在他不仅欢迎人和他玩弄，且自动地抓这样拿那样，自寻玩弄了，就是躺在摇篮里面，也要举起足来用手玩弄。他把自己左手的中指叠在食指上面玩弄。这样玩法已经发现过三天了。

第 215 天

喜欢玩箫，两手交换地摇玩。

第 226 天

喜欢在外游玩：他祖母时常抱他下楼去到外边玩耍，今天他抱在祖母手里看见楼梯，身子向着楼梯就要下去，他祖母特意转身向房里去，他就哭了；再抱向楼梯他就不哭，后来抱他下楼去，就很开慰了。这点可以表示他四种事情：① 知道方向。② 喜欢到外边玩去。③ 记得从楼梯可以出去。④ 意志坚强。

第 238 天

把"摇铃"摇得很厉害，他对于玩弄一种玩物的兴趣，似乎不能持久，玩了一种以后，就要玩别种。倘若你把他玩厌的玩具重复给他，他一拿上手就要把它抛掉。

第 245 天

抛掷东西：今天早晨，他坐在摇床里面，用两手玩弄摇床面前板上的两根四寸长的小棒与一个小玩物。不久，他用右手不留意似地把它们一件一件地抛在地上，他母亲每次均替他拾起来，仍旧放置板上；过了一歇，他靠着摇床的右边，右手把玩物提到摇床外边垂着，且一件一件地放落地上，他母亲又把它拾起来，他复把它抛掉。在这个时候他似乎特意这样抛掷作玩的。

今晨醒来，自己玩弄手指，对于此种玩弄，到第十个月的时候，他显出更加浓厚的兴趣。

第 255 天

玩弄作声:从前他常常吹口液作戏,今天他坐在摇篮里,独自玩弄,口里发出"ai-ai"的声音。

第 260 天

近来他很喜欢撕纸:这恐怕是因为他喜欢经验撕纸动作的感觉和听撕破的声音。

近来他喜欢上下跳跃:你抱他立在膝上,两手扶着他的两肋,并提他一提,他就上下跳跃。以后他一立在你的膝上,就要跳跃起来了。

第 266 天

喜欢玩水:他看见面盆里一只小乌龟,就立刻伸手去抓,同时他的左手也放在水里打水作戏,显出很快乐的样子。

第 39 星期

独坐久玩:现在他能够坐在地板上独自玩弄许久时间。

第 274 天

自作游戏:他的两手在桌上偶然摩擦出声,他听见了很喜欢,后来就常常这样做。

玩弄物件:一拿着铃,他就要摇摇,一拿着棒,他就要敲敲。这里有几点地方我们要注意的:第一,手力和臂力比较从前强健。第二,喜欢经验动作的感觉。第三,喜欢听他自己所作的声音。

第 296 天

用头触东西:他俯卧床上时,看见一个玩物(小狗)在他头的前面,他就用头去触弄它。

第 329 天

骑马游戏:身子上下举动,两手向左右伸开上下乱动,口里叫着"ha-ha"的声音作赶马状。这种动作,当然是从看见人骑马,赶马学来的。

第 352 天

欺骗式的游戏:他祖母抱住他的时候,他手里摄了一块洋钱,邻居某摊着手向他索取,他就把洋钱放在他手里,不过一放下就立刻把它拿回藏着。后来我向他要,也是这样做,这样带有欺骗色彩的游戏,没有人教过他,也没有看见人做过。

第 370 天

喜欢和人玩耍:平常到了晚上八点钟的时候,他已经睡眠了。今晚看见家人在客房里玩耍,他就不肯去睡。

第 387 天

想出各种游戏的方法；在地上爬的时候，用一手推摇铃；推过之后，接着又推；这样摇铃与匍匐，已成游戏的动作了。

第 389 天

吹笛：给他一根竹管，他用口吹着说"wa-wa-wa"。

第 391 天

弄舌作戏：用舌头抵着上颚作出"r-lo"的声音。这种游戏，我们从来没有教过他的。

第 392 天

独自游戏：他在摇篮里，站起来，坐下去，转到这边，转到那边，手里摇着，口里唱着，非常的得意。如是玩了十分钟之久。

第 396 天

瞻猫游戏的发展：近来很喜欢同人作瞻猫的游戏。

第 403 天

化装游戏：今天他坐在桌上的时候，他的母亲给他一只空杯和匙子。他假意把匙子放入杯里一舀一舀地送进嘴里去，并且对着母亲笑笑。这种饮汤的动作，他虽然看见人吃饭的时候做过，但并没有看见人把匙子在空杯内戏舀过。

第 60 星期

模仿游戏：我拿了一只小杯子放在他的嘴唇边，他立刻把杯子拿来，并发出"ha-ha"的声音，表示喝茶的意思。这种游戏，他母亲昨天曾经做给他看的，所以今天他看见杯子，就重做出这种模样来。

最喜欢与人游戏，从前他能独自坐在摇篮内玩弄，不觉讨厌，现在他很喜欢同人游戏；对于自己独自游戏的兴趣就减少了，而且他同儿童游戏比同成人游戏更觉有味。

早晨他拿了一块肥皂，咬了一口，给人看见，把它夺去；两点钟后，他又看见了一块肥皂，又要放进嘴里去，幸被人看见，叫他停止，后来又要放进嘴里去，又被阻止。如是几次以后，他特意假作去咬肥皂的模样，与人戏弄。

第 63 星期

藏猫戏，你一抱他到洗脸房间，他就要同你玩"藏猫戏"，就是他把门开开，将身子仰转门后，使你在门的前面看不见他，旋又转过来望你笑，笑后又转过去。

第64星期

转眼作戏：他对着我把他自己的眼睛向上和向左右转动，一共转四次方停止。

第65星期

起初他从纸篓里拿出一张纸来，复投进去；过了一刻，他伸手入篓拿纸，特意空抓一下，又空投进去，如同真正抓纸、投纸模样一般，这样共做了好几次。

第67星期

他拿了一把小刀，特意向前空刺一下，并同时望着我笑，后来低头张嘴，亲着果酱瓶的口，假作吃的样子。

第70星期

我给他一副十二块英文字母的方块，他看见很高兴。后来我用方块搭成东西给他看，如塔、桌、凳等，他就要人同他一起搭或搭给他看。后来常常等人搭成了一样东西，他来推倒，叫人重搭，搭好，又推倒，如是乐玩不倦。

第494天

喜欢同人玩耍：他独自玩耍皮球的时候，看见他的堂兄同别的邻居玩木球，他就弃了自己的皮球去耍玩他们的木球。他同人玩的兴趣比独自玩的浓厚，这里可以证明他有乐群的性情。

第497天

喜欢骑马：今天我给他骑真马，他不但不怕而且非常的高兴。

第71星期

喜玩皮球：我把皮球给他，他把球抛在地上。后来我给他玩颜色线球（红、黄、蓝、绿、紫、橙六种）。给他的时候就告诉他球的名称说："red ball"，"blue ball"等等，每球的名字，约说了五遍给他听。

第501天

与猫同玩：今天我给他一只小黑猫，他就很喜欢似的，同它玩耍，并"we-we"地叫唤它。

第504天

非常喜欢骑马：在这个时期，无论什么可骑的东西（如桌腿、椅背、人腿、棒头等等）他都拿了当马骑。不但如此，他一听见"horse"这个字的声音或"骑马"两个字的声音，就立刻把身子上下跳动做骑马的样子，并且口里喊着说："a-a-a"。

能变化游戏：三四星期以前，他堂兄拿了一个铁做的骑马的人给他看，并且把骑马的铁人，在床栏上上下跳动，作奔跑的样子，又口里喊着赶马"a-a"的声音。今天他在吃饭的桌上，用右手拇食两指，在桌边左右移动，也作跑马的样子，口里也喊着"woo-woo"的声音。你看这里他虽有"人骑马的玩物"，不过他能把手指当作马的样子来玩耍，这是一种化装的游戏。为什么他能想起三四星期前的游戏来呢？大概因为桌边像床栏的缘故。

第510天

今天他自己能够搭起四块方块来。但欲再加搭上去，始终不得成功，后就叫母亲替他代搭。

能做出各种声音：① 他看见一张人挑担的图画，就喊出"ha-ho，ha-ho"的声音，这种声音他听见别的挑担人喊过的；他自己挑着担子玩弄的时候，也是这样叫的。② 他看见骑马的图画，立刻作骑马的姿势，身子上下的颤动，并且双手好像捻着缰绳的样子口里喊着"ho-ho"的赶马声。③ 看见鸡的图画就喊出"咕咕"鸡叫的声音。④ 看见狗就作"汪汪"的声音。

第519天

他能够叫同伴来做游戏：今天早晨他堂兄做马给他骑，他很快乐；后来他看见他的堂兄要走开去了，就叫他回来再玩。

第520天

模仿化装骑马游戏：前几天他父亲拿了一根棒子，跨着作骑马的样子给他看，今天他拿了一根别的棒子在路上玩，后来把棒子放在地上，两腿跨过去，身子蹲下来把棒子拿起来就跑，作骑马的样子。

第526天

两星期前，我替他松了地上沙土给他玩，他很喜欢。昨天我抱他到幼稚园里看见儿童玩沙，今天我买了一担沙给他玩，并且给他一匙一盆他就要用匙子舀沙送进嘴去，我没有留意，他就尝了一点沙土。

第527天

近来喜欢捉迷藏游戏：他顶喜欢藏匿，叫人寻找，就是躲在你的衣服里边，他也是很高兴的。

第575天

他拿了一张新闻纸铺在沙场上面，大风吹来，没有把它吹掉，他就鼓掌大笑。

模仿游戏：他看见许多小学生在路上经过，头一个学生拿了旗子在前引导，步伐齐整；他立刻举起手上所拿的小棒也开步行走。

第 578 天

喜欢玩水。

第 589 天

想象游戏：他在房里看见一只藤做的书篮，就拿来放在头上，告诉别人说"tat！"意思就是"hat"（帽子），这里可以看出他的想象力了。

第 616 天

与人同乐：他叫他堂兄来看他的图画，他堂兄走开，他又叫他，如是者二次。

第 621 天

玩"骑马"：他堂兄用带子（有马铃的专门作骑马游戏用的）套在自己的颈项上，并扑在地上叫他牵了跑，他就牵了走来走去，后来他也把带子放在他自己的颈上，叫他堂兄牵了跑。

第 625 天

拖小凳子作火车：火车他曾经看见过的；拖凳子作火车，是他自己想出来的。

第 631 天

捉迷藏：一星期以前他堂兄和他做捉迷藏的游戏，今天他看见他父亲，就闭着眼睛向父亲伸手乱摸。

第 636 天

能吹口簫作声：从前他玩口簫只能口里发声，不能吹出声音来，今天他偶然吹出声来，到了晚上他完全能够吹出声音来了。这可以说是"错误试验"的学习方法，儿童学习各种东西大概是由这种方法学来的，虽然他听见别人吹过，但他起初只能口里发音，并不能吹出声来。

第 642 天

做出发嗉的游戏：今天他在床上坐着，举起右脚用右手握着说："how do-do"就是"How do you do?"（你好呀）的意思，这是他同人握手的时候所说的，现在他居然能这样玩弄，可见得他的智慧已经发展得很高了。

第 650 天

循环式的游戏：他抛球抛到草堆里去，拿出来再抛进去，如是抛掷不已，独自玩耍。这虽然是简单的玩法，但是每次丢的动作不同，丢到的地方也不同，进去拿的动作也每次不同，所以他很有兴趣，如果各种动作完全一样，恐怕他兴趣没有这样持久。

第 656 天

同情的游戏：今天他把磁做的马、牛,从桌上拿下放到地板上睡着,后来他自己也静悄悄地睡到地板上,这里有与动物同情的意思。

第 665 天

装马游戏：今天他在地上爬行装做马状,并时常用右手策马似的打他自己的后股。这种游戏,当然他从别处看来的。

第 701 天

欺骗式的游戏：他把他父亲的自来水笔拿下藏过,他父亲特意问他笔呢?他说："没有",这种游戏并没有人教过他。严格说来这种动作是欺骗,但是他不过当作一种游戏罢了。

第 722 天

化装的游戏：他自己用铅笔在他的右脸上画了几画,对父亲说："胡须",这里表示他知道胡须是在脸上的。

第 791 天

他拿了一个杯子和一个破热水瓶,瓶里盛了一点水,他把瓶里的水倾注杯中,又复倒进瓶里,这样倒进倒出,共玩了二十分钟工夫。

第 799 天

模仿的游戏：他堂兄拿了棒头闭了眼睛,做瞎子行走,他也要这样做。

第 808 天

学跳远：他喜欢在地上跳来跳去。今天他父亲在地板上放了两个垫子,相距约五寸,他从这个垫子跳到那个垫子；他的左脚跳了一尺远,右脚跳得四五寸,每次都是左脚先跳,而且跳得远。

学前儿童游戏的发展是一个循序渐进的过程,既有连续性又有阶段性。根据学前儿童身心发展的特点和游戏水平,我们主要从 0—3 岁婴幼儿游戏的发展和 3—6 岁幼儿游戏的发展两个阶段,从以认知发展为主线的游戏发展与以社会性发展为主线的游戏发展两个维度来进行分析和论述。

第一节　0—3 岁婴幼儿游戏的发展

从呱呱坠地的一刻起,婴儿就带着与生俱来的无条件反射和发展的无限潜能,开始了他们对周围环境的探索和掌握历程。中国有句俗语叫"三冬三夏,长成娃娃",在生命的最初三年,儿童从一个柔软娇弱的新生儿逐步成长为会抬头、翻身、坐、爬、站、走,能区分自我和客体,能使用和掌握工具,能协调自己与他人关系的"社会人",游戏是他们学习和发展的主要形式。

一、以身体和认知为主线的游戏发展

身体发展是婴儿发展的基础,认知发展是婴儿发展的核心。婴儿的年龄越小,身心发展之间的关系就越密切,身体和认知发展水平直接决定着婴儿游戏的发展和水平的高低。皮亚杰根据认知发展的不同阶段来对游戏进行分类,为我们分析与婴儿身体和认知发展有关的游戏发展提供了基础。

(一)感觉运动性游戏的发展

婴儿感觉运动游戏中认知能力的发展主要表现在感觉运动思维的发展。处于人生最初阶段的婴儿,其身心活动均表现出感觉运动性的认知特点,感觉运动性是婴儿阶段,尤其是 2 岁前婴幼儿游戏的基本特征。

1. 感觉运动时期游戏的发生发展

皮亚杰认为 0—2 岁是婴幼儿认知发展的感知运动阶段,这一阶段的婴幼儿作用于物体和人的动作有两个不同的特点:一是婴幼儿的注意力针对每个物体的特殊性,二是婴幼儿的注意力针对物体的一般性。婴幼儿动作的前一个方面后来演化成了物理知识,而后一个方面后来演化成了逻辑数理知识。在这一阶段,婴儿正是在坐、爬、站、走、推、拉、摇等具体感知动作中获得了一些经验。皮亚杰认为,儿童的感觉运动性思维经历了六个发展阶段,直到第二阶段末期(第三阶段开始),婴儿才真正开始了游戏,而其游戏的发展水平恰恰是由婴儿游戏中感知运动思维的发展水平来体现的。

第一个阶段(0—1月)是反射练习期,这一阶段的婴儿既没有游戏也没有模仿,仅是对反射行为进行练习。婴儿出生后以先天的无条件反射适应环境,这些无条件反射是由遗传决定的,主要包括吸吮反射、吞咽反射、握持反射、拥抱反射及哭叫、视听等动作。通过反复地练习,婴儿这些先天的反射得到发展和协调,而发展与协调正意味着同化与顺应的作用。这说明婴儿为了适应环境,从一出生起就具备了与环境相适应的图式。皮亚杰对新生儿的研究使人们认识到新生儿虽然看起来如此脆弱、无助,但是自出生那一刻起,他们就已经积极通过自己的图式与环境相适应,这是一个持续的过程。同时这一个持续的过程又为下一个阶段的发展做准备。皮亚杰曾详细观察了婴儿吸吮动作的发展,从中发现了吸吮反射动作的变化和发展,例如,婴儿与环境的交互作用与选择倾向,假如同时给予刺激,婴儿更愿意吸吮省力的奶瓶而非费力的母乳。再如,婴儿的身体呈直向反射,当转动婴儿的肩或腰部,婴儿身体的其余部分会朝着相同的方向转动,从初生到 12 个月的婴儿身上均可见到这种反射,其机能是帮助婴儿控制身体姿势。还有迈步反射(行走反射),双手抱住婴儿,使其两脚着地,他会做出走路似的迈步动作,持续时间是从初生到 2 个月,其机能是为将来学习走路作准备。

　　第二个阶段(1—4月)是初级循环反应期,也是习惯动作和知觉形成时期。这一阶段婴儿为了适应环境而产生了各种循环反应行为,不过这种循环反应行为更倾向于探索而非游戏。在先天反射动作的基础上,通过机体的整合作用,这个阶段的婴儿逐渐将个别的动作连接起来,形成一些新的习惯。例如,婴儿偶然有了一个新动作时,他便一再重复,如吸吮手指、手不断抓握与放开、寻找声源、用目光追随运动的物体或人等。行为的重复和模式化表明动作正在同化作用中,并开始形成了动作的结构,婴儿的反射性动作逐渐在向智慧性行为过渡。不过由于这个时期婴儿的行为并没有什么目的,只是由当前直接感性刺激来决定的,所以还不能算作智慧性动作。但是婴儿在与环境的相互适应过程中,顺应作用也已发生,表现为动作不完全是简单的反射动作。虽然这一阶段婴儿的行为与效果之间没有分化,但是仍然要为婴儿创设相对丰富的视听环境,因为习惯的获得是通过感官活动的联系而实现的,丰富的感官刺激能促进婴儿感觉统合的发展。基于皮亚杰的认知理论即认知是主客体相互作用的结果,客体通过对婴儿的作用刺激主体发展,主体由于得到反馈而继续作用于客体。因此,丰富的环境非常重要,除了要为此阶段的婴儿提供适合其发展的玩具,照料者与婴儿之间的言语交流与情感互动也非常重要。

　　第三个阶段(4—8月)是二级循环反应期,是有目的动作逐步形成的时期。从4个月左右开始,婴儿在视觉与抓握动作之间形成了协调,此后婴儿会经常用手触摸、摆弄周围的物体。从这时开始,婴儿的活动便不再局限于主体本身,而是开始涉及对物体的影响,物体受到影响后又反过来进一步引起主体对它的动作,这样就通过动作与动作的影响使主体与客体发生了循环联系,最后渐渐使动作(手段)与动作结果(目的)产生分化,出现了为达到某一目的而发生的动作。但是,这一阶段目的与手段的分化尚不完全、不明确。例如,一个多彩的响铃摇动发出声响引起婴儿目光寻找或追踪响铃。这样的活动重复数次后,婴儿就会主动地用手去抓或是用脚去踢挂在摇篮上的响铃。在这个例子中,婴儿已经从偶然的无目的摇动玩具过渡到了有目地地反复摇动玩具,智慧动作开始萌芽。这一阶段婴儿主要是以外界的物体为对象进行动作。例如,婴儿用手挥舞摇棒使其发出声响,婴儿拉扯系在手腕上的绳子让绳子另一端的挂铃发出声音,婴儿会反复抓握玩具小鸭子让其不停地嘎嘎叫,抓着各种纸片不断地撕、咬等,这些都是婴儿最早的有目的的活动。再如,一个6个月左右的婴儿,不停地将球或玩具扔出去再让看护者捡回来,这对于婴儿自身而言就是一种认知世界的方式,而非"捣乱"。因此,成人应该尊重儿童的天性、尊重儿童以自己的方式认知世界的权利、耐心欣赏和等待儿童成长的奇迹。

　　第四个阶段(8—12月)是手段与目的的分化协调期,这一时期又称二级图式之间的协调期。这一时期婴儿动作的目的与手段已经分化,智慧动作出现。一些动作结构(图式)被当作目的,另一些动作结构则被当作手段使用。例如,婴儿拉着成人的手,把手移向他自己够不着的玩具的方向,或者要成人揭开玩具上面盖着的布,都表明婴儿在作出这些动作之前已有取得这一玩具的意向。甚至婴儿可以通过与看护者情感和眼神的交流来达到自己的目的,例如,一个婴儿可能会为了得到自己想要的玩具先是通过哭声引起妈妈的注意,然后再通过眼神交流来告诉妈妈他具体想要的玩具。随着这类动作的增多,婴儿对各种动作结构之间的运用和配合更加灵活,并能运用不同的动作结构来应对遇到的新事物,就像以后能运用概念来了解事物一样,婴儿用抓、推、敲、打等多种动作来认识事物,表现出对新的环境的适应。需要说明的是,这一阶段婴儿只会运用同化中已有的动作结构,还不会创造或发现新的动作来顺应世界。这一阶段婴儿表现出智慧活动的萌芽,婴儿的动作开始具有明显的目的性。同时,这一阶段婴儿的动作开始和客体分离,婴儿可以把两个不同的图式加以协调配合,完成一个动作,这对婴儿动作的发展尤其重要。总之,婴儿的认知是一个同化和顺应不断平衡,主体积极构建的过程,在这一阶段成人应该创设积极的建构环境,多和婴儿进行"躲猫猫"之类的游戏,以促进婴儿认知的发展。

  第五个阶段(12—18月)是三级循环反应阶段,是感知动作智慧形成的时期。皮亚杰发现,这一时期的幼儿能以一种试验的方式发现新方法,从而达到自己的目的。在这个阶段,当幼儿偶然发现某一感兴趣的动作结果时,他将不只是重复以往的动作,而是试图在重复中作出一些改变,通过尝试错误,有目的地通过调节来解决新问题。例如,幼儿想得到放在床上毯子上的一个玩具,他伸出手去抓却够不着,周围也没有成人时,他会继续用手去抓,偶然地他抓住了毯子一角,拉的过程中带动了玩具,于是幼儿通过偶然地抓毯子得到了玩具。以后幼儿再看见放在毯子上的玩具时,就会熟练地先拉毯子再取玩具,这是智慧动作的一大进步。但是,幼儿不是自己想出这样的办法,他的发现是来源于偶然的动作中。这一阶段的幼儿会对自己的动作进行探索性的实验。随着幼儿的成熟和前一阶段的经验积累,这一阶段的幼儿通过建立新的图式来"顺应"环境,这种"顺应"是通过偶然的"顿悟"实现的,通过无意的动作达到了"有意的目的"。

  第六个阶段(18—24月)是表现思维阶段,是智慧形成的综合时期。这个时期幼儿除了用身体和外部动作来寻找新方法之外,还能开始"想出"新方法了。也就是说,这一阶段的幼儿可以在头脑中用"内部联合"的方式来解决新问题。例如,把顶针放在火柴盒内,如果盒子打开不大,能看得见顶针却无法用手拿出,幼儿便会把盒子翻来覆去地看,或者用手指伸进盒子缝隙里去拿,假如手指也伸不进去,这时他便会停止动作,眼睛看着盒子,嘴巴一张一合做了好几次这样的动作之后,突然用手拉开盒子口取得了顶针。在这个动作中,幼儿的一张一合的动作表明他在头脑里用内化了的动作模仿火柴盒被拉开的情形,只是他的表象能力还差,必须借助外部的动作来表达。这个拉开火柴盒的动作就是幼儿"想出来的"。这一阶段之所以被称为"智慧的综合期"是指幼儿不光是用外部身体进行摸索、试误,而且也运用了内部的联合,达到对事物的突然的理解。这一阶段幼儿可以通过大脑的思维来解决问题,例如,如果成人在幼儿看不见的情况下把娃娃从布 A 移到布 B 下,幼儿仍能找到。这时的幼儿已经能够对自己动作的可能效果进行心理预期,表现思维和象征性功能开始出现。

感知运动阶段六个时期婴幼儿的游戏发生发展请见表 5-1。

表 5-1　游戏在感知运动时期的发生发展

年龄阶段	认知水平	游戏特点	游戏实例
0—1 月	反射练习期	无游戏	
1—4 月	初级循环反应期	游戏的发生	头向后仰,从新的位置看熟悉的东西。两天后逐渐增加这种动作,增添了愉快的情绪
4—8 月	二级循环反应期 有目的的动作形成期	保持"有趣的情景"	反复碰触玩具,让玩具发出声响
8—12 月	二级图式的协调期 手段与目的分化期	"仪式化"现象	握住枕头的一角,吮吸枕头花边。侧着身体躺下,闭上眼睛吮吸手指
12—18 月	三级循环反应期 感知动作智慧形成期	"嬉戏性行为的偶然结合"	洗澡。手从头发上滑落下来,击到水面上,马上重复这个动作,并变化位置与高度
18—24 月	表现思维期 智慧形成的综合时期	象征性图式	抓住大衣领子侧着身体躺下,有假想和想象,闭着眼睛,吮吮手指

2. 感觉运动时期婴幼儿游戏的特点

与感觉动作密切相关的婴儿游戏主要包括动作性游戏与玩物性游戏。动作性游戏是指以大肌肉动作为主的身体游戏,玩物性游戏是指以小肌肉动作为主的身体游戏。[①] 婴儿的动作发展为婴儿游戏创造了可能性,同时,婴儿通过游戏也不断练习和提高其动作能力。

(1)婴儿动作性游戏的特点表现为游戏连续发展的三个阶段,包括有规律的重复动作、练习性游戏和追逐打闹游戏。

有规律的重复动作是婴儿最初也是最典型的游戏动作,例如踢脚、摇动身体等。这种有规律的重复动作很早就出现了,在婴儿 6 个月左右达到高峰。根据佩列格里尼和史密斯(Pellegrini & Sminth)等人的观察,在一小时中,有的婴儿有 40% 的时间都在进行这种有规律的重复动作。出生第一年的婴儿约有 5.2% 的时间用于这种动作。有规律的重复动作也出现在亲子互动中,以后这种动作的数量逐渐减少。

练习性游戏从第二年开始数量不断增加。在练习性游戏中,婴儿掌握动作技能并学习如何控制自己的身体。婴儿的练习性游戏往往以亲子游戏的形式出现,同时也往往与玩物性游戏结合在一起。例如,婴儿经常会与看护者玩"扔与捡"的游戏。他把手边能拿到的东西都扔出去,成人给他捡回来,他再扔出去,形成了一种结合了

---

① 刘焱.儿童游戏通论[M].北京:北京师范大学出版社,2004:269-273.

"物"与"人"因素的亲子互动游戏结构。这样的游戏不仅可以帮助婴儿练习"扔"的动作技能，还可以帮助婴儿认识不同物体的属性和特点，让婴儿获得物理经验（例如，皮球、乒乓球等扔在地上会反弹起来，或会滚到远处去，而积木块则不会滚也不会反弹起来），形成空间知觉，发展对于事物与现象之间的因果关系的认识和理解，获得数理逻辑经验（例如，怎样才能把手里的东西扔得更远）。

追逐打闹游戏是指幼儿之间奔跑、跳跃、互相追逐，伴随着高声大叫、大笑或扮鬼脸的行为。这种游戏通常发生在户外，尤其是刚刚从户内的静态活动转向户外的时候。追逐打闹游戏是以身体和动作为"材料"的游戏，在这种游戏中幼儿对同伴身体所做的攻击性动作是假装的，而不是真的打架，因此这类游戏也是一种假装游戏。追逐打闹游戏最先出现在亲子游戏中，大约占亲子互动行为的8%。随着同伴群体的发展，追逐打闹游戏更多地是由一群幼儿共同参与，因此它也是一种社会性游戏。

（2）婴儿以"积极探索"为特征的玩物性游戏表明婴儿是积极主动的学习者和周围环境的探索者，其特点主要表现为区分自己和物体、探索和摆弄物体，以及关联物体三个方面的连续发展。

婴儿最初的游戏是玩弄自己的身体，啃咬抓到手里的每一件东西。他们分不清主体和客体，在玩弄自己的手脚时没有意识到手和脚是属于自己的。随着婴儿自己动作的发展，尤其是婴儿的手部接触物体并使物体发生变化（例如，婴儿碰到摇篮上带声响的玩具，玩具就会发出声音），由于经验的不断积累，婴儿逐渐能够在动作和声响之间建立联系，并渐渐知道自己的手部动作可以影响物体。婴儿在发现自己的动作和效果之间的关系的同时，也开始区分自己的身体和外界的物体。

4个月左右，婴儿开始表现出对物体的兴趣，并开始探索和玩弄物体。这时婴儿的手部动作还不协调，因此他们通常要很费力才能拾起玩具，注视是探索的第一步，然后他们会用两手去抓东西，放在嘴里咬，这就是我们通常所说的"口和手的敏感期"。婴儿最初对待所有的玩具和物体都是用同样的方式，以后婴儿的动作逐渐分化，能够对不同的物体作出不同的动作。例如，7个月时他们能够将拇指与其他四指分开握住有柄的玩具，用拇指和食指捏起较小的东西；8个月时他们可以换手拿玩具；15个月大的学步儿喜欢到处走，看到物品就一个一个地拿起来，然后又一个一个地丢下（例如，捡起地上的纸团，一个一个扔进垃圾桶，成人看起来是幼儿很爱整洁，但其实是幼儿的一种游戏活动）；1—2岁，幼儿逐渐能够两手同时拿起不同的东西（例如一只手拿杯子，一只手拿饼干）。

关联物体的出现与象征性游戏密切相关。1岁以后，幼儿可以根据过去的经验来重组已经掌握的动作，从而建构新的动作图式。他们能够把两样东西放在一起，对其进行空间或功能上的安排。例如，婴儿如果看到有轮子的玩具就会去推，看到一个茶壶状的玩具就会盖盖儿，或者会把几块积木连在一起进行空间排列。这种在两个或两个物体之间建立关系的关联性动作说明婴儿开始注意到物体之间的关系，能够按照物体的形状、颜色或性能对物体进行初步的分类,并能够按照一定的空间或功能关系来组织物体。这个时期婴儿的知觉更具有概括性,为概念的产生和象征性游戏的发展奠定了基础。

(二)象征性游戏的发展

象征性游戏的重要特征是"以物代物",即用一个物体去假装当作或代替另一个不在眼前的物体。例如,幼儿把勺子放在耳边假装打电话,把积木当蛋糕给娃娃吃,把小椅子反过来假装转动方向盘开汽车,骑在妈妈的腿上,嘴里喊着"驾、驾、驾"假装骑马等。正是通过以物代物,婴幼儿为自己的游戏创造了特殊的条件,使自己在游戏中"无所不能"。

1. 象征性游戏的意义与价值

皮亚杰认为象征性游戏是儿童思维开端的标志,是实践性的感知运动智力转变为内部思维活动的一个过渡环节。"以物代物"的出现标志着儿童思维的概括化发展,这主要包括两种概括与迁移:① 物体的概括与迁移,即在代替物与被代替物之间进行比较,找出二者的相似之处,然后借助于被代替物改变代替物的本来意义,把其当作另一个物体。例如,前述例子中的勺子之于电话,积木之于蛋糕,妈妈的腿之于马等,都是代替物与被代替物之间的关系。② 动作的概括与迁移,即了解代替物的性能和模仿被代替物进行动作的可能性,并且假想自己是在用被代替物作出动作,把被代替物的动作迁移到代替物上。例如,前述例子中用椅子代替汽车,假装作出转动方向盘的动作,用妈妈的腿代替大马,假装骑马的动作等。以物体和动作的概括与迁移为基础的"以物代物"能力的出现,使得婴幼儿在游戏中对于材料的操作方式发生了根本性的改变,利用材料开展更多种类游戏的可能性也大大增加。

2. 象征性游戏的特点

象征性游戏是婴幼儿时期的典型游戏形式,它在婴幼儿时期经过一系列渐进的发展变化而逐渐趋于稳定和成熟。由于记忆的发展,大约在1.5岁到2岁之间,幼儿能够简单地模仿他人或他人的动作,掌握常规性动作和社会性动作。象征性动作是在常规性动作和社会性动作的基础上逐步转换而来的。幼儿把常规性动作应用于模拟实物的玩具上(例如把玩具娃娃放到床上,把玩具电话放到耳边等),标志着幼儿象征性思维的萌芽。幼儿象征性游戏的特点包括以下六个方面。①

(1)最初的象征性动作主要是婴儿自己"日常生活"动作的再现,具有"我向"的特点;同时,幼儿自己既是动作的主体,也是动作的受体。例如,假装从空的杯子里喝水,假装打电话,假装用勺子喂"娃娃",假装给"娃娃"穿衣等。这时幼儿的象征性游戏主要是象征物的特点导引着幼儿的动作,象征性动作主要是联想和模仿。

(2)幼儿的象征性动作的主要特点是"动作的迁移"。幼儿一般不注意物体的细

---

① 刘焱.儿童游戏通论[M].北京:北京师范大学出版社,2004:277.有改编。

节,一个物体只要能够帮助他们做出想要的动作,就可以满足幼儿的游戏需要,成为"代替物",而不管"代替物"与"被代替物"之间是否相像。例如,幼儿可以把积木块、贝壳、鞋子、盒子等当作汽车推着走。

(3) 大约在1.5岁以后,幼儿开始常常表现出对他人或玩具物品的假想性动作。例如,他们经常喂"娃娃"吃饭,经常让"汽车"开动,这标志着幼儿的象征性游戏开始能够超越自己的活动,把他人或他物包括进游戏当中,这对于其社会性发展具有重要的意义。

(4) 象征性游戏的发展表现为象征性动作的扩展和联合。幼儿最初的象征性动作是单个的动作,而且往往在同一对象上重复多次,以后逐渐能有顺序、连贯地做出几种不同的动作。例如先用勺子搅拌碗里的食物,然后喂"娃娃",再把"娃娃"抱起来拍拍,然后放到床上睡觉。

(5) 2岁左右,幼儿开始能让"娃娃"成为独立的行动者,而不仅仅是受他照顾的接受者。例如,幼儿开始让"娃娃"自己吃饭、走路,甚至让大"娃娃"抱小"娃娃"。这时幼儿更像是一个"导演",导演游戏的出现表明幼儿已经开始能够把别人看作独立的、具有行动能力的个体。

(6) 一直到出生后的第二年末,幼儿的象征性游戏数量还较少。之后,象征性游戏迅速增多,并在2—4岁达到一个高峰期。

二、以情感和社会性为主线的游戏发展

儿童的游戏发展经历了一个从独自游戏,到亲子游戏,再到同伴游戏的过程。对于儿童的情感和社会性发展来说,这三种游戏的重要性程度与其发展顺序正好相反,同伴游戏比亲子游戏重要,而亲子游戏对于儿童的情感和社会性发展又比独自游戏重要。因此,本部分主要从亲子游戏和同伴游戏两个方面分析儿童以情感和社会性为主线的游戏发展。

(一) 亲子游戏的发展

亲子游戏是指发生在家庭中的成人和儿童之间的社会性游戏。婴儿亲子游戏中情感和社会性能力的发展主要表现为亲子依恋。当一个母亲抱着她的小婴儿,抚摸他柔嫩的面颊,轻咬他的小脚丫,让他的小手缠着自己的手指,对他说话、微笑的时候,她就开始了与婴儿游戏的历程。

1. 基本社会性交往结构的形成

在以母婴为主的亲子游戏中,婴儿逐渐形成了最初的相互作用的社会性关系。母亲和婴儿的互动发展是一个彼此支撑、不断相互作用的过程。如果互动中没有婴儿的反应,母亲会变得灰心和不安。母亲往往倾向于把婴儿的任何表情都解释为是对她行为的反应,婴儿的任何表情变化与动作都会使母亲欣喜异常,尽管这些表情和动作在最初出现的时候是没有任何社会性意义的。一旦婴儿出现了母亲认为有

社会性意义的表情或动作,母亲就会立即追随婴儿的反应,或者模仿婴儿的表情和动作(例如,看到孩子眨眼、吐舌头,她也会跟着眨眼、吐舌头),或者对婴儿的表情和动作给予积极的反馈(例如,含笑的眼神,轻柔的声音,拥抱抚摸等)。

母亲对婴儿反应的积极回应强化了婴儿的表情和动作,尤其是母亲对婴儿表情动作的模仿,不仅对婴儿起到强化作用,同时又进一步为婴儿提供了模仿的对象。婴儿于是又继续重复自己先前的表情和动作。如此循环往复,就形成了社会性交往的基本结构:共同参与、等待与轮流,以及重复。在母婴游戏中,婴儿练习轮流、等待、共同参与等维持交往的社会性技能,并使得这种具有"对话"性质的社会性交往结构内化,为言语的交际和交往奠定了心理基础。1岁前后,这种社会性的游戏通常由成人发起。到2岁时,幼儿已经能够作为发起者,与母亲一起互相轮流发起游戏。

2. 信任、依恋、合作倾向的形成

心理学家玛丽·安斯沃斯等(M. Ainsworth, et al.)创造了用以测查婴儿依恋性质的"陌生情境法"。婴儿和他的父母被带到一间游戏室,游戏室里有各种各样有趣的玩具,还有一个陌生的成人。过一会儿,父母离开又回来,然后再次离开又返回。婴儿在父母离开、返回时的情绪反应与表现被记录下来,作为判断婴儿依恋性质的指标。根据婴儿的情绪反应与表现,安斯沃斯等人把亲子依恋分成三种类型:安全依恋型、非安全依恋-回避型和非安全依恋-反抗型,详见表5-2。

表5-2 亲子依恋的三种类型

依恋类型	婴儿主要表现
安全依恋型	这类婴儿注意到父母的离开,表现出不安与苦恼,当父母回来时,会立即寻求与父母在身体与情绪上的接触与交流,并且很快能平静下来,继续他独立的游戏活动
非安全依恋-回避型	这类婴儿对父母的离去与返回都不在乎,表现出无所谓的态度,很少紧张、不安。当父母回来时,往往不予理会。这类婴儿实际上对父母没有形成密切的感情联系
非安全依恋-反抗型	这类婴儿对父母的离开非常敏感、不安与愤怒。当父母回来时,他却表现出既寻求与父母接触又反抗这种接触的矛盾态度,当父母接近时,他会生气地拒绝、推开父母

研究发现,安全依恋型婴儿的父母一般对自己有较高水平的自我评价,对自己能否做一个称职的父亲或母亲有相当的自信。他们对婴儿感兴趣,带着爱与关注来照料孩子,经常与孩子进行视线交流,对孩子微笑、说话,及时给予孩子反馈。能否敏感地察觉孩子游戏的需要并做出适当的调整是父母育儿能力的标志之一。

非安全依恋型婴儿的父母往往是缺乏自信的、焦虑不安的人,他们对做父母与育儿不感兴趣,以机械的、敷衍的态度进行喂养活动,对孩子的需要与反应不敏感。这些父母很少与孩子游戏,一方面可能是不感兴趣,另一方面可能是缺乏这种能力。事实上,这些父母的人格特征缺乏游戏性。他们有时也会对孩子产生兴趣,但是外表上却显得非常严肃,很少微笑,缺乏丰富的面部表情。当他们偶然与孩子游戏时,不能敏感地觉察到孩子的需要,不能及时对孩子的需要作出反应,维持并深化游戏。

例如,他们在游戏中往往把孩子当作被动消极的物体而不是主动积极的参与者,他们所理解的游戏只是长时间地逗弄孩子。

综上所述,亲子游戏,尤其是母婴游戏的基本功能就是使婴儿成为一个具有信任、依恋、合作倾向的社会成员。母亲所传导给婴儿的爱与珍视影响着幼儿安全依恋感的形成,而安全依恋感的形成又成为婴儿独立游戏或亲子游戏的重要影响与支持因素。

(二)同伴游戏的发展

随着婴儿生活范围的延伸,他们逐渐有了自己的同伴。如果说,亲子游戏奠定了婴儿情感依恋和进入社会关系系统的最初基础,那么,同伴游戏则使婴幼儿成为建立在自由平等交往基础上的"儿童社会"的成员,成为婴幼儿进一步学习与体验社会文化的学校。

需要说明的是,3岁以前的婴幼儿在游戏中通常表现为自己玩自己的,在游戏中联合行动,共同制订计划,合作分工非常少见。即使婴幼儿有的时候出现了自发的动作配合,这些动作也并不一定是具有社会性意义的合作,而是以婴幼儿自己的兴趣和愿望为中心的动作配合。从3岁开始,婴幼儿在同伴游戏中具有社会性意义的合作行为才开始发生,逐渐从讨论玩什么,怎么玩,到无须讨论就可以很默契地开展合作游戏。3岁以前婴幼儿的主要游戏内容举例如表5-3所示。

表5-3 婴幼儿游戏的内容[①]

出生—3个月	3—6个月	6—12个月	1—3岁
交互的模仿游戏,如脸对脸的接触、微笑、吐舌头、摇头,模仿婴儿的声音,和婴儿说话,让婴儿拉你的手指等	逗婴儿笑,胳肢婴儿,让婴儿拉你的头发,和婴儿做"鬼脸"玩等	交互的动作模仿游戏,如伸胳膊、蹬腿、爬的游戏,玩"骑大马"或"摇啊摇,摇到外婆桥"等传统民间游戏等	提供安全的地方鼓励幼儿爬或走;玩追与被追的游戏;捉迷藏和藏与找物体的游戏;捉人游戏等
提供颜色鲜艳、明亮、会转动的物体让婴儿练习视线追踪等	提供安全清洁、适用于婴儿抓握的玩具,例如拨浪鼓、摇铃等;不要给婴儿细小的物品以免婴儿放进嘴里	提供婴儿可以抓握、敲打、扔、摇等的玩具,如积木、塑料瓶、盖、球、圈、棍等,并用盒子装这些小玩具	倒空、装满的游戏
把脸或物体挨(移)近或移开,为婴儿提供不同的视觉举例,帮助婴儿判断物体和自己的关系	玩"虫虫飞"等手指游戏,给婴儿唱歌或念儿歌	把东西藏起来让婴儿寻找。刚开始时,把藏起来的物品露出一小部分,或者用透明的遮盖物(如纱巾)挡住	积木游戏

---

① 刘焱.儿童游戏通论[M].北京:北京师范大学出版社,2004:268.有改编。

(续表)

出生—3 个月	3—6 个月	6—12 个月	1—3 岁
抱起婴儿让婴儿从不同的角度看周围的东西	为婴儿提供能对婴儿的动作给予反馈的玩具，例如会动、会发出声响的玩具；鼓励婴儿自己玩；不要干扰婴儿自己游戏	玩"给与取""扔和捡""躲猫猫"等游戏	假装吃饭、喝水、洗脸等的游戏；假装过生日的游戏
抱着婴儿照镜子		给婴儿讲图画书；重复婴儿的发音并扩展为词汇	提供有熟悉物体的图片，让幼儿练习命名；谈论图画书中的故事

第二节 3—6 岁幼儿游戏的发展

在我国，幼儿园主要招收 3—6 岁儿童。幼儿园阶段是学前儿童动作、认知、语言、情感、社会性等方面发展非常迅速的阶段。幼儿园的游戏主要包括角色游戏、表演游戏、建构游戏和规则游戏。本节主要从这四种游戏类型来分析 3—6 岁幼儿游戏的发展。

一、角色游戏的发展

角色游戏又称象征性游戏，是幼儿园常见的自然游戏的一种，是幼儿期特有的游戏。角色游戏全面反映了儿童游戏的特点，心理学家的很多游戏研究都是以角色游戏为代表的。角色游戏在儿童两三岁时产生，学前晚期达到最高峰，其后逐渐被规则游戏所取代。

（一）小班幼儿角色游戏的特点

小班幼儿以无意注意为主，其活动受到外界刺激的直接影响，随意性较强，因而对周围成人活动的认识也往往是片面的、不完整的。

1. 角色扮演离不开形象的玩具材料，受同伴影响较大

小班幼儿处于直觉行动思维占优势的时期，在活动中离不开具体事物的支撑，活动的内容、形式、情境等均受到具体事物的影响和制约，且在活动中往往缺少明确的目的。在小班幼儿的角色游戏中，我们经常看到幼儿使用玩具听诊器假装自己是医生给病人看病，却很难看到这个"医生"使用两个积木或瓶盖作为听诊器放在耳朵边为病人看病，就是因为小班幼儿思维的概括性不高、灵活性不够，他们很难将二者的共性联系在一起。此外，教师经常在小班的"娃娃家"里看到幼儿抢"娃娃"的情景，这也是因为小班幼儿具有模仿同伴的特点，他们想要拥有和同伴一模一样的玩具。因此，教师要注意为小班幼儿提供形象逼真的玩具和材料，在数量上也要尽可能满足更多幼儿的需求。

2. 角色游戏的情节少，内容简单

由于小班幼儿的认识水平和生活经验有限，他们对成人活动的全部过程还不能完全理解，只是会模仿成人活动中与自己有关的部分或是自己感兴趣的内容。这些内容和情节便以极高的频率出现在他们的游戏中。比如，小班幼儿扮演妈妈就是怀里抱着布娃娃摇啊摇，扮演爸爸就是拿着公文包上下班。到了小班后期，多数幼儿游戏的内容有所扩展，爸爸不只是上下班，可能还要剃胡子，和妈妈一起做家务等；妈妈也不再仅仅是抱娃娃，可能还要给娃娃梳头、做饭、整理衣物等。

3. 频繁更换游戏角色，角色意识较差

小班幼儿专注于某一角色的时间较短，容易受到外界环境的影响。周围发生的事情经常会引起他们的注意，甚至使得他们忘记了自己扮演的角色。例如，在小班的"娃娃家"里，"妈妈"正在"烧饭"，忙得不亦乐乎，但当她看到"鱼塘"里的"渔夫"钓了好多鱼时，觉得很有趣，就放下手头的事情跑过去看"钓鱼"了，还一起帮着"渔夫"数钓上来的鱼，完全忘记了自己还在"烧饭"。

4. 单独游戏和平行游戏多，游戏的合作水平低

小班幼儿受到自身生活经验的局限，还不能清楚地认识人们之间的各种关系，因而在角色游戏中大多只能反映单一角色的某些活动或活动的某些情节，具体表现为喜欢单独游戏或平行游戏（模仿和同伴相同的游戏）。随着年龄的增长，在小班后期会出现一些联合游戏，即不同幼儿可能在同一游戏主题下扮演不同的角色，但也只是局限于"你玩你的，我玩我的"，没有角色之间实质性的配合。只有在一些熟悉的游戏中才能出现简单的合作行为，如在"小商店"中有"顾客"要买东西，"老板"收钱后把东西卖给他。

（二）中班幼儿角色游戏的特点

中班幼儿相比小班幼儿而言，其身心发展水平有了较大提高。随着有意注意的发展，幼儿注意的稳定性提高；认识范围的扩大使幼儿积累了一定的个人经验；思维的直观形象性增强，使其想象逐渐变得活跃而丰富。

1. 逐步学会有意识地选择角色

中班幼儿随着注意的稳定性的增强，其活动的目的性和主动性也逐渐增强，活动开始更多地倾向于满足个人内部的需要、愿望和兴趣，因而他们在游戏活动中往往根据自己的兴趣和爱好来选择角色。中班幼儿通常在游戏开始前就能确立自己想玩什么游戏，想扮演什么角色。但是，中班幼儿能主动选择的游戏角色仍然是有限的，他们总是不自觉地选择他们喜欢的、感兴趣的角色来扮演，如"娃娃家"里的妈妈、幼儿园中的老师、医院中的医生等。一般来说，幼儿喜欢扮演的都是在社会生活中有权威感，在游戏中能支配其他角色的"中心角色"。这类角色不仅能很好地满足幼儿参与成人活动的需要，还能满足他们在游戏中按自己的意愿支配人和物的愿望。此外，中班幼儿的性别角色意识有了进一步的发展，他们在游戏中选择角色时开始出现了性别差异，不同性别的幼儿倾向于扮演和自身性别相适宜的角色。例如，男孩喜欢选择爸爸、医生或警察类的角色，而女孩更倾向于选择妈妈、老师和护士等角色。

2. 喜欢集体游戏

随着年龄的增长，中班幼儿对周围人的生活和生产活动的认识越来越丰富。人们在各种活动中的态度、情感和彼此之间的联系，都逐渐成为幼儿感知和体验的内容及模仿的对象。这一阶段，不同的幼儿在同一主题下能够扮演不同的角色进行活动，加上这一年龄阶段的儿童与同伴交往的愿望更为强烈，因此他们对多角色的集体扮演游戏表现出特殊的兴趣。同时，随着中班幼儿的语言表达能力和同伴交往能力的进一步发展，在假想的游戏情境中，他们能在一定程度上按照游戏的要求进行协商、配合，或者指挥其他角色的活动，或者调整自己的活动，使之更加符合角色的身份和游戏的需要，实现角色与角色之间的相互合作，共同完成同一主题下的游戏活动。需要说明的是，在区域活动中，中班幼儿开始逐渐与其他区域进行互动，因此，教师在设置活动区域时，就需要考虑到各个区域之间的联系，关联紧密的区域不要相距太远。例如，"娃娃家"和"菜市场"挨着，就可以促使幼儿发展游戏情节，增加区角间的互动频率，使幼儿在互动过程中体验到游戏的乐趣。

（三）大班幼儿角色游戏的特点

大班幼儿的身心发展水平进一步提高，生活经验更加丰富，使其对成人社会活动的认识更加全面、细致而深刻。虽然大班幼儿的思维仍以直观形象性思维为主，但其抽象逻辑思维开始萌芽。因此，大班幼儿的想象活动开始逐渐摆脱对具体事物的依赖，转向依靠头脑中的表象进行。大班幼儿活动的目的性和计划性显著增强，这使得他们在角色游戏中表现出不同于小、中班幼儿的特点。

1. 游戏的主题明确，内容更加充实

年龄的增长和生活阅历的增加使得大班幼儿的经验愈加丰富。在角色游戏中，大班幼儿能够在确立主题的前提下进行角色选择和分配，并根据主题和角色的需要来展开活动。例如，在游戏"我是小老板"中，幼儿联想到饭店老板、超市老板等各种老板的行为，从而确定自己做老板应该是怎样的，并联系动画片中一些老板的形象来丰富自己扮演的角色，使得活动内容更加充实。

2. 想象丰富而自由，表现出一定的创造性

随着大班幼儿对社会生活认识的加深，他们的想象也越来越活跃。在有主题的角色游戏中，伴随着游戏情节的逐渐展开，大班幼儿不仅能展开内容丰富而连贯的想象，而且能充分地通过活动和玩具材料来展现自己的想象，使游戏活动表现出创造性。例如,在大班幼儿游戏"集贸市场"中,顾客来到卖肉的摊位前要求买骨头,在摊位上没有骨头时,摊主和顾客就找出橡皮泥做骨头。又如,在游戏"开汽车"中,几个幼儿围坐在一张桌子旁各自做着开汽车的动作,一个幼儿站起来建议:"停下,我们来做一个双层汽车。"于是,孩子们开始建构双层汽车。这些例子说明,大班幼儿在角色游戏中的想象丰富而自由,想象空间很大,且表现出一定的创造性。

3. 关注角色的行为是否合乎规则

大班幼儿在角色游戏中对角色的扮演极为投入,他们在生活中对各种职业人的社会活动进行反复感知以后会在自己的大脑中抽象出他们活动的规则,并依此来规范游戏中角色的活动。例如,顾客不可以随便吃超市的东西,银行的工作人员不能随便拿银行的钱。一旦某个幼儿在游戏中违反了这些规则,就会受到同伴的纠正和指责,实际上游戏中的纠纷也大多发生在幼儿对某些角色活动和行为的合理性的不同理解上。尽管大班幼儿对人们活动和行为的合理性的理解仍然是形式上的,却反映了他们对成人社会活动的认识不再局限于动作和工具、材料等方面,而是认识到了人们的活动与周围环境、外界条件之间的关系,并逐渐注意到从事各种职业的社会成员的不同工作责任和职业规范。

二、表演游戏的发展

表演游戏的"表演性"要求孩子以自身为媒介,运用语气、语调、表情、动作姿势等手段来再现特定的情节,这种再现的过程本身对幼儿来说是多种能力的学习和锻炼过程,也是幼儿获得各种有益的学习经验的过程。由于幼儿的年龄特点、知识积累、生活经验、心理发展水平不同,所以他们在表演游戏中的能力也是有所差异的。幼儿园教师只有在了解幼儿表演游戏基本特点的基础上,才能更好地进行有效干预和针对性指导。

(一)小班幼儿表演游戏的特点

总体来看,小班幼儿相比中班、大班幼儿而言,其表演方面的能力较弱,困难较大。因此幼儿园小班开展的表演游戏较少,且内容简单。

1. 语言能力不足,表演技能较弱,不会合作开展游戏

小班幼儿第一次离开家庭走向集体生活,入园适应和生活常规培养、习惯养成占了很大的比重。对于小班幼儿来说,他们大部分的游戏都只是个人的自言自语,让他们去表演也是自顾自地喃喃自语,很难与他人进行有效合作。小班幼儿的同伴交往能力较弱、合作意识也较差,他们看到头饰时只是单纯地摆弄,不会自己协商角色,也不会轮流表演角色。即使教师帮助分配角色后,幼儿也不能够自然地进入游戏,需要教师示范和指导才可。

2. 目的性、计划性较弱,较难进入和顺利开展游戏

小班幼儿思维活动的特点是先做后想,表演游戏缺乏目的性,加之他们的口头语言表达能力、肢体语言的表现能力及对角色、情节的理解能力均较弱,只能说一些简单的句子,动作表演也不到位。因此,小班幼儿在表演过程中会感觉困难较多,需要教师适当介入、提供帮助。

在游戏开展过程中,小班幼儿进行表演也是困难重重。有的幼儿胆小不敢开口说话,有的幼儿不清楚自己的出场顺序,以及与同伴交往和合作意识较差等,均影响游戏的顺利开展。例如,在小班表演游戏"拔萝卜"中,幼儿发现缺少一位扮演奶奶的角色,但是由于交往能力的限制,他们不会主动去邀请小朋友来扮演。此时,教师就要推荐一位小朋友,让大家一起邀请这位小朋友进入游戏,以便游戏能够顺利开展。如果在这一环节中教师没有启发幼儿进行同伴交往,而是强加一个小朋友进入游戏,那么不仅不能培养幼儿的交往能力,也不利于幼儿亲密合作,将影响表演游戏的顺利开展。

(二)中班幼儿表演游戏的特点

随着幼儿知识的积累和生活经验的丰富,以及心理发展水平的提高,在中班已经可以逐步增加表演游戏的内容。总体来看,中班幼儿的游戏表现出如下特点。

1. 能独立进行角色分配,但进入游戏过程较慢

在有头饰的情况下,中班幼儿能较顺利地进行角色分配。他们在挑选头饰时表现得比较平静。在戴好头饰以后,中班的幼儿一般要经历一段无所事事或嬉戏打闹的时间,才渐渐进入游戏的计划、协商阶段。在游戏的过程中,中班幼儿已经有了一定的角色更换意识,可以做到轮流表演,但更换意识还不强。

2. 嬉戏性强,目的性弱

中班幼儿的身体和思维已有一定发展。该阶段的幼儿活泼好动、游戏的目的性较弱,往往因为准备道具和材料而忘记游戏的最终目的,目的性行为(48%)明显少于大班(52%)。同时,他们的嬉戏性角色行为(52%)明显多于大班(22%),说明中班幼儿的表演游戏具有嬉戏性强、目的性弱的特点。

3. 以一般性表现为主,动作是主要表现手段

在再现故事的目的性角色行为中,一般性表现约占中班幼儿角色行为的87%,生动性表现约占7%。他们往往主要以动作为角色表现的手段,所占比例为57%,而较少运用语言、表情等手段来表现角色。这一方面说明中班幼儿的表演游戏受到其语言表达能力和移情能力等的限制,另一方面说明他们对动作更有兴趣。

(三)大班幼儿表演游戏的特点

1. 目的性、计划性较强

大班幼儿能顺利进行角色分配。在有头饰的情况下,大班幼儿会积极地争抢头饰,戴上头饰后会迅速形成角色认同,马上进入游戏协商、计划阶段。大班幼儿的无所事事行为(13%)明显少于中班(44%),嬉戏性角色行为明显少于中班,目的性角色行为明显多于中班。这表明大班幼儿游戏的目的性和角色扮演意识较强,更为关注故事本身的发展而较少游离于游戏之外。

在游戏开始前,大班幼儿能够就游戏的规则、情节、出场顺序进行协商;进入游戏后,同伴交往的主要内容集中在交往与对白方面,并且能够相互小声地、悄悄地提示或告知。在"演过"一轮之后会通过协商等途径更换角色。整个游戏过程出现计划—协商—合作表现故事—再计划—再协商的鲜明的阶段性特征。

2. 有较强的角色扮演意识

大班幼儿角色扮演意识较强,他们能够自觉地等待自己"上场"时间的到来,而且在扮演时能注意语气语调与日常语言的区别,能较好地在表演游戏中运用语气、语调、表情、动作等来形象地表演游戏。

3. 具备一定的表现技巧,能够灵活运用多种表现手段

在大班幼儿的游戏进行中,生动性表现已占35%,说明大班幼儿已经不是简单地再现故事,而是能够运用自己的理解塑造角色、调整对白与动作。他们能够根据情况灵活地运用语言、动作和表情等各种手段来表现故事内容,具有一定的表现技巧。这说明大班幼儿对故事的理解力和驾驭语言、动作、表情等的能力相对于中班幼儿来说有了明显提高。

但是,在大班幼儿的表演游戏行为中仍然有65%的角色行为属于非生动性表现行为,而且随着游戏的延续,生动性表现行为的比例并没有很大提高(第一轮为35%,第二轮为37%)。这一方面说明幼儿从熟悉故事到生动地表现故事要经历一个发展阶段,另一方面说明即使是大班幼儿,在没有教师帮助的情况下也不能独立完成从一般性表演向生动性表演的提升。

综上所述,各年龄段幼儿的表演游戏不断发展的一般特点可概括如下:① 随着年龄的增长,幼儿独立分配角色、协商表演以及同伴交往合作的能力越来越强。② 随着幼儿不断发展和表演技能不断提升,其对语言、动作和表情等各种表演手段的运用越来越灵活。③ 随着年龄的增长,出现了由一般性表现到生动性表现的过渡过程;生动性表现随着年龄增长而逐渐增加;受年龄特点的限制,表演游戏仍需要教师的介入和指导。

三、建构游戏的发展

幼儿积木建构技能的发展需要经历一个发展过程。最初他们只是在摆弄操作积木而非用积木来建构。大约在3岁左右,幼儿出现早期的积木建构活动。随着游戏经验的丰富和认知发展水平的提高,幼儿开始发现各种各样的建构模式,觉察到保持建构物平衡和对称的方法,逐渐能够用木制的小人、动物、交通工具等作为辅助材料开展象征性游戏或与伙伴合作进行建构活动。到4岁左右,幼儿的建构活动可以持续大约2小时。到5岁左右,幼儿的建构活动则可以持续1周。

学前儿童建构游戏的发展没有表现出明显的婴幼儿之间的分界，建构游戏从婴儿期开始萌芽，一直到学龄期甚至成人之后都有所发展。因此，此部分的论述和分析主要针对建构游戏进行，在一定程度上模糊了婴儿期和幼儿期，乃至学龄期的分界。[①]

(一) 建构游戏的萌芽(1—1.5岁)

建构游戏有两个基本要素，即人手的熟练操作技能和人脑的空间想象能力。从人手的操作技能来看，动作发展要遵循从上到下(从头到脚)、由近及远(从躯干向四肢)、由粗到细(从大肌肉到小肌肉)的发展规律，婴儿从出生发展到手的精细动作要经历很长一段时间。动作技能比动作更进一步，它是一种自动的、迅速的、正确的、柔和的动作，不是单一的动作，而是一连串的肌肉与神经的协调动作。婴儿在掌握了人类的一些基本动作后，通过大量的练习开始掌握日常生活和游戏中所需要的较简单的动作技能。7个月左右的婴儿能够将积木换手；9个月的婴儿开始出现二指捏；到12个月时，婴儿的两只手能同时做不同的动作，也会适当地利用一些工具来达到目的。但总体而言，1岁以内的婴儿仍然没有建构游戏出现。

从空间想象力来看，这是一种比较复杂的知觉，是物体的形状、大小、远近、方位等空间特性在头脑中的反映。1岁以内的婴儿往往不能正确把握物体的空间特性，分不出大小，分不清形状，更无距离、方位知觉。大约1岁以后他们渐渐会将两个物体做空间安排，学会垒方木、套叠。在简单的空间知觉水平与简单的动作技能的相互配合下，幼儿最初的建构活动萌芽了。此时的建构活动特点是只能在数量有限的材料之间进行排列组合，一般是两三个物体，基本上仍属于摆弄，幼儿没有建构的意识。这个时期的幼儿只是摆弄积木。他们把积木从架子上取下来，不规则地堆在一起，或者放进盒子里，又倒出来。他们只是把积木从一个地方搬到另一个地方，还没有用于建构。

(二) 无意建构(1.5—3岁)

这时的学前儿童仅仅是把几件建构材料无目的地组合在一起，他们起初并不注意材料的大小、形状及槽枢、凹凸的对应关系，盲目拼插，只有当遇到困难时才开始对材料的槽枢、凹凸等关键处尤为注意。但由于手眼的协调能力差，不能准确操作，所以能够将材料连接、拼插在一起便是成功，并不关心拼插的结果。

随着幼儿动作逐步灵巧，手指对元件的把握越来越自然，能把更多元件拼接在一起，拼接时着力于补缺。这时，幼儿能用作品来表达自己的思想了，一开始完全按照自己的意愿赋予作品以意义，并不根据作品的特征进行建构，所以最终的造型一点儿都不像实物。随之即以作品的某一明显的外部特征与类似的实物相联系来赋予意义，如搭建成长形的就说是树，搭建成方形的就说是电视机等。

---

① 华爱华.幼儿游戏理论[M].上海:上海教育出版社,2003:175-177.

2—3岁时学前儿童开始出现真正的建构,主要表现在堆高、平铺和重复。他们开始发现积木不仅可以当火车玩,还可以用来搭大高楼。于是,他们开始造大高楼:先放一块积木,再放一块积木……他们坚持不懈地把一块又一块的积木垒到大高楼上,再三地重复着同一种动作模式,一直到用完手边所有的积木。他们不关心积木和积木之间是否对齐,而且往往把大积木放在小积木上面,每添加一块积木都可能会让大高楼倒塌。因此,幼儿最初堆出来的大高楼往往是不稳定、不成型的。但是,幼儿往往不受大高楼倒塌的影响,还是不厌其烦地、一遍遍地重新开始继续堆垒着他们想要的大高楼。堆高本身成为他们的目的。此外,幼儿不同的个性特征也表现在最初的积木建构中。例如,有的幼儿一开始就试图把积木的边缘弄直而不去尝试有危险的高度。

(三)想象建构(3—4岁)

这个时期的学前儿童在进行建构之前就已经具备了初步的建构意图,凭借对实物的表象进行操作,加之操作技能的熟练,使想象力和表现力统一于作品,以实现建构目的。此时的建构游戏主题一般都是幼儿熟悉的,因为只有幼儿十分熟悉主题,其表象才会清晰,创作才会顺利,所以幼儿园的命题建构应当注意这一点。

3—4岁的幼儿对于最后建构物假想的清晰度还具有个体差异。例如,小班幼儿对于最后建构物的操作前命名往往很难实现,很多幼儿都是在建构成形后才给建构物命名。有的小班幼儿对正在建构的物体会进行多重命名,不断变更建构着的物体的名称,这也是对最后建构物假想不清晰的标志。幼儿对最后建构物名称的表述水平的差异,能反映出幼儿对最后建构物假想的清晰度和精致度。例如,小班幼儿搭建前倾向于提出"我要搭一个房子"之类的目标,而中班的幼儿可能会说"我要盖一座三层楼""我要搭一座宫殿,白色的宫殿"等。

(四)模拟建构(4岁后)

模拟建构即模仿建构实例或图纸进行建构的活动。从幼儿建构活动自然发展规律来看,模拟建构晚于自由建构。4岁之前的幼儿往往不愿意按部就班地进行建构,喜欢尝试。4岁以后,幼儿已经会照着立体建构模型的范例进行建构活动,学会根据范例的形状、大小、颜色进行相对应的准确模拟。

幼儿5岁左右开始学习照图模拟,这种模拟要求幼儿学习观察平面图纸,根据记忆表象将图纸中的建构模型想象成立体的建构模型,有一定难度,但对于复杂的图纸,幼儿仍不能模仿。之后,幼儿开始模拟实物进行建构活动,这种实物只有主题形象的特征,无建构模型特征。幼儿学习抓住事物的特征选择材料,是模拟与想象的结合。

(五)自由建构(学龄后)

在想象建构和模拟建构的基础上进行的创作性加工,即自由创作。这时儿童的操作得心应手,空间知觉能力和空间想象力得到发展,能够构思出许多巧妙的作品,作品的表现力更强。这是小学以至成年不断发展、成熟和完善的过程,最终达到艺术创作的境界。由于不属于学前儿童教育的内容,这里不做详细介绍。

以上就是建构游戏的发展顺序,建构游戏的发展过程呈螺旋式上升的趋势,前一阶段为后一阶段奠定基础,后一阶段是前一阶段的继续和发展,而且阶段间具有重复的发展特征。

四、规则游戏的发展

规则游戏从幼儿期开始萌芽,一直到学龄期甚至成人之后都有所发展。此部分主要引用皮亚杰的观点针对规则游戏进行分析,在一定程度上模糊了幼儿期和学龄期的分界。皮亚杰认为,儿童的规则游戏或规则实践行为的发展需要经历以下四个发展阶段。

(一) 以动作为中心的玩物阶段(3岁左右)

在这一阶段,幼儿只是按照自己的兴趣用各种方式和方法来玩。例如,弹珠对于幼儿来说只是一种玩具。幼儿的动作毫无规则,不会按照规则来玩弹珠。游戏的方式主要是独自游戏。

(二) 以自我为中心的游戏阶段(3—5岁)

在这一阶段,幼儿虽然已经能够在形式上模仿年龄偏大幼儿的游戏,但是他们仍然以自我为中心,在一起各玩各的。他们不在乎输赢,游戏中没有竞争,没有互相控制,每个人都可以是赢家。

"自我中心"和"自私"不同,自私是为了自己的利益而做某事,而且知道这种行为可能引起他人的不便甚至会对他人造成伤害。自我中心则表现为幼儿通常只对自己所做的事情感兴趣,他们不会把自己的想法与他人的想法与做法相比较。幼儿以自我为中心,是由于他们缺乏考虑别人的想法或观点的能力而造成的。

(三) 初步合作阶段(5—7、8岁)

从5—6岁开始,幼儿开始能顾及他人,并注意与他人的关系。他们开始会与他人比较,并协调自己与玩伴的不同意见,开始比较彼此的表现并考虑对手的意图。这标志着"去自我中心"能力的发展。

这一阶段发展的特点是幼儿出现想赢的愿望,开始理解规则的意义,知道要想获胜就必须制定规则来比较大家的表现。幼儿开始能够把遵守共同规则理解为赢或互惠的条件,游戏者之间开始出现真正的协作。

这一阶段的幼儿虽然努力制定规则,并力求遵守游戏规则,但他们依然具有自我中心的特点,仍无法避免坚持自己对规则的主张,每个幼儿往往坚持依照自己所知道的规则来玩。

(四) 规则协调阶段(11—12岁)

这一阶段,儿童开始对规则本身发生兴趣,同一群体中的儿童对于某一游戏的规则及其各种不同的变种,以及规则的细节都非常清楚,并且能够达成一致的认识。这表明儿童已经能够根据游戏中可能出现的情况,通过协商制定或修改规则以适用于不同的情况。

 本章小结

　　1. 皮亚杰认为0—2岁是婴幼儿认知发展的感知运动阶段,儿童的感觉运动性思维经历了六个发展阶段,直到第二阶段末期(第三阶段开始),婴儿才真正开始了游戏,而其游戏的发展水平恰恰是由婴儿游戏中感知运动思维的发展水平来体现的。① 第一个阶段(0—1月)是反射练习期,这一阶段的婴儿既没有游戏也没有模仿,仅是对反射行为进行练习。② 第二个阶段(1—4月)是初级循环反应期,也是习惯动作和知觉形成时期。这一阶段的婴儿为了适应环境而产生了各种循环反应行为,不过这种循环反应行为更倾向于探索而非游戏。③ 第三个阶段(4—8月)是二级循环反应期,是有目的动作逐步形成的时期。但是,这一阶段目的与手段的分化尚不完全、不明确。④ 第四个阶段(8—12月)是手段与目的的分化协调期,这一时期又称二级图式之间的协调期。这一时期婴儿动作的目的与手段已经分化,智慧动作出现。一些动作结构(图式)被当作目的,另一些动作结构则被当作手段使用。⑤ 第五个阶段(12—18月)是三级循环反应阶段,是感知动作智慧形成的时期。皮亚杰发现,这一时期的幼儿能以一种试验的方式发现新方法,从而达到自己的目的。⑥ 第六个阶段(18—24月)是表现思维阶段,是智慧形成的综合时期。这个时期幼儿除了用身体和外部动作来寻找新方法之外,还能开始"想出"新方法了。也就是说,这一阶段的幼儿可以在头脑中用"内部联合"的方式来解决新问题。

　　2. 皮亚杰认为象征性游戏是儿童思维开端的标志,是实践性的感知运动智力转变为内部思维活动的一个过渡环节。"以物代物"的出现标志着儿童思维的概括化发展,这主要包括两种概括与迁移:① 物体的概括与迁移,即在代替物与被代替物之间进行比较,找出二者的相似之处,然后借助于被代替物改变代替物的本来意义,把其当作另一个物体。② 动作的概括与迁移,即了解代替物的性能和模仿被代替物进行动作的可能性,并且假想自己是在用被代替物作出动作,把被代替物的动作迁移到代替物上。

　　3. 象征性游戏是婴幼儿时期的典型游戏形式,它在婴幼儿时期经过一系列渐进的发展变化而逐渐趋于稳定和成熟。幼儿象征性游戏的特点包括以下六个方面。① 最初的象征性动作主要是婴儿自己"日常生活"动作的再现,具有"我向"的特点;同时,幼儿自己既是动作的主体,也是动作的受体。② 幼儿的象征性动作的主要特点是"动作的迁移"。幼儿一般不注意物体的细节,一个物体只要能够帮助他们做出想要的动作,就可以满足幼儿的游戏需要,成为"代替物",而不管"代替物"与"被代替物"之间是否相像。③ 大约在 1.5 岁以后,幼儿开始常常表现出对他人或玩具物品的假想性动作,这标志着幼儿的象征性游戏开始能够超越自己的活动,把他人或他物包括进游戏当中,这对于其社会性发展具有重要的意义。④ 象征性游戏的发展表现为象征性动作的扩展和联合。幼儿最初的象征性动作是单个的动作,而且往往在同一对象上重复多次,以后逐渐能有顺序、连贯地做出几种不同的动作。⑤ 2 岁左右,幼儿开始能让"娃娃"成为独立的行动者,而不仅仅是受他照顾的接受者。⑥ 一直到出生后的第二年末,幼儿的象征性游戏数量还较少。之后,象征性游戏迅速增多,并在 2—4 岁达到一个高峰期。

4. 儿童的游戏发展经历了一个从独自游戏,到亲子游戏,再到同伴游戏的过程。对于儿童的情感和社会性发展来说,这三种游戏的重要性程度与其发展顺序正好相反,同伴游戏比亲子游戏重要,而亲子游戏对于儿童的情感和社会性发展又比独自游戏重要。

5. 角色游戏又称象征性游戏,是幼儿期特有的游戏。角色游戏在儿童两三岁时产生,学前晚期达到最高峰,其后逐渐被规则游戏所取代。小班幼儿的角色扮演离不开形象的玩具材料,受同伴影响较大;角色游戏的情节少,内容简单;频繁更换游戏角色,角色意识较差;单独游戏和平行游戏多,游戏的合作水平低。中班幼儿相比小班幼儿而言,其身心发展水平有了较大提高:逐步学会有意识地选择角色;喜欢集体游戏,对多角色的集体扮演游戏表现出特殊的兴趣。大班幼儿活动的目的性和计划性显著增强,这使得他们在角色游戏中表现出不同于小、中班幼儿的特点:游戏的主题明确,内容更加充实;想象丰富而自由,表现出一定的创造性;关注角色的行为是否合乎规则。

6. 表演游戏在小班幼儿中较少,且内容简单。小班幼儿语言能力不足,表演技能较弱,不会合作开展游戏;目的性、计划性较弱,较难进入和顺利开展游戏。中班幼儿能独立进行角色分配,但进入游戏过程较慢;游戏中的嬉戏性强,目的性弱;以一般性表现为主,动作是主要表现手段。大班幼儿表演游戏的特点是目的性、计划性较强;有较强的角色扮演意识;具备一定的表现技巧,能够灵活运用多种表现手段。各年龄段幼儿的表演游戏不断发展的一般特点可概括如下:① 随着年龄的增长,幼儿独立分配角色、协商表演以及同伴交往合作的能力越来越强。② 随着幼儿不断发展和表演技能不断提升,其对语言、动作和表情等各种表演手段的运用越来越灵活。③ 随着年龄的增长,出现了由一般性表现到生动性表现的过渡过程;生动性表现随着年龄增长而逐渐增加;受年龄特点的限制,表演游戏仍需要教师的介入和指导。

7. 幼儿积木建构技能的发展需要经历一个发展过程。最初他们只是在摆弄操作积木而非用积木来建构。大约在 3 岁左右,幼儿出现早期的积木建构活动。随着游戏经验的丰富和认知发展水平的提高,幼儿开始发现各种各样的建构模式,觉察到保持建构物平衡和对称的方法,逐渐能够用木制的小人、动物、交通工具等作为辅助材料开展象征性游戏或与伙伴合作进行建构活动。4岁以后,幼儿已经会照着立体建构模型的范例进行建构活动,学会根据范例的形状、大小、颜色进行相对应的准确模拟。幼儿5岁左右开始学习照图模拟,这种模拟要求幼儿学习观察平面图纸,根据记忆表象将图纸中的建构模型想象成立体的建构模型,有一定难度,但对于复杂的图纸,幼儿仍不能模仿。总体来看,建构游戏的发展过程呈螺旋式上升的趋势,前一阶段为后一阶段奠定基础,后一阶段是前一阶段的继续和发展,而且阶段间具有重复的发展特征。

8. 规则游戏从幼儿期开始萌芽,一直到学龄期甚至成人之后都有所发展。皮亚杰认为,儿童的规则游戏或规则实践行为的发展需要经历以下四个发展阶段:以动作为中心的玩物阶段(3岁左右),以自我为中心的游戏阶段(3—5岁),初步合作阶段(5—7、8岁),规则协调阶段(11—12岁)。

自我评量

一、名词解释

1. 感知运动阶段　　2. 象征性游戏　　3. 亲子依恋

二、简述题

1. 简述感觉运动时期婴幼儿游戏的发生发展。
2. 简述婴幼儿象征性游戏的发展特点。
3. 简述独自游戏、亲子游戏和同伴游戏对儿童社会性发展的重要意义。
4. 简述幼儿角色游戏的发展过程。
5. 简述幼儿表演游戏的发展过程。
6. 简述幼儿建构游戏的发展过程。
7. 简述幼儿规则游戏的发展过程。

三、论述题

1. 简述亲子游戏的发生发展过程,结合实践对不同的亲子依恋类型及婴儿期的游戏发展进行分析。
2. 请分别到幼儿园小班、中班和大班对幼儿游戏进行观察,并从认知和社会性角度来说明幼儿游戏的发展。

第六章　学前儿童游戏的影响因素

 **学习目标**

1. 理解并掌握影响学前儿童游戏的环境因素。
2. 理解并掌握影响学前儿童游戏的个体因素。
3. 能结合实践对影响学前儿童游戏的环境和个体因素进行分析。

 **引导案例**

> **我们都爱玩**
>
> 　　5岁的菲菲和6岁的楠楠同住在一个小区,菲菲和父母刚刚搬来不到一个月,身边一个熟悉的小伙伴都没有。一天,菲菲和妈妈下楼去散步,菲菲看见了正在小区广场上踢毽子的楠楠,她迅速甩开妈妈的手跑到了楠楠身边,说:"我能和你一起玩一会儿吗?"楠楠边踢毽子边说:"好呀,我们一起玩,我们来比一比看谁踢得多,好吗?"菲菲高兴地点点头,俩人就像一对小姐妹一样玩耍在了一起。欢声笑语中,妈妈早已被菲菲抛到脑后去了……
>
> 　　在幼儿园的角色游戏区,孩子们自己已经选择好角色,准备开始游戏了。老师发现"娃娃家"里的"爸爸"和"妈妈",烧烤店和超市的"营业员",医院的"医生"及"护士"等都已经有幼儿选好了,但是在"百味小吃"的小吃店里还缺一个"服务员"。于是教师问道:"今天谁愿意当小吃店的服务员呀?"教师询问了几遍,还是没有小朋友愿意举手,就问:"夏婷,你今天愿意来当服务员吗?"夏婷很快回答:"老师,我不想当服务员!"老师又问:"为什么不喜欢当服务员呀?"教师刚问完,就听见孩子们争着回答:"老师,当服务员一点意思也没有,没有客人的时候就一直站在那里没有事情做,也不能到其他地方去!"听了孩子们七嘴八舌的回答,教师接着说:"那服务员在没有客人的时候可以做些什么事情呢?我们一起来想个办法。"接下来孩子们开始讨论起来,通过大家的讨论,最终决定服务员除了招待客人之外,还要在空闲的时候做各种小点心,

然后大家又讨论了今天要制作的小点心。这时候,很多小朋友举手表示要做服务员了,还说着:"老师,我来,我来。"

通过上述案例,我们可以发现儿童总是爱玩的,但是他们的游戏受到多种因素的影响和制约。例如,当有了同伴和玩具时,学前儿童的游戏就可以自然展开。例如,当幼儿对于小吃店服务员工作的理解就是给客人拿东西,没有客人就没事可做时,他们就不愿意选择这个角色;通过教师的引导和提示,孩子们明白了原来服务员还可以做许多有趣的事情,于是他们就愿意扮演这个角色了。

第一节　影响学前儿童游戏的环境因素

游戏对于学前儿童的身心发展具有重要的意义和价值。学前儿童的游戏与人类的所有活动一样,都受到外界环境的影响。从性质上看,影响学前儿童游戏的环境因素可以分为物理环境因素和社会环境因素,它们共同构成了学前儿童游戏的环境背景。

一、物理环境因素

物理环境因素是学前儿童游戏活动中物的要素和条件,主要包括游戏的时间、游戏的场地、游戏的材料,以及游戏的机会等方面的内容,这些因素主要是由人来安排和使用的。

(一)游戏时间

无论是什么游戏,儿童都需要有充裕的时间去探索和尝试。只有时间充裕,儿童才可以尽情地投入,愉快地享受。如果游戏时间过短,儿童尚未完全掌握游戏的技巧,或者尚未完全了解玩具的特征就不得不停止游戏,就会使得儿童不仅不能充分感受到游戏的乐趣,同时也会降低游戏的意义和价值。

1. 充裕的游戏时间可以促进儿童游戏

游戏时间的长短直接影响着儿童游戏的数量和质量。有研究者比较了4—5岁幼儿在相同情境下长时间游戏(30分钟)和短时间游戏(15分钟)的表现,发现在长时间的游戏中,儿童更多地表现为积木游戏、小组表演游戏等;而在短时间的游戏中,儿童更多地表现为闲散行为、旁观行为、过渡性行为,以及一些玩物游戏和模仿游戏。如果游戏时间充裕,儿童就可以更准确地把握游戏的细节如材料性质、游戏规则、伙伴情况等。在较长的游戏时间里,幼儿有足够的时间相互讨论、交流,能从容地选择游戏伙伴,商讨必要的合作角色,人际交往才会更充分,在此基础上才有可能发展较高层次的游戏形式,如角色游戏和表演游戏等。此外,充裕的游戏时间还可以促使儿童从事一些更适合于创造性活动的建构游戏。时间充裕也可以使儿童更加喜爱游戏,并进行多种游戏。例如,在积木游戏中,儿童经常会把积木游戏演变为表演游戏。

实践表明,游戏时间的增多并不会使儿童感到厌烦或无聊,相反他们会进行多样化的探索,沉浸在复杂多变、丰富多彩的游戏氛围中。游戏中的幼儿具有各自的主体特性,有的幼儿融入游戏慢,游戏时间的延长就为其提供了更多进入游戏的机会;有的幼儿进入游戏快,长时间的游戏可以进一步增加其游戏性体验。

2. 幼儿园比较适宜的游戏时间

游戏是幼儿园的基本活动,幼儿需要通过游戏来获得快乐和成长,保障幼儿享有充分的游戏时间是必要的。我国2016年颁布的《幼儿园工作规程》第十八条明确规定:"在正常情况下,幼儿户外活动时间(包括户外体育活动时间)每天不得少于2小时,寄宿制幼儿园不得少于3小时;高寒、高温地区可酌情增减。"除户外活动时间外,幼儿还应该有充足的室内游戏时间。对于幼儿而言,每天用于自由游戏的时间一般不应少于1小时。幼儿园的游戏在游戏时间长短上应该有区别地进行多样分类。比如,"老鹰抓小鸡"等活动量较大的户外游戏不宜较长时间进行,户外活动要均匀分布在上午和下午的不同时段等。保障充足的游戏时间对于儿童的成长有着至关重要的意义。

(二) 游戏场地

场地是学前儿童游戏的空间。游戏场地的地点是处于室内还是室外,以及游戏场地的空间密度、结构特征和设备的位置等都会对儿童的游戏产生影响。

1. 游戏地点——室内或室外

游戏场地既可以是室内,也可以是室外(或称户内或户外)。一般而言,年龄较大的儿童比年幼儿童更适合于户外游戏,他们在户外游戏的时间与年幼儿童相比更多。儿童在户外会更多地开展一些锻炼大肌肉、平衡能力的体育类游戏;而在室内,由于空间场地的限制,更多地是进行一些操作类、益智类游戏活动。

(1) 室外游戏场地。室外游戏场地基本有两种类型,一种是传统的游戏场地,另一种是创造性的游戏场地。传统游戏场地就是在草地、塑胶地面或土质地面上零散放置着滑梯、秋千、跷跷板、攀登架、旋转椅等大中型玩具设备。创造性的游戏场地有各种各样可移动的设备和器械,每种设备和器械的用途都是多样的,幼儿可以根据自己的想象和爱好来使用它们,在这种场地,想象性游戏发生的频率更高,可以更好地促进幼儿想象力和创造力的发展。例如,19世纪末20世纪初在欧美国家兴起的"游戏场运动"(Playground movement)中出现的以沙子、废旧轮胎、水泥管道等为主的室外游戏场所,就是一种典型的创造性游戏场地。

(2) 室内游戏场地。相比室外游戏场地,室内游戏场地由于空间有限,主要进行肢体运动幅度较小的活动,更多地是进行发展幼儿智力、培养幼儿多样兴趣、塑造幼儿良好品行的游戏活动。室内游戏活动场地包括积木区、美工区、角色游戏和表演游戏区、益智玩具区、阅读区、计算机区、音乐舞蹈区和木工区等,创设不同的区域有助于丰富幼儿的游戏内容、激发幼儿的兴趣、满足幼儿的多样化游戏需要。在游戏环境的组织上,要注意空间的合理组织与安排、环境的安全舒适、材料的丰富多样,以及多元文化教育内容的渗透。

2. 游戏场地的空间密度

游戏场地的空间密度是指游戏环境中可供每个幼儿使用的空间大小,主要包括游戏的人口密度(单位面积内游戏的儿童数量)和游戏的材料密度(单位面积内游戏材料的数量)两个方面。游戏场地的空间密度表现为儿童活动空间的大小,并且影响儿童所能获得的游戏材料或玩具的数量,也最终影响到儿童的具体游戏行为和儿童之间在游戏中的相互关系。

一般而言,较大的空间可以增加儿童社会性游戏和追逐打闹游戏发生的频率,而儿童个人的安静游戏多发生在较小、较封闭的空间中。麦格鲁(McGrew,1972)研究发现,当活动场地缩小,而游戏的人数保持不变时,则儿童奔跑、蹦跳等运动性游戏的次数减少,而身体接触的次数则增加了。他还发现,游戏人口密度的增加会导致想象性游戏和旁观行为次数的增加,或许游戏人口密度的增加不仅使得儿童的社会性交往尤其是相互模仿的机会有所增加,也使得他们玩主题一致的游戏和表演性游戏的次数有所增加。此外,史密斯和康纳利(Smith & Connolly,1976)等人研究发现,当游戏场地中每一名学前儿童所能占有的平均面积从 75 平方英尺(约 7 平方米)下降到 50 平方英尺(约 4.6 平方米),以至于 25 平方英尺(约 2.3 平方米)时,儿童的战斗性打闹混战的游戏发生的次数也下降了。

按照我国相关部门制定的幼儿园空间标准,室内人均面积应该不少于 2 平方米,室外人均面积应该不少于 4 平方米。幼儿园教师可以按此规定,针对本班幼儿活动的具体情况,合理安排空间密度。大的空间密度相对拥挤,但意味着幼儿间有更多的交往机会;小的空间密度会降低幼儿的交往频率,却有利于幼儿进行肢体活动幅度较大的游戏,这就要求教师细致地观察,合理地组织安排,尽量满足幼儿游戏的多样化需求。

3. 场地的结构特征和设备的位置

游戏场地的结构特征突出表现为各种设备或玩具及其构成的各个区域之间的相互关系。从结构特征来看,室外游戏场地基本有两种类型,一种是传统的游戏场地,另一种是创造性的游戏场地。传统游戏场地在我国较为普遍,即在草地、塑胶地面或土质地面上零散放置滑梯、秋千、跷跷板、攀登架、旋转椅等大中型玩具设备。

这些玩具设施的位置相对固定,各种器械之间缺少有机的、可供幼儿想象的联系。这种游戏场地可以发展幼儿的动作和运动,但是不利于幼儿想象力的发展。而创造性的游戏场地有各种各样可移动的设备和器械,每种设备和器械的用途都是多样的,幼儿可以根据自己的想象和爱好来使用它们,想象性游戏发生的频率更高,可以很好地促进幼儿想象力和创造力的发展。坎贝尔和弗罗斯特(Campbell & Frost,1978)曾经比较了这两种游戏场地对7岁儿童游戏的影响,发现在传统的游戏场地,最有可能发生的是机能性游戏,而在创造性的游戏场地,则经常可以看到象征性的游戏。当前除了传统游戏场地、创造性游戏场地之外,有的国家和地区还创建了一种冒险性的游戏场地,即为儿童提供废旧物品、自然物和没有加工过的材料,让儿童自己尝试加工,并利用这些物品进行建造,自己布置游戏场所。这种冒险性的游戏场地对儿童具有强烈的吸引力,能发展儿童的想象力、自信心、冒险行为和勇敢精神,对儿童具有较强的挑战性,是游戏场地建设的新探索和新模式。

此外,游戏设备在场地中的安排位置也会在很大程度上影响儿童游戏行为的发生,以及儿童对游戏设备的使用频率。维特和格瑞迈扎(Witt & Gramza)研究发现,安放在游戏场地中心位置的设备比角落位置的设备更能引起儿童的注意,使用效率更高,儿童在其中也有更多的相互作用。

拓展阅读

游戏场地的评价标准[①]

好的游戏场地应该符合学前儿童的特点,且最能满足学前儿童的需要,这是评价游戏环境适宜性的主要标准。美国得克萨斯大学教授弗罗斯特在1991年提出关于游戏场地的10条评价标准,如表6-1所示。

表6-1 游戏场地的10条评价标准

1. 鼓励幼儿游戏	吸引人的、容易接近
	开放的空间和令人放松的环境
	从室内到室外通行无阻
	有适合不同年龄段的设备和设施
2. 刺激幼儿的感官	在比例、亮度、质地和色彩上的变化和对比
	多功能的设备
	给幼儿多种体验
3. 激发幼儿的好奇心	可以让幼儿自己加以变化的设备
	可以让幼儿进行试验和建构的材料
	植物和动物

---

① 董旭花.幼儿园游戏[M].北京:科学出版社,2009:52.

(续表)

4. 满足幼儿基本的社会和身体方面的需要	给予幼儿舒适感
	设备和器械的尺寸适合幼儿的身材
	具有体能上的挑战性
5. 促进幼儿和环境之间的互动	能提供一定数量规范的、摆放整齐的储藏室
	可供幼儿阅读、玩拼图或独处的半封闭空间
6. 支持幼儿与其他幼儿的交往	各种不同的空间
	足够大的空间,以避免冲突的发生
	能促进幼儿社会性交往的设备和设施
7. 支持幼儿与成人的交往	易于保养和维护的设备设施
	足够大的和使用方便的储藏室
	方便教师观察监督的空间结构
	可供幼儿和成人休息的空间
8. 丰富认知类型的幼儿游戏	功能性的、体能性的、大肌肉运动的、活动性的
	建构性的、创造性的
	扮演角色的、假装的、象征性的
	有组织的、规则性的
9. 丰富社会性类型的幼儿游戏	独自的、独处的、沉思性的
	并行的、肩并肩的
	合作性的相互关系
10. 促进幼儿的社会性和认知性	提供渐进的挑战性
	整合室内和室外环境
	成人参与幼儿的游戏
	成人和幼儿定期共同参与制订计划
	游戏环境具有动态性,处于不断的变化之中

(三)游戏材料

游戏材料即儿童游戏过程中的玩具和操作材料,既包括那些在工厂制造出来,摆放在商店里销售的精美玩具(如洋娃娃、玩具汽车、玩具手枪等),也包括儿童或成人采用各种物品或材料自己动手制作出来的玩具(如幼儿园的各种自制玩教具),还包括各种各样外表并不起眼的废旧物品或天然材料(如纸盒子、小石子、玉米皮等)。游戏材料的种类、特点、数量及其搭配关系的差异会在很大程度上影响学前儿童的游戏。

1. 游戏材料的种类和特点

游戏材料的种类划分有不同的维度,一般按照功能特点,可以把儿童的玩具或游戏材料划分为形象玩具材料(如玩具娃娃、玩具动物、交通玩具、医院玩具,以及模拟碗、杯子、衣服等日常用品的玩具)、智力玩具材料(如拼图、拼板、镶嵌板、魔方、套塔、棋类玩具等)、建构造型材料(如积木、积塑、橡皮泥、黏土、沙子、雪等)、体育游戏材料(如滑梯、攀登设备、大型转椅、秋千、木马、平衡木、脚蹬三轮车、皮球、跳绳、呼啦圈、毽子等)、音乐玩具材料(如铃鼓、喇叭、三角铁、木琴、口琴、串铃等),以及内容和范围非常广泛的日常用品（如小椅子、纸盒子、小瓶子、旧轮胎、树枝、树叶等）。

上述对游戏材料的分类只是一个大概的分法，其中每一类玩具或游戏材料都有其适用的游戏类型和行为。例如，积木、积塑等建构造型类的玩具和游戏材料直接激发幼儿动手的兴趣，引发建构游戏；而玩具娃娃、小床等形象玩具材料则会唤起幼儿的联想和想象，引发角色游戏。

2. 游戏材料之间的不同搭配

不同种类和数量的玩具和游戏材料搭配在一起，构成了一定的知觉场景，影响着学前儿童游戏的主题和性质。例如，给儿童一个玩具娃娃和多个玩具娃娃对儿童游戏的影响是不一样的。当儿童只有一个娃娃时，他倾向于玩"过家家"的游戏，而当多个娃娃呈现在他面前时，他就可能玩"托儿所"或者"上课"的游戏。可见，即使是同一种玩具或游戏材料，由于其数量的不同搭配，只要儿童在这些玩具或游戏材料之间建立起联系，就会影响到游戏的主题和性质。再如，在"娃娃家"游戏中，如果仅为幼儿提供炊具和餐具，则幼儿的游戏行为多倾向于围绕这些物品开展，如切水果、做饭等，体现了比较强的操作性；而如果再为儿童提供婴儿玩具车、婴儿澡盆，则儿童的游戏就会效仿日常活动，如接送娃娃上下学、给娃娃洗澡、上下班乘车等，表现出更强的想象性和模仿性。

因此，在儿童游戏中，成人提供玩具和游戏材料时要注意种类的多样性和搭配的系列化、联系性，这对提高儿童的游戏水平和认知水平具有重要的意义。例如，蒙台梭利为儿童设计的各种教具，包括感官教具、数学教具、日常生活教具等，都十分注重游戏材料的序列性。此外，加强玩具和游戏材料之间的联系，引入组合性的玩具，可以在很大程度上提高儿童的联系性动作，并且使他们游戏的持续时间更长，游戏主题更丰富。

（四）游戏机会

学前儿童进行游戏是为了获得愉悦的游戏性体验，在游戏的同时获得有益于自身成长的经验与技能，保障幼儿的游戏机会是幼儿游戏的内在要求。

在学前儿童游戏的组织过程中，首先要做到所有儿童机会均等。作为游戏活动的决策者，教师要保障每个儿童都有投入到游戏中的机会。此外，还要创造尽可能多的游戏机会，为他们提供多样的选择机会，使得儿童投入到多样的游戏中。把尽可能多的游戏机会尽最大可能地展现在每一个儿童面前，这是对学前儿童游戏的有益探索，也是高质量学前教育的要求。

二、社会环境因素

如果说物理环境因素是对儿童游戏的"物"的影响，那么社会环境因素就是对儿童游戏的"人"的影响。影响学前儿童游戏的社会环境因素包括家庭结构和氛围、幼儿园的师幼关系和同伴关系，以及社会文化背景等方面。

(一)家庭结构和家庭氛围

父母和儿童组成了核心家庭的基本结构,在家庭中,父亲和母亲共同承担教养儿童的义务和职责。完整的家庭结构和家庭成员之间的和谐关系所构建起的良好家庭氛围是儿童健康成长的基本条件,也是儿童游戏发展的根本保障,对学前儿童的游戏具有重要影响。

1. 亲子依恋

父母与子女之间存在一种与生俱来的情感联系,这种情感联系在很大程度上影响着学前儿童游戏的水平和质量。亲子游戏作为亲子交往的质量指标,反映了父母的人格特征、育儿方式,以及在此基础上形成的亲子依恋的性质。根据婴儿的情绪反应与表现,安斯沃斯等人把亲子依恋分成三种类型:安全依恋型、非安全依恋-回避型和非安全依恋-反抗型,三种不同的亲子依恋类型对婴儿的游戏具有不同的影响。详见第五章第一节当中的论述。

研究表明,有父母在场时,儿童更喜欢与人交往,更喜欢玩象征性的游戏,更喜欢与人亲昵并倾向于玩社会性的表演游戏。从本质上说,这是由于安全的亲子关系能使儿童获得自信心和独立性,进而在游戏活动中表现出更多的社会性交往能力。

2. 家庭结构和家庭氛围

家长的育儿方式、亲子关系等可以影响儿童游戏的倾向。家长和儿童是家庭的基本成员,家庭结构、氛围、家庭文化等因素都会对幼儿的游戏产生潜移默化的影响。父亲和母亲对于儿童的影响是不同的,一般而言,父亲倾向于与儿童进行运动型、力量型的游戏,母亲则更倾向于与儿童玩安静的、运动量较小的游戏。家庭结构的不完整和家庭气氛的紧张会对儿童游戏产生消极影响。研究表明,婚姻破裂的家庭不利于儿童游戏活动的发生,并且男孩的受伤害程度要大于女孩。

此外,学前儿童的家庭生活经验、家庭文化也会对儿童的游戏产生影响。父母是儿童家庭生活经验的传授者与获得来源,儿童可以在家庭日常生活中获得丰富的经验,掌握必要的技能。家庭文化的影响主要表现在儿童对游戏的倾向性选择上。

(二)幼儿园的教师和同伴

教师和同伴是学前儿童幼儿园生活中的重要他人,幼儿园中的师幼关系、同伴关系会在很大程度上影响学前儿童的游戏。

1. 幼儿园教师的影响

大量研究已经证明成人参与和指导学前儿童游戏的重要性和必要性。在学前儿童的眼中,教师拥有很大的权威,他们是成人的代表者,因此教师对于学前儿童游戏的影响是最大,也是最为显著的。教师对儿童游戏的影响主要体现在两个方面,一是教师的角色对儿童游戏的影响,二是教师的干预对儿童游戏的影响。

幼儿园教师既是学前儿童游戏活动的决策者,同时又以研究者的身份存在于学前儿童教育过程中。作为决策者,幼儿教师在组织和指导幼儿游戏的过程中扮演着游戏环境的创设者和幼儿需要的反映者的角色。作为研究者,幼儿教师在教的同时需要对"怎样教"做出研究探索,这也是其角色价值所在。

首先,教师作为决策者的根本作用在于促进儿童与环境之间的相互作用,形象地说就是创设游戏环境,同时要满足游戏进行过程中的儿童需要,维持游戏进行。游戏环境的创设既要有游戏性,又要兼顾学习性,要使儿童在获得游戏快乐的同时习得一定的社会知识和技能。教师应为幼儿的游戏和学习提供丰富多样的、与幼儿身心发展相适应的材料,为幼儿提供使用游戏材料的时间和空间并做出合理的组织与安排。值得注意的是,作为决策者的教师要善于去发现游戏活动中的各种变化,观察幼儿的行为改变,感知幼儿的游戏兴趣,满足幼儿的游戏需要。游戏活动蕴涵大量的教师点燃幼儿的心灵之火的机会,关键在于教师能否觉察并把握。给予儿童及时的反馈可以增强儿童的兴趣和动机,使得儿童游戏变得更为复杂精致。这种反馈体现了教师对幼儿学习的支持、帮助和引导,也是确保幼儿在游戏中进行卓越有效学习的根本条件。

其次,一名优秀的幼儿园教师必须把教学的理论研究所揭示的事实和规律与本班的具体情况结合起来,创造出自己独特的、富有灵活性的教育教学实践和游戏干预策略。幼儿园教师是学前儿童游戏的主导者和研究者,他们需要不断学习、深入实践,对学前儿童的游戏做出积极探索,这是教师角色的客观要求。只有当幼儿园教师真正以研究者身份存在于学前儿童教育过程中时,学前儿童游戏的发展才会有不断提高的可能。

2. 同伴的影响

儿童与儿童结成的同伴关系,构成了儿童世界的人际关系。学前儿童有无同伴,对同伴的熟悉程度,以及同伴的年龄和性别等因素都会对儿童的游戏产生不同的影响。

首先,是否有同伴影响学前儿童的游戏。在有同伴的情况下,学前儿童已经掌握的操作物体的技能由于受到模仿的影响而变得更熟练和有目的性,并且儿童会在更为复杂的行为水平上进行整合。同伴的模仿类似于一种强化,儿童在重复动作的过程中会积极主动、准确地表现动作技能,共同活动并分享快乐,从而强化这种技能。

其次,同伴的熟悉程度影响学前儿童的游戏。共同游戏的儿童之间会不可避免地产生各种交流,当彼此熟悉的儿童一起游戏时,同伴间的交往频率较高;当不熟悉的儿童进行游戏时交往较少,但随着熟悉程度的增加,在稍后的游戏中儿童的交往频率会逐渐增加。同伴间的熟悉程度与彼此游戏之间的交流频率是一种正相关关系,其对于游戏的影响是显著的。

再次,同伴的不同年龄影响学前儿童的游戏。不同年龄的儿童在一起游戏时,可以促进其合作、分享与谦让等社会行为的发展。这一方面可以提高年龄稍大儿童的社交技能,形成责任感和关心他人的良好品质,使自我意识得到更好的发展;另一方面也可以使年龄较小的儿童得以从社会经验更加丰富的年长儿童那里习得更多的经验和技能。相关研究显示,在学前儿童游戏的过程中,年龄差异还有助于提高儿童之间的交往频率。

最后,同伴的性别影响学前儿童的游戏。有的研究发现,同性别的儿童在一起游戏时比儿童独自一人或与异性儿童在一起时对新异物体进行探究更多,在熟悉的玩具上所花的时间较少。当与不同性别的儿童在一起游戏时,"与性别不相称"的游戏方式和玩具使用比独自游戏时显著减少。例如,当有女孩在一起玩游戏时,如果男孩当不上爸爸,那么他们宁肯当娃娃也不愿意扮演妈妈。可见,与不同性别的儿童游戏也是促进学前儿童性别社会化的重要因素之一。

(三) 社会文化和教育环境

社会文化是指与社会基层群众生产和生活实际紧密相连,由社会大众创造,具有地域、民族或群体特征,并对社会群体产生广泛影响的各种文化现象和文化活动的总称。严格来说,幼儿园课程,即教育环境也是社会文化环境的一部分。

1. 社会文化环境

游戏的文化人类学研究发现,游戏存在于迄今为止已知的所有文化中。由于儿童总是生活在具体的社会文化环境中,因此不同的社会文化和价值观念也影响着儿童的游戏。

首先,社会经济发展水平影响和制约着儿童的游戏。萨顿-史密斯等的研究表明,儿童游戏的竞争性强弱与社会生产力水平呈等级相关。在生产技术水平较低,主要依靠集体生产劳动,依靠相互合作才能获得有限的仅能维持生存需要的社会中,儿童游戏的竞争性最弱,人们也最不能容忍游戏的竞争性。随着生产力的发展,产品有了剩余,社会生活和儿童游戏的竞争性都增强了。在技术水平先进的社会中,人们的竞争性最强,而且竞争也被看作是有价值的,儿童游戏也表现出较多的竞争性。

其次,社会文化价值观也影响着儿童的游戏。在倡导集体主义价值观的社会中,游戏强调合作、集体至上和对集体的认同。例如,人类学家博朗芬布伦纳(Bronfenbrenner,1972)曾经描述了自己的亲身经历:他们一家在莫斯科大街上散步,他4岁的儿子一个人跑到家人前面。这时来了一队小学的男孩,其中一个男孩跑上去牵着他4岁儿子的手向前走,然后依次把他传递给后面的小学生。跨文化的研究表明,农村儿童比城市儿童合作得更好;儿童所在的社会文化背景的西方化程度越高,则儿童在游戏中的竞争性越强。例如,墨西哥裔的美国儿童比墨西哥本土的儿童竞争性强,而盎格鲁血统的美国儿童竞争性是最强的。

2. 幼儿园课程

课程作为教育的实践过程或手段,是教育的核心要素。幼儿园课程按照其预先结构化的程度可以分为高结构化的课程和低结构化的课程。高结构化的课程强调教师有目的、有计划的教学,低结构化的课程强调儿童自发产生的游戏,如果把完全教师主导的高结构化课程作为一个端点,把完全儿童生成的低结构化课程作为另一个端点,则通常的幼儿园课程总是处于这一连续体中间的某一位置。

米勒和戴耶(Miller & Dyer)曾对来自10所托幼机构的4岁儿童的游戏进行了观察,并将其分为贝雷特-英格曼直接教学模式、蒙台梭利课程模式、传统的以儿童为中心的课程模式和以行为主义为理论基础的DARCEE早期训练课程模式四种不同的课程模式。结果发现,角色游戏在传统的以儿童为中心的课程模式中最普遍,在高度结构化的行为主义课程模式中最为少见。在蒙台梭利课程模式中,儿童对游戏材料的操作活动最多。可见,高度结构化的课程模式可能抑制儿童游戏的数量和水平,尤其是抑制象征性游戏的数量和水平。而在低结构化的课程模式中,儿童的象征性游戏和自发的合作游戏、自然游戏最多。

第二节 影响学前儿童游戏的个体因素

学前儿童的游戏不仅受到复杂的环境因素的影响,同时也受到儿童自身因素的影响。例如,儿童的性别、年龄、兴趣、能力等都在影响着儿童的游戏。由于儿童在个体特征和年龄、性别上的不同,他们在游戏活动中也表现出极大的行为差异。

一、年龄差异

学前儿童的年龄是其进行游戏的重要影响因素之一。由于不同年龄的儿童在身体和动作发展、认知、社会性、语言、情感等诸多方面处于不同的发展阶段,因此,不同年龄的儿童游戏也表现出不同的方式特点和发展水平的差异。

维乐特(Valett)认为,从出生到成年阶段,游戏的发展一共经历五个阶段:① 感觉探索期(出生至5岁),主要表现为婴幼儿能够灵活地、富有热情地探索周围环境;② 以自我为中心的推断假设期(2—7岁),主要表现为幼儿富有幻想和想象,玩具和假想的朋友充斥着他们的生活;③ 个人实验期(6—10岁),主要表现为儿童通过试误检验自己的感性经验,理解周围世界;④ 符号表征期(11—15岁),主要表现为儿童采用绘画、公式、词语、舞蹈、雕塑等符号形式来表征自己的经验;⑤ 理性证实期(23岁以上),主要表现为创造性的应用行为,能够运用已有的经验和成人的智慧来改造自我和环境。[①] 儿童的游戏是一种处于发展过程中的现象,不同年龄儿童的游

---

① 刘焱.儿童游戏通论[M].北京:北京师范大学出版社,2004:257.

戏表现出不同的发展特点。

从感觉运动性游戏、象征性游戏到规则游戏,从独自游戏、亲子游戏到同伴游戏,儿童的游戏内容逐渐从单一化的主题扩展到多元化的主题,游戏的形式也从最初的简单逐渐发展到复杂多变。这都反映了学前儿童游戏发展变化的一般趋势。具体的儿童游戏的发展过程,亦即年龄因素对学前儿童游戏的影响,请详见第五章"学前儿童游戏的发展"中第一节"0—3岁婴幼儿游戏的发展"和第二节"3—6岁幼儿游戏的发展"。

二、性别差异

学前儿童的游戏因儿童的性别不同而表现出不同的特点和发展倾向。这种性别上的差异在儿童出生后的第二年就开始出现,以后随着年龄的增长日趋明显。学前儿童游戏的性别差异主要表现为对玩具或游戏材料,游戏的活动类型与主题,以及扮演角色等方面的不同偏爱。

(一) 玩具选择上的性别差异

玩具本身不具备性别特性,由于人们对不同性别角色的认同倾向,才导致了不同类别的玩具出现。在儿童眼中,除了颜色、材质、形状等方面的不同,所有的玩具起初都是一样的,都是玩耍的道具。伴随着儿童年龄的增长,他们在玩具选择上逐渐表现出反映社会期望的性别认同倾向,这种倾向形成的主要原因在于成人和同伴群体的影响,大众传媒对儿童玩具选择中的性向形成也起到了不可忽视的作用。

按照社会传统和习俗,一些玩具往往被认为是适合男孩玩的,交通工具(如玩具汽车、火车、飞机等)、战争玩具(玩具士兵、枪炮、刀剑等)等通常被认为是适合男孩的玩具,另外的一些玩具,如布娃娃、毛绒玩具、厨房玩具等通常被认为是适合女孩的玩具。研究表明,早在18—24个月时,幼儿对玩具的选择就表现出了反映社会期望的性别差异。这种性别偏向是普遍存在的跨文化现象。

(二) 游戏行为上的性别差异

从游戏的活动类型上来说,儿童在游戏行为上也表现出与性别相适应的不同风格。一般来说,男孩喜欢跑跳等运动量较大和冒险性较强的游戏,而女孩则比较喜欢安静的、小运动量的、坐着进行的游戏。这种性别差异表现在不同类型的游戏中。

此外,在角色游戏中,女孩往往表现出更强的、依赖于逼真游戏材料的倾向,在角色选择上倾向于家庭角色;男孩则往往选择越过日常生活所熟悉的角色,选择如超人、航天员等角色。在规则游戏中,女孩的游戏规则较少竞争性,结构简单,较少卷入运动量较大的动作技能;男孩的游戏规则复杂,角色更多,竞争性更强,所需动作技能更复杂。

游戏是儿童性别角色社会化形成的重要途径。儿童游戏的性别差异是社会文化导致的,是成人及同伴群体在儿童的日常生活中一点一滴地渗透而成。在儿童成长的过程中,这些影响和渗透最终导致了儿童性别角色的社会化。这种性别角色的社会化不仅直接影响儿童自我概念的发展和个性形成,而且还关系到成年以后社会生活和家庭生活的幸福。

需要说明的是,在典型的男性或女性特征之外,还存在广泛的中性特征地带,在学前阶段不宜过于强调儿童游戏的性别差异。

三、个别差异

儿童的游戏风格是游戏的个别差异的主要表现。大量的研究表明,学前儿童的游戏倾向确实存在着个别差异。由于年龄、性别、个性特征等方面的客观差异,每个儿童都有自己的游戏风格,在他们的大脑里充斥着各种奇思妙想。许多新奇的想法会直接展现在儿童的游戏过程中,这就形成了现实生活中儿童游戏的个体差异。例如,有的儿童喜欢想象的、虚构的游戏,有的儿童喜欢现实的、探索性操作游戏。一般来说,大部分儿童对于实物探究和假装游戏都很喜欢,具有想象性倾向的儿童在各种不同的情境中都表现出更多的想象游戏。

(一)实物取向和社会取向

在游戏过程中,儿童表现出不同的游戏取向,实物取向和社会取向是儿童个别差异的首要表现。有的儿童对周围的物质世界感兴趣,他们的游戏多表现为独自摆弄物体的活动,这样的儿童即实物取向儿童;相反,有的儿童喜欢与人交流,对周围的世界更感兴趣,这样的儿童进行游戏时多喜欢角色扮演和想象,即社会取向儿童。研究表明,儿童之所以表现出这样的游戏取向差异,原因在于认知能力上的差异。实物取向儿童操作能力较强,在物体的组织分类等方面较突出;社会取向儿童的社会性知识较丰富,社交能力比较突出。

(二)场独立性和场依存性

场独立性和场依存性是描述个体差异的向度之一。场独立性的儿童对周围环境的物理特性注意较多,注重分析,在游戏过程中喜欢摆弄实物和进行探究;相比较而言,场依存性的儿童社会性取向较强,注意观察社会生活中的情境,喜欢角色扮演和想象。假如面对同样一组复杂图案,场独立性的儿童可以很容易地找出其中的简单形状,而场依存性的儿童则会明显的被整个图案所迷惑,难以找出隐藏在其中的形状。

> **拓展阅读**
>
> ### 场依存性与场独立性个体的行为特征[①]
>
> - 场依存性的个体主要表现为以下行为特征：
>
> 1. 依赖于周围的感知场景。
> 2. 倾向于对环境做出整体把握。
> 3. 相信权威。
> 4. 把周围人的脸部表情作为一种信息来源。
> 5. 对人有兴趣。
> 6. 与相互交往的人有密切的关系。
> 7. 对他人很敏感，并通过这种方式获取社会性技能。
> 8. 喜欢与人打交道的职业。
>
> - 场独立性的个体主要表现为以下行为特征：
>
> 1. 在感知物体时，能把物体从场景中区分出来。
> 2. 能解决在不同场景中出现的同一问题和稍作改变的问题。
> 3. 不服从权威，有自己的评判标准和价值观。
> 4. 对事情积极努力。
> 5. 冷淡、疏远。
> 6. 不合群，有较好的分析能力。
> 7. 喜欢自己能独立工作的职业。

（三）偏好形式者和偏好想象者

从游戏风格的角度划分，儿童可被分为偏好形式者和偏好想象者。偏好形式者对周围的实物世界表现出浓厚的兴趣，倾向于探究游戏材料的性质，把游戏材料按照某种形式或关系进行分类排序，对待物品具有形式、构造和次序上的刻板性；偏好想象者对周围的人及人与人之间的关系更感兴趣，敏感且情绪性强，他们的游戏着重反映生活，具有较强的社会性和情境性特点，偏好规则游戏、社会角色游戏等。研究显示，这种差异性最早出现在儿童12个月左右，到24个月时差异明显且基本定型，但到36个月时，两种不同风格的游戏类型开始出现互补趋势。不同的风格和类型同时存在于大多数儿童身上，偏好形式者和偏好想象者多不是绝对的主体，彼此身上都夹杂着对方的影响。

---

① 邱学青.学前儿童游戏[M].南京:江苏教育出版社,2005:54.

本章小结

1. 学前儿童的游戏受到外界环境因素和儿童个体因素的影响。从性质上看,影响学前儿童游戏的环境因素可以分为物理环境因素和社会环境因素,它们共同构成了学前儿童游戏的环境背景。此外,儿童的性别、年龄、兴趣、能力等个体因素也在影响着儿童的游戏。

2. 影响学前儿童游戏的物理环境因素是学前儿童游戏活动中"物"的要素和条件,主要包括游戏的时间、游戏的场地、游戏的材料,以及游戏的机会等方面的内容,这些因素主要是由人来安排和使用的。

3. 影响学前儿童游戏的社会环境因素是对儿童游戏的"人"的影响,主要包括家庭结构和氛围,幼儿园的师幼关系和同伴关系,以及社会文化背景等方面。

4. 由于儿童在个体特征和年龄、性别上的不同,他们在游戏活动中也表现出极大的行为差异。伴随着儿童的成长,儿童游戏相应地表现出与年龄差异和成长阶段相符的特点。此外,影响学前儿童游戏的个体因素还包括性别差异和个别差异等。

 自我评量

一、名词解释

1. 物理环境因素　　2. 社会环境因素　　3. 年龄差异

4. 性别差异　　　　5. 个别差异

二、简述题

1. 简述影响学前儿童游戏的物理环境因素都有哪些。
2. 简述影响学前儿童游戏的社会环境因素都有哪些。
3. 简述影响学前儿童游戏的个体因素都有哪些。

三、论述题

1. 结合实践分析影响学前儿童游戏的因素,并阐述这些因素是如何起作用的。

游戏指导应用篇

　　游戏是儿童最喜爱的活动,学前儿童每天都在游戏。游戏中蕴涵着宝贵的学习契机,学前儿童在游戏中所表现出来的那种自主自为,全身心投入,情不自禁被吸引的状态,吸引了很多教育学家、心理学家的目光。那么,怎样才能把握住学前儿童游戏中的学习契机?如何发掘学前儿童游戏中所蕴涵的学习、发展的可能性,使之转化为现实?如何才能做到"通过游戏来教",让儿童在自主游戏和探索的基础上符合社会的需要,向教育者期望的方向发展?本部分主要从游戏环境的创设,游戏的观察与指导,幼儿园玩教具的开发与制作,以及其他游戏资源的开发与利用等四个方面进行分析。

第七章　学前儿童游戏环境的创设

学习目标

1. 理解游戏环境创设的意义和价值，了解创设良好游戏环境的基本要求。
2. 了解促进学前儿童游戏的硬件环境的设计要求，能够因地制宜地创设适合学前儿童游戏的室内和室外环境。
3. 了解学前儿童游戏环境创设的原则，能够营造宽松、良好、支持游戏的心理环境，使学前儿童获得游戏性体验。

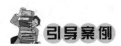

> **阴沟盖上的快乐**[①]
>
> 忙忙(2岁6个月)跟随教师到公园里去玩。中午时分，大家在草地上找了一个地方坐下来午餐。不远处的草地上有一个阴沟盖，高出草地大约五六厘米。
>
> 忙忙吃了些东西后起身走动。开始，他手握着矿泉水的瓶子在一旁走来走去，走着走着，忙忙站在了阴沟盖上，并且尝试着往下跳，五六厘米的高度对他来说并不害怕，只是双脚落地时有点摇晃。第一次摇晃，忙忙有点紧张，渐渐地这种摇晃使他快乐，他开始一边往下跳一边笑自己："要摔跤了，要摔跤了！"他就这样反反复复地跳上跳下。到十几次后，忙忙跳下时已经在兴奋地舞动双手，他将矿泉水瓶子放在嘴边（当作话筒）大叫："快来看呀！快来看呀！"一旁的教师看着忙忙说："不能再跳了，刚吃好东西应该好好休息哦！"教师的指令阻止了忙忙的行为。但很快忙忙又找到了新的乐趣，他开始了他的"演唱会"，他站在阴沟盖上，手握着矿泉水瓶摇头晃脑地唱开了"小兔子乖乖，把门开开，妈妈没回来，谁来也不开！""世上只有妈妈好，有妈的孩子像块宝，幸福享不了"……小小的阴沟盖此刻成为忙忙的"舞台"。

---

① 徐则民，洪晓琴. 游戏,幼儿"想自己所想,做自己所做"[EB/OL]. (2011-09-08). http://www.age06.com/Age06.Web/Detail.aspx? InfoGuid=727d9a9e-56a5-437d-8e31-ab07169db60e.

正在这时,草地上几个大哥哥相互追逐着跑过来,彼此之间还不停地抓一把草相互投掷。他们的游戏吸引了忙忙,忙忙不唱也不跳了,他站在阴沟盖上傻傻地看着,直至哥哥们跑远了。忙忙也开始抓草地上的草,他抓起一把草就往上扔,可他的力气太小,往上扔出去的草很快地落在了自己的脸上和身上,忙忙又笑开了,他一边喊着"扔出去,扔出去!"一边笑,玩得真高兴!一会儿工夫,忙忙满头大汗了,教师再次阻止:"你看,草地给你弄坏了!"这时的忙忙低头发现原先表面干净的阴沟盖上现在多了许多小草,他有点紧张了。他急忙将阴沟盖上的小草一根根拣起来,扔回到草地上,可扔着扔着,他发现阴沟盖上有个小洞,他觉得里面可以"藏"小草,于是忙忙开始将小草往洞里塞,直至塞完。

  这是一个2岁半的幼儿在公园草地上的游戏过程。在如此自然状态下的幼儿游戏中,我们看到了一个低龄幼儿根据自己的需要和兴趣,根据特定环境中的偶发刺激自发引起的活动过程。忙忙以他特有的方式玩他想玩的各种游戏:从发现阴沟盖、站上阴沟盖到模仿哥哥的"扔草",再到塞草,始终是随着刺激的变化而改变着自己的游戏行为。综观他的各个游戏内容,会发现每一部分的游戏时间都很短暂,而且游戏的各部分内容之间没有连贯性。但整个游戏过程中,幼儿都"乐在其中",他时而获得动作的满足,时而又享受着语言带来的欢愉,他在反复动作、反复言语中开怀大笑,直至外界干预才停止游戏。

  通过以上案例可以看出,公园、草地、阳光、宽松的心理氛围等营造出良好的游戏环境,在这样的背景下,虽然仅仅是一个阴沟盖,但是忙忙却从中延伸出了多种游戏,获得了很多快乐。我国在《幼儿园工作规程》中指出,幼儿园的教育要以游戏为基本活动,寓教育于各项活动之中。幼儿园应当将环境作为重要的教育资源,合理利用室内外环境,创设开放的、多样的区域活动空间,提供适合幼儿年龄特点的丰富的玩具、操作材料和幼儿读物,从各个方面支持儿童的游戏。

第一节 学前儿童游戏环境概述

  游戏是学前儿童身心发展的需要和基本学习方式,也是他们在幼儿园的基本活动。正如小鸟飞行需要蓝天一样,学前儿童游戏也需要空间。幼儿园的游戏环境是学前儿童在幼儿园生活所需要的基本条件,为学前儿童创设丰富、适宜的游戏环境对儿童的健康成长至关重要。

一、游戏环境的内涵与意义

我国 2001 年颁布实施的《幼儿园教育指导纲要(试行)》指出:"环境是重要的教育资源,应通过环境的创设和利用,有效地促进幼儿的发展。"在蒙台梭利的教育理论中,环境是其反复强调的核心要素,她认为作为教师要"了解幼儿心智的吸收性特质,为他们准备一个特别的环境,然后将他们摆在其中,给予他们自由,让他们吸收在那儿所发现的一切"。那么游戏环境的内涵和外延是什么?它对于儿童发展具有什么样的重要意义呢?

(一) 游戏环境的内涵

游戏环境是指为学前儿童游戏活动提供的各种条件,主要包括物质环境和心理环境两个方面。物质环境主要是指幼儿园各种人工或非人工的游戏空间、游戏时间、游戏材料和设施等。心理环境主要是指人际关系及心理氛围,包括游戏氛围、师幼关系和同伴关系等。

1. 物质环境

游戏环境按照空间不同可简单分为户外环境和室内环境。户外游戏活动是学前儿童在幼儿园生活中不可或缺的内容。在 2016 年实施的《幼儿园工作规程》第十八条规定:"在正常情况下,幼儿户外活动时间(包括户外体育活动时间)每天不得少于 2 小时,寄宿制幼儿园不得少于 3 小时;高寒、高温地区可酌情增减。"室内是学前儿童的主要活动场所,室内环境创设在满足课程和生活需要的同时,一定要考虑到学前儿童的活动,尤其是游戏的需要,要宽敞明亮、富有变化,玩具、材料丰富,适合各年龄段幼儿的特点。良好的物质环境是学前儿童进行游戏的前提。如要开展"冒险游戏",让幼儿完成建造、拆卸、炊事、挖掘、种植、养殖等多种多样的活动,前提是要有自然环境(如池塘、花园、树林)和自然材料(如泥土、木材、绳索)及工具(如锤子、锯子、钉子)等,否则,建构和冒险游戏均无法进行。

2. 心理环境

创造游戏的良好心理环境包括以下要求:为学前儿童营造宽松愉悦、温馨安全的游戏氛围,建立尊重、理解、平等对话的师幼互动关系,形成友好互爱、合作竞争的同伴关系,从而使学前儿童在与环境的相互作用中更好地实现游戏的教育目标,体现游戏的价值。

(二) 游戏环境的意义

皮亚杰认为,教育的真正目的并非是增加儿童的知识,而是设置充满智慧刺激的环境,让儿童自行探索、主动学到知识。《幼儿园教育指导纲要(试行)》中指出:"幼儿园应为幼儿提供健康、丰富的生活和活动环境,满足他们多方面发展的需要,使他们在快乐的童年生活中获得有益于身心发展的经验。"可见,游戏环境作为隐性的教育内容,对儿童游戏的顺利开展具有重要意义。

1. 有利于游戏活动的开展和教育目标的达成

游戏环境在学前儿童游戏过程中起着潜移默化的教育效果。游戏作为幼儿园的基本活动,往往与幼儿园的教学活动紧密相连,在游戏活动中渗透着教育内容,二者共同作用达成教育目标。而游戏活动的顺利开展,需要良好的游戏环境做保障,它能够激发学前儿童参与游戏活动的积极性。例如,某中班教师为了激发幼儿动脑和学会几种玩棋的方法,就在活动区为幼儿开设了棋类区,准备了多种棋类材料。

2. 有利于满足学前儿童喜爱游戏的天性,使学前儿童成为游戏的主人

游戏和儿童、童年是无法分割的整体,人们甚至无法想象一个不游戏的儿童、一个不游戏的童年会是什么样子。学前儿童需要游戏,这是其机体和心灵发展的需要,也是其生命意义的展现。良好的游戏环境能够促进学前儿童与环境、同伴、教师互动,使学前儿童在互动中获得快乐。例如,某大班幼儿准备开展餐厅区角活动,教师先为幼儿准备了一些简单的游戏材料,但不久便发现这些材料不能满足幼儿的游戏需要。于是,教师主动和幼儿一起商讨,听取幼儿对材料投放的看法及建议。他们积极地发表自己的见解,有的幼儿说:"我们不喜欢用皱纹纸做面条,愿意用真面做。"有的幼儿说:"应每天从家里带一些黄瓜头、青菜叶,在餐厅里练习切菜。"还有的幼儿说:"我们应像餐厅一样,有菜单、笔、瓶起子……"在幼儿的倡议下,教师和幼儿共同准备了餐厅活动的材料,该大班的"咕咕鸡餐厅"正式开业,真物、真做、真吃的游戏让幼儿产生了极大的兴趣。

3. 有利于学前儿童身体、智力、社会性、情感等方面的和谐发展

游戏需要环境的刺激,对丰富的游戏材料、充足的游戏时间、各具特色的游戏区、室内和室外环境的合理安排,能够直接激发学前儿童进行游戏活动和探索活动的积极性。同时,教师为学前儿童营造的宽松愉悦的游戏氛围、提供的多样化游戏类型,能有效地指导学前儿童游戏活动的开展,更好地促进学前儿童各方面的和谐发展。例如,围绕某中班主题游戏"我爱我家",教师从"我—我的爸妈—我的家—我们的幼儿园—我们的小区—我们的大家(北京)"系列游戏活动进行展开。通过幼儿角色扮演及教师为幼儿提供的与角色游戏相关的字词,使幼儿在游戏中自然学习了文字,并促进了幼儿语言能力的发展。"爸爸—我的爸爸—我非常喜欢我的爸爸—我的爸爸在一家外企公司上班,他的脸上长了许多胡子,每天在幼儿园接到我后都要用胡子扎我……"由字到词,由词、短语到较完整连贯的语言讲述,幼儿的语言能力得到发展的同时,对家的感情进一步加深,幼儿的情感变得更加丰富了。

二、学前儿童游戏环境的创设要求与现状问题

良好的游戏环境能够吸引学前儿童主动、自愿、愉快、自由地参与到游戏活动中,让儿童在游戏中变被动为主动,变"要我玩"为"我要玩"。在实际生活中,地域差异和时代背景、幼儿园规模的大小、教师的观念与操作技能等因素均影响着游戏环境的创设。

(一) 学前儿童游戏环境创设的基本要求

为学前儿童创设游戏环境,正是为学前儿童创设有社会文化内容的学习环境。通过创设丰富多样的游戏环境来支持和引导学前儿童的学习活动,是符合学前儿童身心发展特点的教学方式。为了更好地发挥作用,游戏环境需要符合一些基本要求。

1. 安全要求

学前儿童的年龄特点决定了他们是活泼好动的,但其器官稚嫩、动作发育不完善、危险意识欠缺,易导致各种意外事故的发生,进而受到伤害。所以,幼儿园环境首先要考虑学前儿童的安全问题,尽可能把学前儿童在游戏过程中可能受到的伤害降到最低。例如,定期检修各种游戏器械设备,定期消毒游戏材料或玩具等。

2. 舒适度和适宜性的要求

只有在舒适的环境里,学前儿童活动的积极性才能得到激发,活动的效果才会达到较理想的状态。杂乱、肮脏的环境会使学前儿童产生强烈的厌恶感,影响他们活动的积极性。要保证游戏环境干净整齐,使学前儿童心情愉悦。

此外,游戏环境应符合适宜性的要求。适宜性是指游戏环境的创设应适宜于学前儿童生理和心理的特点。其中,学前儿童的人体尺度是确定游戏环境设施和环境景观的重要依据之一。例如,图书区的学前儿童以阅读活动为主,常采用坐姿,因而要为他们提供高度合适的座位;在建构区,学前儿童则有站有坐、有趴有跪,因而要准备较为宽敞的活动区域。

3. 丰富多样性的要求

游戏环境应该考虑学前儿童身心发展需要、生活需要以及课程开展需要等,尤其是学前儿童多样性游戏玩耍的需要。学前儿童不仅需要大肢体运动性的游戏,也需要社会性交往游戏、表演游戏、角色游戏、建构游戏等。无论是室外游戏环境还是室内游戏环境都应该尽可能丰富多样、富有变化。这样既有利于集体游戏活动,也有利于小组和个别游戏活动;既有利于教师组织各种教育活动和游戏活动,也有利于学前儿童自发地开展各种探索活动和游戏活动。游戏环境既要有开放性的游戏空间,也要有半开放和相对封闭的游戏空间,满足学前儿童的个体需要。

4. 空间密度要求

空间密度过大意味着拥挤度较大,相应地会减少学前儿童的大动作活动,如奔

跑追逐类嬉戏活动,也可能会增加学前儿童相互间的冲突,增加学前儿童的攻击性行为。反之,空间密度小,如在开阔的室外进行活动,学前儿童的大运动游戏则会增加。如果室内活动空间不足,可以通过改变布置、多采用分组活动等方式来改善;如果室外活动空间不足,可以通过班级轮流开展室外活动来补偿。

5. 游戏材料和玩具具有吸引力

对于学前儿童来讲,材料和玩具具有诱惑力,能满足其好奇、爱玩、探索的心理需求。无论是室外还是室内的游戏环境都应该尽可能提供充足的游戏材料和玩具,并随着学前儿童的发展不断地进行调整和补充,注重感性材料和操作材料对学前儿童的吸引力等。由于学前儿童年龄不同,对于材料和玩具的要求也不一样,投放时应具有针对性;同时,应鼓励学前儿童参与游戏材料或玩教具的制作,满足学前儿童自身对游戏环境的需要。

(二) 我国学前儿童游戏环境创设的现状与问题

游戏环境直接影响着学前儿童游戏的质量,因此应为学前儿童创设良好的游戏环境,使学前儿童综合能力得到提高。了解当前我国学前儿童游戏环境创设的现状与问题,可以帮助我们在创设游戏环境时更具有针对性。

1. 物质环境和心理环境

现阶段,我国许多幼儿园游戏环境设计简单,游戏时间、材料或玩具、空间不足,空间结构不合理,活动区域缺乏多样性。甚至有些幼儿园在环境安排上,室内仅仅适合上课,室外仅仅适合做操,至于学前儿童的多样性游戏活动则甚少考虑,即使教师想要组织学前儿童游戏,也只能组织简单的集体游戏。

此外,有些教师不能够很好地创设良好的心理环境、尊重或指导学前儿童的游戏活动。例如,在很多教师的意识中,通常是用拱形积木搭建半圆形的房门,把长方形积木作为床来使用,在游戏"娃娃家"中,一位教师看到扮演妈妈的幼儿把半圆形积木当作宝宝的摇篮时,便指责幼儿并告诉她用长方形的积木来代替,幼儿脸上显出了不愉快的表情,不情愿地换了积木。

2. 户外游戏环境

我国幼儿园户外游戏环境的问题主要表现在以下几个方面。

(1) 一些幼儿园周边环境过于杂乱,室外没有良好的自然景观条件可以被利用。由于经济条件的限制,幼儿园周围的环境条件对幼儿园室外游戏环境的创设产生不利影响。例如,在尘土飞扬的室外环境中进行游戏大大降低了游戏给幼儿带来的快乐。

(2) 室外游戏环境的安全性考虑过于极端。一种是极端保护,从而抹杀了学前儿童室外游戏环境的刺激性;另一种是过于放任,使学前儿童室外游戏环境中出现较多的不安全因素。但是,很多学者认为具有一定冒险性的室外游戏环境反而能减少学前儿童日常的伤害概率,因为在游戏中儿童经历了一定量的"伤害"后,他们能更好地对自身能力与环境因素进行评估和判断,从而有意识地选择自身能力水平范围内的挑战,学会自我保护。而如果儿童一直生活在安全的、平和的环境中,会使他们的防御能力下降,而且当他们旺盛的精力无处发泄时,他们就会去寻找更大的刺激,这样反而会带来更大的伤害。

(3) 室外游戏环境的整体性有所缺失。幼儿园的室外游戏环境常常是分散的,没有形成一定的整体。例如,玩沙区即单纯的玩沙区,不会与玩具器械形成一定的联系,而其他游戏区域也只是呈现出各自的特性。这样的室外游戏环境似乎为学前儿童提供了更多的选择,却在一定程度上使游戏环境的教育价值与游戏的价值有所降低。

(4) 室外游戏资源未能充分利用。幼儿园拥有的最多的室外游戏资源是塑胶地和大型游戏器械,其次是移动式器具、草坪、植物角、玩沙区和水池。虽然拥有草坪和植物角的幼儿园比例比较高,但是幼儿可直接接触花草树木的幼儿园却不多,并且室外游戏环境开放性不高,多数游戏都是在室内进行,教师只是在每天的特定时间段才会将学前儿童带到室外游戏环境中进行游戏。

3. 室内游戏环境

我国幼儿园室内游戏环境的问题主要表现在以下几个方面。

(1) 室内游戏环境的色彩和图案与游戏内容不协调。在我国的许多幼儿园中,学前儿童室内游戏环境更新频率低,游戏内容早已改变,可是环境中的色彩与图案依旧。例如,两个幼儿在阅读区进行新绘本阅读,可是阅读区的游戏环境还停留在学期开始时的模样,是一只长颈鹿与一条鳄鱼的画像。幼儿在阅读时总是不自觉地去看长颈鹿与鳄鱼,对新绘本的专注程度非常低,并且对新绘本的内容也不能进行更好的理解。

(2) 室内游戏环境空间密度过高。当前我国幼儿园的室内游戏环境空间密度普遍偏高,这种情况容易导致学前儿童为争抢游戏材料而出现攻击行为。

(3) 室内游戏环境中游戏区角的相关问题。我国幼儿园室内游戏环境中游戏区角的相关问题有以下几种:① 区角游戏材料投放不足,且缺乏层次性。② 区角游戏环境变化不及时,不能根据主题或延伸活动的需要发挥潜在的教育功能。③ 区角游戏环境设置过多依赖教师。目前,幼儿园内的区角游戏环境设置往往只是教师的个人想法,没有融入幼儿的建议。例如,某幼儿园的苗苗班最近上了一节制作名片的美术课,在美工区的创设过程中,教师把很多名片花纹贴在了墙上,却没有考虑到幼儿的视线范围,使得幼儿在进行名片创作时很难看到名片上的花纹,创作过程也显得十分困难,很多幼儿画到一半便失去了兴趣。④ 区角游戏环境生活性较低。太多与真实情况不符合的材料会使学前儿童游戏的兴趣降低。例如,果果正在玩游戏

"娃娃家",她拿着塑料黄瓜,想用玩具刀将其切片,可是塑料黄瓜是一个整体,不能切片。果果玩了一会儿便露出了沮丧的神情,当老师再次邀请她去玩"娃娃家"时,她就不愿意再去了,并且告诉老师:"那些都是切不开的,没有意思。"

第二节 学前儿童游戏中硬件环境的创设

学前儿童游戏中的硬件环境即物质环境,主要是指幼儿园中各种人工或非人工的游戏空间和场地、游戏材料和游戏设施等。本节主要从室内和户外两个角度分析学前儿童游戏中硬件环境的创设。

一、室内游戏硬件环境的创设

幼儿在幼儿园的一日活动中,大部分时间是在室内度过的。良好的室内硬件环境有利于教师顺利开展一日活动,也有利于幼儿之间互动和交往,可以促进幼儿在认知、情感、语言和社会性交往技能方面的发展。

(一) 室内游戏环境的要求

幼儿园室内游戏环境的要求主要包括温度和空间密度的要求,以及安全性、趣味性与艺术性,空间利用合理,材料投放丰富科学等方面的要求。

1. 活动室温度和空间密度的适宜性

空间密度通常是指单位面积内幼儿人数的多少,它是衡量室内环境拥挤程度的指标。空间密度可以用以下公式来计算:

$$空间密度 = \frac{幼儿的人数}{房间面积 - 不可供幼儿活动用的空间面积}$$

我国学者比较了人均2.4平方米和人均1.2平方米两种空间密度条件下幼儿参与活动的情况,幼儿使用材料的情况,幼儿活动的组合形式,幼儿的言语、合作及与他人的关系,以及其他行为,取得了与史密斯(Smith)和康纳利(Connolly)等人的研究类似的结果:幼儿园活动室的空间密度高于一定的界限时,会使幼儿在自由选择游戏活动中较多地产生人们不期望幼儿产生的行为。他们还比较了在纯底面积34平方米的情况下以14人、20人和28人为组合人数时的行为(即空间密度为人均2.4平方米、1.7平方米和1.2平方米),同样发现在人均面积减少到一定程度的情况下,幼儿活动的积极性降低、社会性交往减少、不适宜的行为增多。

活动室温度的适宜性也会影响幼儿的游戏活动。对幼儿活动室温度的要求如下:舒适的温度为20℃左右;当温度在27~32℃之间时,会使儿童加速疲劳;超过32℃时注意力分散,极易引发高温疲劳。温度低于舒适水平,也会给幼儿带来不利影响,如低于15℃时,幼儿的灵敏度明显下降。

> 拓展阅读

幼儿园环境舒适程度评价

幼儿园环境舒适程度等级如表 7-1 所示。

表 7-1　幼儿园环境舒适程度等级表[①]

等级	舒适程度	环境表现
1	不能忍受	它的各项环境指数都可能危及幼儿身心的正常发展，幼儿的机体不能忍受这种环境
2	不舒适	幼儿很快就会疲劳，他们在生理和心理方面均要承受强大的外来压力
3	舒适	一般情况下，这种环境幼儿可以接受，而且不会感到疲倦
4	最舒适	各项舒适指标达到最佳程度，幼儿在一日活动中感到非常舒适和满意

2. 环境的安全性

安全性是游戏环境创设过程中需要注意的首要问题。幼儿由于年龄较小，活泼好动但是器官稚嫩，动作发展不成熟且缺乏危险意识等原因，容易在游戏活动中发生意外事故而受到伤害。所以，安全性是幼儿园进行室内空间设计的最基本原则，要挑选无毒无害的玩具材料，同时要避免电源插座外露，减少各种设施的尖锐线脚，在设备的陈列上要尽量扩大活动空间，避免幼儿之间相互碰撞发生意外伤害。如图 7-1 所示，我们可以看出图中展示的幼儿园室内环境创设很好地契合了安全性的要求，地面是防滑的木质地板，桌子和台阶是光滑的曲线设计，有效地避免了幼儿之间因相互碰撞而发生意外伤害。

图 7-1　环境创设的安全性

3. 趣味性和艺术性

在幼儿园活动室环境设计上，目前存在设计单调、刻板和不符合幼儿阶段性年

---

① 杨枫.幼儿园教育环境创设与玩教具制作[M].北京:高等教育出版社,2006:11.

龄特点的问题。幼儿是游戏活动的主体,在环境的设计上要从幼儿的年龄特点和喜好出发,在色彩选择和结构造型上要符合幼儿的审美要求、接近幼儿的生活;同时,要根据具体的游戏主题及时调整墙饰等环境。只有遵循趣味性和艺术性原则,设计出新鲜、充满童趣的游戏环境,才能激发幼儿主动投入游戏的欲望。例如,幼儿园平时在环境创设中可以根据季节的变化设计"冬天来了",母亲节来临时创设"我爱妈妈"等主题环境,不仅可以激发幼儿的游戏兴趣,也增加了教育意义。另外,不同地区幼儿园的文化风格不同,同一地区不同幼儿园的文化风格也各有特色,在游戏硬件环境的创设上幼儿园要从自身的特点出发,设计出符合本园特色的、具有吸引力的游戏环境。如图7-2所示的区域隔断和吊饰的设计,色彩鲜亮明快、内容丰富、立体与平面相结合,体现了环境创设的艺术性,符合幼儿的审美情趣。

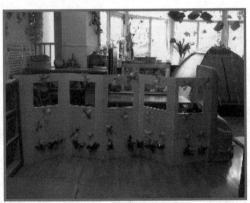

图7-2 环境创设的趣味性与艺术性

4. 因地制宜,合理安排利用空间

室内环境是有限的,不仅要为各种区域游戏活动提供空间,还要留出一部分空间供幼儿进行集体教学活动,所以在有限的室内环境里只有各功能区合理规划布局才能在满足游戏活动的基础上有足够的空间进行集体活动。如果集体活动空间狭窄,幼儿之间容易出现相互碰撞现象。幼儿室内游戏活动类型是丰富多彩的,各个活动区域环境的要求也存在差异,有大有小,有动有静,有开放的空间也有半开放的或封闭的空间。一般来说,角色表演区、建构区域等所需空间大,且幼儿活动时发出的声音大,因此,要设计成开放的和半开放的空间,并且远离需要安静环境的阅读区、科学区。总之,活动室的各区角在设计上要综合考虑、统筹安排,各个区角可以用间隔物隔开形成单独的空间,这样便于各活动区游戏的顺利进行,也有利于幼儿专注地进行游戏。

5. 游戏材料要丰富多彩、安全科学

只有科学地投放适宜的材料才能让游戏环境发挥有效的价值,在材料的选择上要注意以下几个方面。

(1)材料的选择要符合儿童的年龄特点和心理需求。

(2)材料要具有可操作性和安全性。

(3)材料要丰富多彩,并且需要根据相应的变化及时地进行更新。

(4)材料的摆放要注意分类和具有层次性,材料的不合理摆放容易导致幼儿对材料的认识混乱。

(5)要多选择幼儿身边的、幼儿了解的自然材料和废旧物品作为材料,既环保又有益于激发幼儿的游戏欲望。

拓展阅读

玩具和游戏材料的选择

分析和选择玩具和游戏材料的基本框架如表7-2所示。

表7-2 分析和选择玩具和游戏材料的基本框架[①]

结构因素	特 征
大小	总体特征,包括重量、厚度、长度、宽度等是否容易把握
	各部分的特征,包括大小、数量等
	各部分的结构和可移动性
材料质地	材料的种类,如质地软硬、颜色是否纯正
	可清洗性
	视听觉效果的年龄和个体适宜性
复杂性	感知觉与概念的复杂性
	与生活的接近性、客观性、逼真性
	开放性或封闭性
发展适宜性	操作所要求的动作的精细、协调性水平
	可能引起的兴趣性、注意力、坚持性
	挑战性
文化适宜性	具有文化适宜性
	尊重人类和文化的多样性
	无刻板化的观念、偏见和歧视
安全性	是否有年龄和安全(或警告)标志
	易碎性或牢固性
	边缘、点、角的锐利性
	是否有可能让幼儿吞咽下去的过于细小的部分
	不含有毒物质
	含铅量
	电动、机械玩具的安全性
	带线玩具的长度
	适宜于游戏者的大、小肌肉群的运动能力

---

① 刘焱.儿童游戏通论[M].北京:北京师范大学出版社,2004:621.

(二) 室内游戏区域的创设

室内的游戏活动区域主要包括建构区、美工区、科学区、益智区、阅读区、角色扮演区等区域,不同区域的创设具有不同的要求。

1. 建构区

建构区的主要功能是利用积木、积塑,以及酸奶盒、易拉罐、纸盒、玉米瓤等自然材料进行建构游戏活动,培养幼儿的空间知觉,发展幼儿的空间想象力、动手操作能力及交流合作能力。建构区的硬件设计要求包括以下几点。

(1) 建构区所需空间较大,区域中不需要放置桌椅,这样可以使空间宽敞,利于幼儿自由活动。

(2) 建构区应当远离人行通道,以便幼儿的建构成果不被来往的幼儿碰撞,幼儿可以顺利开心地进行建构游戏。

(3) 建构区的地面上可以铺设地毯和地垫,这样幼儿可以随意坐在地上进行建构游戏,防止幼儿意外磕碰,并且可以减小声音,以免影响其他区域的活动。

(4) 建构区要摆放低矮的架子用于摆放建构材料,架子也可以作为各活动区的界限,架子上要贴一些简单易懂的图片提醒幼儿材料分类与归位。

此外,建构区内的墙上还应贴一些建构作品的流程和完成图片,以激发幼儿的创作欲望。

2. 美工区

美工区是专门为幼儿提供自由欣赏绘画和手工作品以及进行个性化创作的活动区域。它既为幼儿提供了绘画、手工等需要精细动作的练习机会,也为幼儿审美表征能力的发展创造了条件,更是创造性教育的重要场所。美工区的硬件设计要求包括以下几点。

(1) 美工区的活动比较安静,需要足够的光线,所以应该设计在自然采光条件好的地方,如窗边。

(2) 美工区应该靠近水源,方便幼儿清洗颜料、桌面、地板和洗手。

(3) 美工区是幼儿通过创作来表达自己对生活的理解、想象和愿望的地方,所以要为幼儿提供丰富、开放性的材料,让幼儿自己选择创作内容。

(4) 美工区要为幼儿创作提供宽大的桌面和画架,以及呈现作品的展示墙。

(5) 美工区应当铺设容易清扫的地面,并提供幼儿需要的清洁用品。

3. 科学区

科学区要建立在较安静的地方,以便幼儿能专心观察和做实验。科学区需要给幼儿提供基本的实验材料,临近水源、光源及电源,便于幼儿实验。科学主题要明确,要根据主题及时准备材料,更改空间设计。此外,科学区还可以经常更换主题,以吸引幼儿对科学主题进行探索,培养幼儿的想象力与创造力。

4. 阅读区

阅读区是专门为幼儿设置的以图书为主要欣赏对象的欣赏性活动区域。它为幼儿提供了良好的阅读环境和丰富的阅读材料,用于满足幼儿的个性化阅读需求,是开展幼儿早期阅读活动的重要平台。通过开展欣赏性的阅读活动和趣味性的阅读延伸活动,创设浓郁的阅读氛围,可保持幼儿对图画的兴趣,让幼儿在自发阅读中养成良好的阅读习惯,提高阅读能力。阅读区的硬件设计案例见图 7-3,要求包括以下几点。

图 7-3 阅读区"开心娃娃图书屋"

(1)阅读区要设置在光线明亮且安静的地方。阅读区之所以要光线明亮,是因为以下三点:① 为了保护幼儿的视力。② 接触自然光更有利于幼儿的健康。③ 自然光能给人以温馨舒适的感觉,有利于增强阅读区的吸引力。

(2)阅读区要有丰富的辅助材料,以增强阅读区的吸引力。可以在地毯上、桌子上、书架上使用明亮的色彩,也可以提供毛绒玩具、谜语卡片等供幼儿选择。幼儿的阅读需要在一定的阅读气氛中进行,因此,阅读区应有便于幼儿自主取放图书的小书柜、图书插袋,以及便于幼儿记录、创编各种图书的纸、笔等辅助阅读材料。

(3)阅读区应为幼儿提供舒适的桌椅,桌椅的高度要适合幼儿的身高特点,让幼儿在舒适的环境中阅读。

(4)阅读区要提供一些吸引幼儿的、符合幼儿年龄特点的读物,图书要放置于开放式的书架上,书的封面要对着幼儿,方便幼儿选择自己喜欢的读物。

(5)阅读区的墙饰背景要突显安静和探索性,一方面约束幼儿安静阅读,另一方面要激发幼儿的阅读兴趣。

5. 益智区

益智区需要相对安静的环境,应远离建构区和角色扮演区,以为幼儿营造安静探索和思考的环境。益智区要为幼儿提供一些益智活动材料,如各种拼图、棋类、数字卡片等,并提供舒适的桌椅及地毯,让幼儿自由探索。

如果空间允许,可将益智区具体划分为拼图区、操作区等,并提供开放式的材料存放柜,将材料分类摆放,方便幼儿选择。

6. 角色扮演区

角色扮演区相对热闹,应远离阅读区等,但要提供宽广的空间、"真实"的氛围,为幼儿营造熟悉的、亲切的环境,便于幼儿联系生活,自然地融入游戏。角色扮演区要提供必要的道具,如服装、"娃娃家"的锅、盘子、电视等家庭生活用品。角色扮演区应具有丰富的主题内容,要从简到难逐步扩展,进而加深幼儿对生活的认识和理解,锻炼幼儿的社会交往能力。

拓展阅读

室内游戏环境评价的标准[①]

1. 幼儿喜欢,对幼儿有吸引力,让幼儿感到安全和舒适。
2. 各活动区的名称易于幼儿理解。活动区的结构方便幼儿寻找和取放材料。
3. 空间安排和分割合理,有利于幼儿活动和行走。当幼儿在活动区全神贯注地游戏时,不会受到其他人的干扰。
4. 材料丰富多样,能够支持幼儿各种类型的游戏活动,激发幼儿探究的兴趣,支持幼儿积极主动的学习,使幼儿实现自己的想法和计划,获得多样性的学习经验。
5. 玩具和材料反映人类社会和文化的多样性。
6. 幼儿有独处的空间。

二、户外游戏硬件环境的创设

相对于室内游戏来说,户外游戏的时间相对较短,但对于儿童来说户外环境富有新鲜感和诱惑性,因而户外游戏更能带来自由和快乐。我国明确规定幼儿每天在幼儿园的户外活动时间不得低于2小时,寄宿制幼儿园不得低于3小时。为了使幼儿健康成长,我们要创设安全适宜的户外游戏运动场地,为幼儿创设一个科学健康的环境。

(一)户外游戏环境的要求

幼儿园户外游戏环境创设首先要求考虑安全性,其次要综合考虑绿化、美化、自然化、幼儿化和教育化等要求,还要注意多样性和科学性,以及因地制宜创设适合四季活动的户外环境。此外,户外游戏环境创设还需要事先考虑空间密度和下水道、地面表层及场地相互关系等问题。

1. 安全性要求

户外开阔的空间能够拓宽幼儿的视野,增强幼儿探索与冒险的欲望,结合幼儿

[①] 刘焱.儿童游戏通论[M].北京:北京师范大学出版社,2004:616.

活泼好动的特点,在户外游戏活动中往往会出现碰撞等意外伤害,如幼儿跑动相撞摔倒、从滑梯上不小心掉落等。所以,安全性是户外活动中首先要考虑的因素。

在运动场上应建造塑胶型地面,或者在大型器械下方铺设一定厚度的柔软和有弹性的材料,如沙、木屑、胶垫等。户外游戏所用的材料应该是耐用、无毒、经济、环保的,而且要适合幼儿的年龄、身材、活动能力等特点。游戏设施要经常检查维修,核实有无松动、破损等现象,减少幼儿在游戏中的安全隐患。

拓展阅读

游戏场设备设施的安全标准[①]

1. 危险区域(街道、深坑、水池等)附近设有保护性的栅栏(附有可以上锁的门)。

2. 在所有攀爬和移动的设施下和幼儿可能坠落的区域,铺设20—25厘米厚的、疏松的沙或木屑(或与此类似的材料),四周应有防护设施。

3. 设施设备的尺寸适合幼儿的年龄。攀爬的高度限制为1.8—2.2米。

4. 区内无杂物(如碎玻璃和石头)、无带电的危险物品、无高压线和无脏物。

5. 可移动的部分没有缺失(如没有可能夹疼人的破损物、支点没有过度磨损)。

6. 设备没有尖锐边缘、突出、破裂、有毒的物质,以及暴露于阳光底下的金属物体。

7. 秋千的座位由柔韧的或轻柔的材料(如橡胶、帆布)制成。

8. 所有的安全设施(如扶手、标记、护垫区、保护性的覆盖物)维护良好。

9. 没有可能会使幼儿的头陷进去的间隙(9—22厘米)。设备和设施之间应有足够的距离。

10. 设备设施结构完好无缺,没有弯曲、扭曲、破裂或倾斜等。大型可固定的设备和可移动的设备设施被安全地固定于地面上,且水泥底脚埋于地下,同时应检查地下的支持物是否腐烂、生锈和长白蚁。

2. 综合考虑绿化、美化、自然化、幼儿化和教育化

绿化、美化、自然化是幼儿园户外环境设计的基本要求。幼儿园要尽量扩大绿化面积,栽种高大的乔木和低矮的灌木,保证夏季户外活动时有绿荫遮阳。幼儿园在设计绿化时,要尽可能保证四季都有花卉,让幼儿园像个美丽的大花园。另外,幼儿园的围墙要使用栅栏式并有植物依附,高大的实体围墙容易阻挡幼儿的视线,栅栏可以拓宽幼儿的视野,便于幼儿在自然环境中快乐游戏。

幼儿化、教育化是幼儿园环境最突出的特征。户外游戏环境设计要符合幼儿阶

[①] 刘焱.儿童游戏通论[M].北京:北京师范大学出版社,2004:599.

段性发展的需要,让环境充满童趣,并设置一些促进幼儿机体发展的活动设施,让幼儿在享受户外活动乐趣的同时受到教育,得到发展。

3. 多样性和科学性

活动的多样性可以增加幼儿的选择机会,激发幼儿对游戏的兴趣,丰富幼儿的学习经验,促进幼儿的身心全面和谐发展。另外,多样性可以满足不同年龄阶段幼儿的选择,让在园各阶段儿童都能选择自己喜爱的活动项目。

游戏材料设置的科学性也是衡量游戏环境好坏的重要指标。游戏材料要突显层次性和挑战性,这样可使挑战欲望强的幼儿选择具有挑战性的活动,满足他们探索的需求;另一些幼儿则可以选择传统活动,不会因为活动太难而产生畏难情绪,降低游戏兴趣。

4. 因地制宜,有适合四季活动的空间设计

户外活动环境中"因地制宜"主要表现为与自然环境和谐统一。提供一个创造性游戏场地的最经济的标准在于保留其最原始自然的特点。另外,各地区幼儿园可以根据本地特色创建具有自身特色的幼儿园环境。

随着四季轮转,幼儿所需要的游戏环境是不同的,在设计时要考虑季节的变化。例如,夏季阳光强烈,温度太高会降低幼儿游戏的兴趣,所以幼儿园要栽种高大茂密的乔木,大片树荫可以为幼儿户外活动提供保障。

5. 事先考虑空间密度和下水道、地面表层及场地相互关系等问题

各幼儿园的招生数量要根据本幼儿园规模的大小确定,避免因人均空间不够而出现拥挤现象,导致难以开展室外游戏活动。如果空间狭小也可以开辟楼顶活动室,或通过错开各年龄段幼儿的活动时间来解决拥挤问题。

室内游戏场地和室外游戏场地可以用长廊相接,方便幼儿出入和交替活动。在活动设施的安排上,各类活动设施之间要留出一定空间,保证各类游戏互不影响,各大型器械附近要放置简单的活动设备,这种大小交替存放的方式一方面便于儿童选择,另一方面便于教师观察到每个幼儿的活动。

在游戏场地建设之前,应事先考虑幼儿园不可改变的地下管道等因素,如绿化场地要避开下水道等管道,戏水池、游泳池、喷泉、鱼池要方便连接水龙头。

(二)户外游戏环境的创设

户外游戏环境的创设包括运动器械区、种植养殖区、玩沙玩水区、长廊、车道、小树林和山坡、投掷区、户外游戏小屋和户外美工区等主要内容。

1. 运动器械区

运动器械区主要包括攀登架、滑梯这样的大型组合玩具和秋千、跷跷板、转椅这样的中型器械,大型和中型器械要相互交叉,并设有一定距离,方便幼儿选择与玩耍,也便于教师观察指导每个幼儿的活动。

运动器械区的游戏活动运动指数较大,属于大肌肉运动,可以锻炼幼儿运动的灵敏性、协调性、耐力和速度。由于动作力度较大,为防止发生跌撞等意外事故,运动器械应设置在塑胶地面之上,或在地面铺设较柔软的材料。

2. 种植养殖区

为了让幼儿了解动植物的生长过程,大部分幼儿园会开辟一块种植区和养殖区,分给不同的幼儿班。幼儿以班为单位选择种植和养殖种类,种植区里幼儿通过播种、栽培、施肥、浇水等过程可以了解植物的生长过程,养殖区里通过喂养、照顾小动物可以增加幼儿的爱心并了解养殖动物的生活习性。没有场地的幼儿园可以使用废弃的瓶罐进行种植活动。

3. 玩沙玩水区

在户外游戏活动设计中,玩沙和玩水往往是结合在一起的,这样既方便为沙池供水,也方便幼儿玩沙后洗手。沙和水都属于常见的自然材料,也是多数幼儿喜爱的游戏材料。沙和水不仅可以给幼儿带来快乐,而且可以给幼儿提供有益的学习经验。

幼儿园可以提供不同规格的沙池,同时提供铲、挖、推、筛、灌等类型的工具,方便幼儿自由玩耍。另外,沙池周围可以用轮胎进行软化处理,并种植一些树木,这样更接近自然,也便于幼儿夏季玩耍。玩水区可以设置喷泉、鱼池、瀑布等景观观赏区,让幼儿观察水的流动和状态;也可以设计水桌、水车工作系统等操作性游戏,让幼儿感受水的速度和流量大小的变化。

4. 长廊

长廊可以连接室内和户外,也可以连接户外多个游戏区,可以为幼儿夏季活动提供空间。幼儿园可以在长廊中设计一些长椅供幼儿游戏累了时休息,还可以设计一些吊挂物,以满足幼儿的审美要求。另外,长廊的一侧也可以用来开展幼儿的摄影展和画展,既节约空间,又美化环境。

5. 车道

车道是为幼儿进行骑车和推车等各种有轮子的游戏提供的设施。车道的地面设计不能太软,否则不利于车轮行驶。车道可以根据幼儿园实际地形修建得蜿蜒曲折并适当地增加一些坡度,这样可以增加游戏活动的挑战性和趣味性,吸引幼儿游玩和探索。

6. 小树林和山坡

小树林和山坡是幼儿园接近自然的设计。小树林里可以种植各种树木,包括果树和花木,可以在小树林里设计秋千、摇椅等玩具器械。小树林的最大优势是可以让幼儿在夏天自由玩耍。山坡虽然和滑梯的教育意义相似,但是可以让幼儿更加接近大自然,并具有一种探索和神秘的氛围,对幼儿的吸引力更大。

另外，幼儿园如果空间规模有限，可以把小树林和小山坡设计在一起，既符合自然的要求，又节约空间。

7. 投掷区

投掷活动可以锻炼幼儿的臂力、手眼协调能力，所以幼儿园设计投掷区是非常必要的。投掷区要设置在靠近墙壁或相对偏离中心的位置，以免因幼儿投掷失误造成不必要的伤害。

8. 户外游戏小屋

幼儿园应在户外设计一个童话式小城堡或小木屋，可以用农作物秸秆、小木板和大纸箱等材料来设置。一方面，可以让幼儿在小屋内进行角色游戏，促进幼儿的社会交往能力；另一方面，允许幼儿以独处的方式来表现自己，独处对于幼儿的心理健康、学习、与人相处是有积极意义的。

游戏小屋在设计时要有敞开的门和窗户。一方面，采光条件好、空气流通，保证小屋内空气新鲜自然；另一方面，方便教师照看里面游戏的幼儿，以免发生意外情况时不能及时发现和处理。

9. 户外美工区

户外美工区与室内美工区是有区别的，对幼儿有更大的吸引力。户外环境给幼儿提供了观察自然的机会和条件，有利于幼儿在真切的感受中作画。幼儿园可以把画架、桌子和美工活动材料移到户外供幼儿进行创作；也可以在幼儿园设计一面自由墙，墙面可以铺设一次性画布，定期设计主题活动，让幼儿集体利用毛笔和其他大刷子根据想象来共同创作。

拓展阅读

最佳室外游戏环境标准[1]

一、地面

游戏场地应该有不同的游戏地面以提高安全防范，促进不同的游戏类型。

1. 平坦的草地或泥土地

平坦的草地或泥土地最适合迅速移动身体的活动。例如，跑、追逐及跟着带头人的游戏，都需要有开阔的空间以方便自由活动，而相对较软的地面可以防止摔倒受伤。大块开阔的草地是最理想的地面，开阔的泥土地也可以开展身体游戏，但较容易发生伤害。如果没有草地，可以将体操毯铺在一些区域供孩子们跑跳滚爬。

2. 硬地面

混凝土和沥青地面最适合自行车、四轮车及脚踏车在上面行驶。硬地面也可以

---

[1] 〔美〕约翰逊，等. 游戏与儿童早期发展[M]. 华爱华，郭立平，译. 上海：华东师范大学出版社，2006：290-298. 有改编。

作为通向不同游戏区的走道、艺术活动和球类活动的地面。

3. 跌落区

在所有设施下面及四周1.5—2米范围铺一层柔软的地面,一般由沙子、砾石、木屑、橡胶垫、轮胎及连续灌注的橡胶构成。

二、室外游戏环境的构成和设计

游戏场地应该包括各种设施和游戏区,以促进各种游戏行为。

1. 身体游戏区

(1) 攀爬器材,如绳索、轮胎网、梯子、台阶、爬杆,以及水平轮胎秋千。

(2) 平衡能力游戏区,如平衡木、立在地上的短杆子或汽车轮胎。

(3) 抓握器材,如秋千链、扶栏、梯子横栏、用于沙地游戏的工具。

(4) 爬行区域,如隧洞或公路涵管。

(5) 推拉器材,如秋千、三轮车、四轮车、大卡车,以及有轮的沙地玩具。

(6) 挖掘区域,如沙箱。

(7) 跳跃器材,如四周铺着沙子的平衡木、下面铺着软物的低平台或台阶。

2. 社会性游戏区

(1) 要求或鼓励两个以上儿童参与的器材,如三轮车、四轮车、球类运动、跳绳、大木板条箱、沙箱、旋转秋千,以及传统秋千。

(2) 鼓励幼儿聚在一起进行交谈的空阔的平板和隔离区。

3. 建构性游戏区

(1) 沙箱和玩沙器材,如铲子和耙子。

(2) 木工工作台、木块、工具,以及紧固器和螺杆、螺母及钉子。

(3) 散件,如轮胎、橄榄绳、木质或塑料板条箱、大块木块和塑料积木,以及不同长度的木制板。

(4) 艺术活动材料,包括颜料、黏土,以及涂人行道用的大彩色粉笔等。

(5) 花园布局,种植工具及种子。

4. 戏剧性游戏区

(1) 可以当作房子、城堡、船只、飞机、学校及医生办公室的建筑物和封闭物。

(2) 可以从教室带来的戏剧性游戏道具,以及最好能存放在外面的材料(如木工工具等)。

5. 规则性游戏区

(1) 球、跳绳,以及其他游戏设施。

(2) 进行规则性游戏的硬地面。

(3) 画出边界和外形的粉笔。

三、游戏场地的设计要求及材料投放

现代游戏场地的建造材料一般是经过压力处理的松木、红木、胶合板、聚乙烯材料、涂漆金属、再生塑料、玻璃纤维或这些材料的综合。表7-3列出了这些材料的优缺点。

表7-3 各类材料的优缺点

材 料	优 点	缺 点
木材（CCA松木,红木）	(1) 易使用； (2) 十分适合志愿者施工； (3) 外观十分贴近自然； (4) 易于修补； (5) 易于附着其他元件(如滑梯、把手、攀爬器)； (6) 相对而言较便宜； (7) 可以满足各种创造型设计； (8) 经常可获得捐赠的材料	(1) 易破裂出现裂痕； (2) 易燃； (3) 易老化； (4) 需要大量维护费用； (5) 不能像其他材料一样持久； (6) 看上去品位不太高
胶合板(涂了油漆的)	(1) 丰富的油漆色彩选择； (2) 适合于平坦地面； (3) 较易用作婴幼儿的设施； (4) 可以修补； (5) 一种耐用的自然材料	(1) 与塑料和金属相比边缘更易破碎和变坏； (2) 只限于平面设计； (3) 价格昂贵； (4) 只有绚丽颜色可供选择
聚乙烯材料	(1) 不会发烫； (2) 不易破碎； (3) 最初非常亮丽； (4) 形状安全(如一台弯曲的滑梯)； (5) 如果与金属一起使用，结构上就十分强固； (6) 光滑,适合用手抓； (7) 使用时间长	(1) 颜色会逐渐褪掉； (2) 过度使用会使游戏场看上去像一个新车展览厅； (3) 使用用途有限； (4) 价格昂贵； (5) 统一的生产方式限制了它的多样性和挑战性
钢材或铝材（涂漆的或未经处理的）	(1) 坚硬； (2) 使用时间长； (3) 可使用多种油漆颜色； (4) 可提供各种选择； (5) 不易被推毁	(1) 钢或铝制的滑梯易变热； (2) 杆子和栏杆易变热； (3) 无弹性,孩子们摔倒在金属上易受伤； (4) 不易修复或添加； (5) 价格昂贵

四、安全

在设计和维修室外游戏场地的时候,安全问题需要放在首位考虑。以下列出的游戏场安全指南,摘自CPSC(美国CPSC,1991)和ASTM(1995)文件,适用于为18个月至12岁儿童设计的游戏场地。

(1) 所有设施下铺设的地面与原地面粘结在一起。

(2) 避免使用会挤压手指的部件。

(3) 避免有大小在3.5—9厘米之间的开口,以免幼儿的头部被卡住。

(4) 所有"S"形钩子必须予以封闭。

(5) 避免重金属、木质或硬塑料秋千。

(6) 任何秋千器材中的秋千不能超过两台。

(7) 所有滑梯的各边都必须有4厘米宽,有一个出口平行于地面。

(8) 不能有漏出来的螺钉、钉子、螺杆、金属块,或突出的管子,特别是在滑梯入口不能有这些外漏物体。

(9) 所有混凝土基脚必须低于地面。

(10) 除进口与出口外,所有比地面高出20厘米之上的地面都必须有扶栏。

(11) 避免设施之间使用电缆、电丝和绳子,或用电缆、电丝和绳子支撑树木,如果使用了绳索,则两端都必须系紧,以免缠住儿童的脖子造成窒息。

(12) 避免在炎热的天气使用金属滑梯。

(13) 儿童光顾的交通区域要设有足够大的安全区。

(14) 秋千不要与其他设施如平台连在一起。

(15) 游戏场地只能为适龄儿童使用。儿童年龄太小会在玩耍中发生严重事故,而儿童年龄太大,有可能会不恰当地使用设备,导致受伤。

(16) 经常维修和护理。

另外,游戏场地的遮阳问题也很重要。建议游戏场内应该安装遮阳篷,种植一些树木以减少阳光的直接暴晒,降低患皮肤癌的风险。

第三节 学前儿童游戏中心理环境的创设

幼儿园健康、活泼、生动的游戏活动的开展,不仅有赖于良好的物质条件,更有赖于良好心理环境的构建。本节主要从心理环境创设的重要意义、主要内容和基本原则三个方面分析如何创设优良的、适合儿童游戏的心理环境。

一、学前儿童游戏心理环境创设的重要意义

"心理环境"这一概念最早是由美国心理学家勒温提出的,是指影响个体现实心理活动的各种因素,包括现实作用于个体的刺激或信息及其系统和一个人自己的心理状态、意识倾向。学前儿童游戏心理环境是指学前儿童游戏活动对幼儿发展产生影响的一切因素的总和,主要包括游戏中整体心理氛围营造和游戏不同阶段心理环境的创设。游戏中整体心理氛围的营造包括营造安全的环境、宽容的环境、支持的环境、良好的人际环境。良好的人际环境包括良好的师幼关系、友善的同伴关系及和谐的亲子关系。

(一) 儿童游戏心理环境的不同阶段

游戏不同阶段心理环境的创设包括游戏开始前知识与经验的心理准备、游戏中知识与情境的心理体验、游戏结束后知识与经验的评价与反思。学前儿童在游戏过

程中,首先需要一个安全、宽容、支持的整体心理氛围;其次,良好的人际环境对学前儿童的发展也是必不可少的,包括良好的师生互动、友善的同伴沟通及和谐的亲子互动;最后,在游戏的具体阶段,儿童对于游戏情境及知识形成感受与体验。

(二) 学前儿童游戏心理环境的意义

众所周知,儿童只有在轻松愉快的精神状态下才能积极主动地、全身心地投入到游戏的想象和创造中。为此,幼儿园必须为儿童创建和谐、民主、平等、合作的良好心理环境,让儿童具有温和、安全、信任的心理体验,并享受到集体中的友爱、互助,以及合作的快乐和满足,这是儿童游戏对心理活动的要求。因此,为儿童游戏创设良好的心理环境具有重要的意义。

1. 促进幼儿的发展

良好儿童游戏环境的创设不仅能够促进儿童心理健康的发展,还能促进儿童主体性的发挥,最重要的是促进其创造力的发展。

2. 促进教师综合素质的提高

在儿童游戏过程中,教师运用各种创新的理念与方法为儿童创设良好的心理环境,积极评价与反思,调整与完善教育实践。在这一过程中,教师的各项素质都会相应地得到提升。

3. 促进幼儿园课程的完善

游戏作为幼儿园组织课程的主要形式,对幼儿园课程的实施效果起着不可忽视的作用。游戏心理环境的创设直接影响着课程的好坏,温馨、和谐的心理环境能使幼儿园课程更加完善。

因此,对儿童游戏心理环境创设的研究不仅是儿童发展的需要,也是社会发展的要求。目前,在理论研究方面,国内外缺乏有关儿童游戏环境创设方面的研究,而对儿童游戏心理环境创设方面的探索更是少之又少;在实践方面,许多教师只重视儿童游戏硬件条件的创设,如对活动墙、活动区角的设计,而忽视儿童心理氛围的建构。总之,对儿童游戏心理环境创设的研究是学前儿童教育理论与实践的双重需要。

二、学前儿童游戏心理环境创设的主要内容

良好心理环境的创设内容包括整体儿童游戏心理氛围的营造和具体儿童游戏中心理环境的创设。概括来说,就是游戏开展的大环境和小环境创设。大环境是指开展游戏的整体、背景环境,这种环境应当是安全的、宽容的、支持的环境,同时环境中要有良好的人际互动。小环境是指儿童在游戏中,针对不同游戏所具备的游戏前、中、后不同阶段的心理特点。

(一) 学前儿童游戏中整体心理氛围的营造

1. 安全的环境

安全是指感到自己被别人承认,得到别人的信任。每个幼儿都是一个独立的个体,他们都希望得到教师及同伴的尊重和肯定。幼儿对于被教师关注尤为重视,教师的一句话、一个动作、一个眼神等都会对幼儿产生积极或消极的影响。特别是刚入园的幼儿承受着母子分离与适应新环境的双重压力,极易产生紧张和恐惧情绪,更需要得到教师的关心和帮助。因此,教师应当了解孩子、尊重孩子,在与儿童的交往中要努力与儿童建立亲密的关系,使儿童产生安全感,从而更好地融入幼儿园的活动中。

2. 宽容的环境

幼儿来自不同的家庭,不同的教养方式与先天差异使每个孩子表现出不同的特点。教师要尊重孩子的差异性,并尽量做到因材施教。在游戏活动中,教师要从心理上认同孩子的差异,接纳孩子的各种习惯,并进行积极的引导;不用一个标准去要求所有孩子,尽量满足孩子的不同需求;给予孩子足够的选择权,如玩不玩,玩什么,怎么玩;要"让孩子慢慢来",尊重孩子的发展速度,不急于求成。

3. 支持的环境

赞扬、奖励是常用的支持幼儿的方法。教师应在幼儿参加游戏时经常肯定、表扬他们,这将会激励他们的主动精神。如果对幼儿的活动及活动结果要求过严、指责过多、评价不公,甚至采取讽刺、挖苦的口吻或进行不合理的惩罚,必然会使幼儿的自尊心受到伤害,甚至产生自卑心理。尤其是在游戏"失败"时,更应该鼓励幼儿再次进行尝试。

需要注意的是,当儿童的探索活动出现问题时,教师仍一味地表扬是不合适的。但是,批评时不能让儿童觉得自己能力不足,而应指出其表现没有发挥出其真实水平,这样才能激发儿童的求知欲。

4. 良好的人际互动

在儿童游戏过程中,创设良好的人际互动环境对儿童发展来说是至关重要的。其中,师幼之间的良好互动、同伴关系的良好发展,以及亲子之间的和谐相处是创设良好人际互动环境的重要内容。

(1) 创建良好的师幼关系

首先,教师应当了解、尊重、接纳儿童。在与儿童的交往中,教师应多与孩子进行交流,以便更多地了解孩子的信息,在了解孩子的基础上尊重每一个孩子,与他们进行平等的沟通。在此过程中,教师不但要鼓励孩子的优点,而且要接纳孩子的缺点,并进行积极的引导。

其次,教师应针对孩子的差异性,为孩子提供相应的发展机会与条件。处于儿童期的孩子们各自有不同的特点,教师应努力了解他们的差异性,制定不同的游戏方案与角色,满足孩子们不同的需要,为孩子们发展不同的能力提供便利条件。

最后,教师应实施全面的发展性评价。在游戏过程中,教师不仅要针对表现突出的孩子进行鼓励,而且要及时地对取得进步的孩子进行肯定;不仅评价孩子某一方面的表现,还要对孩子的整体表现进行评价。教师要对活动过程中孩子的表现进行评价,而不只是对游戏的结果进行评价。教师要明确对儿童评价的最终目的是让儿童更好地发展,而不是对儿童表现进行评判。

(2) 创建友善的同伴关系

教师应当帮助儿童建立宽松的、合作的同伴关系环境。

首先,应当为儿童提供交流与合作的机会,让儿童在合作的游戏中增强交往的愿望,体验在游戏中互助合作带来的乐趣。例如,在角色游戏中,儿童可以通过扮演各种不同的角色,体验各种角色的思想感情、行为经验,并与同伴积极交往。

其次,对儿童交往互动进行正确的引导。在平时的生活中,教师要教给儿童与同伴交往的技巧,尤其是在同伴之间发生冲突时,要抓住机会针对具体的情况对儿童进行恰当的教育。

最后,要鼓励儿童的互助行为。当发现儿童间发生互助行为时,要及时表扬儿童,并借机要求其他小朋友学习这种互助行为。

(3) 创建和谐的亲子关系

建立温馨、和谐的亲子关系要注意以下两点。

首先,以同理心接纳孩子。同理心是要求家长用自己的内心体验去体会和理解孩子,这样才能满足孩子的合理需要,体谅和宽容孩子的所作所为,甚至过失行为,从而与孩子分享成功的快乐和失败的忧伤。

其次,以平等心与孩子沟通。这是一种平等、民主的相处原则。要求家长在孩子面前隐去权威形象,在与孩子的平等相处中,以自己的人格赢得尊重,从而使孩子接纳自己。家长应该俯下身来贴近孩子,以游戏伙伴的身份参与孩子的游戏,以同伴的身份欣赏孩子的游戏,同时要以同伴的身份来影响孩子,而不是以成人的权威来压制孩子。

(二) 学前儿童游戏不同阶段心理环境的创设

1. 游戏开始前知识与经验的心理准备

在游戏开展之前,教师应做到以下几点。

(1) 根据游戏的内容布置好游戏场地,让儿童有身临其境的感觉。例如,幼儿园中班的小朋友要学习有关海洋生物的知识,教师为此安排了一个游戏"我是小小鱼"。在游戏开展前,教师先将教室布置了一番,在墙上粘贴了许多海洋生物及气泡、浪花等图片。这样布置就是为了让儿童在游戏中能体验到海底世界的氛围,从而能更好地融入游戏、学习到更多的海洋知识。

（2）提示游戏的内容，让儿童做好知识、经验上的准备。

（3）通过演示或开场语将儿童带入游戏的情境中。例如，在幼儿园室外活动中，教师要训练小班儿童的大肌肉，设计了游戏"小兔子采蘑菇"。游戏前，教师先教了小朋友们双腿跳的标准动作，然后边跳边唱儿歌《小兔子采蘑菇》，这样就一下子激起了小朋友们游戏的热情。

2. 游戏进行中知识与情境的心理体验

在游戏进行的过程中，教师应做到以下几点。

（1）引导儿童在游戏过程中积极参与、积极思考与积极感悟。例如，幼儿园中班儿童要开展角色游戏"小蝌蚪找妈妈"，在孩子们参与角色扮演的同时，教师也要引导他们感受小蝌蚪找妈妈时的焦急心情与找到妈妈后的快乐心情。

（2）做好游戏过程中必要的秩序维持工作，以免游戏受到干扰。例如，在大班儿童参与室外踢球的体育活动时，要求分两队各自通过各种障碍物把足球踢进球门。在游戏过程中，有两个小男孩一会儿插队抢先，一会儿推推挤挤，影响了游戏的正常进行，这时教师临时安排他们俩去球门捡球，这样不仅保证了游戏的顺利进行，也使两个小男孩各自承担了职责，并在游戏过程中体验到了责任感。

（3）及时强化儿童的良好行为及优良品质，针对不同的儿童进行相应的指导。

3. 游戏结束后知识与经验的评价与反思

在游戏结束后，教师应做到以下几点。

（1）引导儿童回忆、讨论游戏过程。在角色游戏"小蝌蚪找妈妈"结束后，教师可引导儿童回忆整个游戏的过程，以此加深儿童对游戏的印象。

（2）引导儿童分享各自不同的感受与体会。例如，在角色游戏"小蝌蚪找妈妈"结束后，教师先让儿童回忆整个游戏过程，接着问参与扮演角色的儿童的心理感受，又问观看角色表演的儿童的心理感受，让他们在分享感受的同时学会体验其他同伴的感受。

（3）总结游戏主旨，对孩子们的行为给予评价。这种评价包括整体评价和针对表现突出孩子的个别评价，要注意以鼓励为主，注重发展性评价，且评价要具体、明确。

三、学前儿童游戏心理环境创设的基本原则

学前儿童游戏中心理环境的创设应该遵循儿童本位原则、差异性原则、发展性原则、自主性原则、启发性原则和开放性原则。

（一）儿童本位原则

游戏活动的参与者是教师与儿童。教师与儿童的关系不仅是"教与学"的关系，首先是"人与人"的关系。"人与人"的关系是"教与学"关系的前提与基础。所以，在

教学过程中,要遵循"以人为本"的原则,在开展儿童游戏时,要遵守儿童本位原则。

学前儿童游戏心理环境的创设要遵循儿童发展的自身规律,要充分尊重儿童的心理特质。在儿童的世界里,从一粒沙中可以观赏世界,从一朵花中可以看见天堂;儿童可以使一无所有变得无所不有,借一寸光阴把握永恒;儿童撒谎可能是在表达愿望,儿童犯错误可能是由于认知水平的限制;当儿童需要被爱时,他会靠近你,向你撒娇;当儿童需要经验时,他会尝试用各种态度和方法来应付不同的环境。这就是发展中的儿童,这就是成长的需要。儿童的游戏世界只能是儿童自己创造的世界。

(二) 差异性原则

不同的儿童在心理和生理的成长上存在着差异,导致同一年龄段的儿童经常会因为成长的快慢或性别的差异而出现不同的心理状态,包括心理承受力、对事物的理解等,这就要求成人在为儿童游戏创设心理环境时要把这种差异性考虑在内。例如,在集体角色扮演游戏中注意观察不同儿童对自己在游戏中角色的反应,做出及时的调整,并要求成人在儿童游戏的过程中对不同儿童可能出现的反应做出思想和应对方法上的准备。

例如,诺诺是个文静不爱说话的小姑娘,她的座位安排在小熊组。下午玩拼插积木的时候,诺诺把小手放在桌子下面,眼睛时而盯着别的小朋友玩儿,时而看着桌面。卢老师走过去问她怎么不玩积木,她摇摇头不说话。原来小熊组除了她,都是调皮的小男孩,他们早就把积木抢光了。游戏开始时每个人都有积木,但是玩着玩着,由于搭建的需要,小男孩们就趁机把剩余的积木都弄到自己这边来,或者把别人还没用的积木抢到自己这儿来。诺诺的积木一会儿就被抢没了。后来她看到小男孩之间的抢夺,吓得不敢再拿积木了,渐渐对积木也失去了兴趣。在该案例中,诺诺被放到了一个除了自己都是男孩儿的小组里。在这个小组里,身为女孩儿的诺诺就与集体产生了差异,而因为教师在游戏环境创设过程中没有考虑到这种差异,使得诺诺不敢再玩儿积木了。因此,意识到个体差异的存在并在心理环境创设过程中将其考虑在内是十分必要的。

(三) 发展性原则

同一个儿童在不同的年龄段,其心理上也是存在差异的。在认知、情感及社会性等方面均有不同的特点,因此教师应该认真学习儿童心理方面的知识,针对儿童不同年龄段创编、指导相应的儿童游戏,让游戏满足儿童特定年龄段发展的需要,以促使儿童健康成长。例如,小班刚入园的儿童在进行第一次集体游戏时,由于自主游戏的能力还有待发展,所以教师更多地是鼓励他们进行游戏;而进入大班后,儿童的自主游戏能力增强,这时教师更多地是引导儿童以正确的方式进行游戏。儿童在不同的发展阶段会有不同的特点,教师应做的就是用发展的方式来看待差异,为其创设符合其发展特点的游戏心理环境。

(四)自主性原则

儿童随年龄的增长会经历一个自主进行游戏从少到多、从不乐意到喜欢的过程,在现实中表现为年龄大一点的儿童在游戏中会有意识地试图摆脱成人的控制,按照自己的意愿进行游戏,这一过程也同样反映了孩子的成长过程。在这一过程中,适当地鼓励儿童,对儿童发展自主性、培养创新性至关重要。如果在游戏的过程中,教师过多地进行辅助,不但违背了这一时期儿童的特点,还可能对其心理成长产生负面影响。

例如,在幼儿园表演游戏中,大班幼儿表演白雪公主的童话故事,其中一个片段是皇后骗白雪公主吃有毒的苹果,而幼儿不希望白雪公主吃有毒的苹果,于是就把这个片段的表演改为了七个小矮人及时赶过来阻止了白雪公主吃毒苹果。由于幼儿对七个小矮人的喜爱,结局改为七个小矮人与白雪公主一起用智慧赶走了坏皇后,之后一起快乐地生活着。在该案例中,教师没有要求儿童一定按照原本的故事进行表演,而是尊重儿童对表演剧目的创新。这样既肯定了游戏中儿童的主体地位,又激发了儿童的想象力和创造精神。

(五)启发性原则

儿童在游戏的过程中经常会遇到一些从未接触过、不知如何解决的小困惑。作为成人,在儿童遇到困难时往往愿意帮其解决,但是应为儿童设计启发性的心理环境,而不是直接辅助其解决问题。因为在人类的成长过程中,对问题的解决本身就是一种成长形式。在经过设置的心理环境下启发孩子解决问题、战胜困难,对其成长的帮助要远远大于告诉他该怎么办。这就是人们常说的:"授之以鱼,不如授之以渔。"所以,在儿童游戏的过程中有意识地设置启发性的心理环境对儿童的成长是十分必要的。比如,当教师发现一个胆小的幼儿正独自一人在"娃娃家"的理发店里玩电吹风时,便走上前去对她说:"你的电吹风真有用,你已经为几个顾客吹过头发了?"幼儿答道:"还没有来过顾客。"教师说:"那你可以站在店门口请人家来理发,你需要我帮你叫一些顾客吗?"在幼儿的允诺下,教师走到其他游戏区建议那里的幼儿到这个理发店来理发、吹发。该幼儿在教师的影响下,也开始主动邀请其他小朋友来理发店理发。

(六)开放性原则

对儿童而言,游戏是其思维发展的重要方式之一。儿童的思维能力在游戏中得以增强,协调能力、交往能力得以发展。随着年龄的增长,人的思维会逐渐固化。对于成人而言,一个圆也许就仅仅是一个圆;而对于儿童而言,一个圆可能是一个苹果、一个西瓜、一个 UFO……这就是儿童的思维特点,而成人在游戏过程中应该秉承开放性的原则为儿童创设开放、自由的心理环境,尽量保护儿童发散的思维方式,以促进儿童的思维发展。

本章小结

1. 游戏环境是指为学前儿童游戏活动提供的各种条件,主要包括物质环境和心理环境两个方面。物质环境主要是指幼儿园各种人工或非人工的游戏空间、游戏时间、游戏材料和设施等。心理环境主要是指人际关系及心理氛围,包括游戏氛围、师幼关系和同伴关系等。

2. 游戏环境作为隐性的教育内容,对儿童游戏的顺利开展具有重要意义。首先,有利于游戏活动的开展和教育目标的达成。其次,有利于满足学前儿童喜爱游戏的天性,使学前儿童成为游戏的主人。再次,有利于学前儿童身体、智力、社会性、情感等方面的和谐发展。

3. 为了更好地发挥作用,游戏环境需要符合一些基本要求:第一,保证游戏环境的安全性,尽可能把学前儿童在游戏过程中可能受到的伤害降到最低;第二,满足游戏环境舒适度和适宜性的要求;第三,游戏环境应该考虑学前儿童身心发展需要、生活需要以及课程开展需要等,尤其是学前儿童多样性游戏玩耍的需要;第四,满足空间密度要求,室内活动空间不足可以通过改变布置、多采用分组活动等方式来改善,室外活动空间不足则可以通过班级轮流开展室外活动来补偿;第五,无论是室外还是室内的游戏环境都应该尽可能提供充足的游戏材料和玩具,并随着学前儿童的发展不断地进行调整和补充,注重感性材料和操作材料对学前儿童的吸引力。

4. 幼儿园室内游戏环境的要求主要包括温度和空间密度的要求,以及安全性、趣味性与艺术性,空间利用合理,材料投放丰富科学等方面的要求。

5. 户外游戏环境的创设包括运动器械区、种植养殖区、玩沙玩水区、长廊、车道、小树林和山坡、投掷区、户外游戏小屋和户外美工区等主要内容。

6. 良好心理环境的创设内容包括整体儿童游戏心理氛围的营造和具体儿童游戏中心理环境的创设。良好的心理环境应该是安全的环境、宽容的环境、支持的环境;还要有良好的人际互动,如良好的师幼关系、友善的同伴关系以及温馨、和谐的亲子关系。

7. 学前儿童游戏中心理环境的创设应该遵循儿童本位原则、差异性原则、发展性原则、自主性原则、启发性原则和开放性原则。

 自我评量

一、名词解释

1. 物质环境　　2. 心理环境

二、简述题

1. 游戏环境的创设对学前儿童游戏的开展具有什么样的作用？

2. 室内游戏环境创设的基本要求是什么？

3. 户外游戏环境创设的基本要求是什么？

4. 游戏心理环境创设的基本原则有哪些？

三、论述题

1. 结合实践分析游戏环境创设的主要内容与要求。

2. 参观一个幼儿园，并对其硬件游戏环境进行分析和评价，如有需要请提出改进建议。

3. 请至少参加一项幼儿园的游戏活动，并试着分析评价其游戏的心理环境。

第八章　学前儿童游戏观察与指导

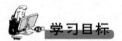

1. 理解学前儿童游戏观察的含义和意义，掌握常用的学前儿童游戏观察方法和工具量表。

2. 理解学前儿童游戏评价的含义及意义，能够对学前儿童游戏进行恰当的分析评价。

3. 掌握干预指导学前儿童游戏的原则和方法，能够合理把握游戏介入的时机，灵活转换角色，有效指导儿童游戏。

快乐的放学时刻[①]

放学了，教室里迎来了一批批接幼儿回家的家长，最后只剩下了宁宁、文文和依依。在宁宁的招呼下，文文、依依凑过脑袋，三个女孩挤在一起开始了一番低声细语。两分钟后，话音落下，三个女孩心满意足地笑了，显然她们之间是协商好了什么事情。只见依依端坐在椅子上一动也不动，而宁宁和文文突然向着依依单膝跪地，并齐声说道："参见女王陛下！"原来女孩之间有了"女王"和"仙女"这样的分工协商。身为"女王"的依依一脸严肃，她高高抬起下巴，一字一句地说道："起来吧！现在小岛上出现了几只怪物，你俩马上去消灭它们吧！"两位"仙女"起身应道："是！女王陛下。"随即便转身朝着教室的厕所方向出发了。过了一会儿，两位"仙女"从厕所方向折回，她们的手上多了一样东西——一个餐巾纸盒子。等到她们来到"女王"依依跟前时，她们再次单膝跪地说道："参见女王陛下，怪物已被消灭，这是我们从小岛上带回的一个宝盒。"……正玩着，依依的家长出现在教室门口，游戏终止。

---

① 徐则民,洪晓琴.游戏,幼儿"想自己所想,做自己所做"[EB/OL].（2011-09-08）.http://www.age06.com/Age06.Web/Detail.aspx? InfoGuid=727d9a9e-56a5-437d-8e31-ab07169db60e.

瞧！这就是自然状态下幼儿自发产生的游戏。没有成人的建议与指导，三个女孩自觉地模仿时下最流行的动画片《巴啦啦小魔仙》中的情节。尽管游戏持续的时间并不长，但整个过程中幼儿按照自己的想法无拘无束地畅玩，她们不在乎游戏有没有严密的计划，也不需要成人的认可与帮助，更不会相互评判演得是否到位、形象，她们需要的只是快乐、默契。

引导案例

老师的游戏和我们的游戏①

幼儿园的活动室内，教师正在组织儿童开展角色游戏。

活动室被分为不同的角色游戏区，有"娃娃家""医院""饭店""糖果厂""饭店""商店""公共汽车"等。儿童按照自愿报名的原则去了不同的游戏区。教师在做巡视指导，当发现"医生"闲着无事可干的时候，就赶快跑到"娃娃家"，提醒"妈妈"："'宝宝'生病了。"在教师的启发下，"爸爸""妈妈"赶紧抱上孩子，坐上"公共汽车"，去医院找"医生"看病。在另一个游戏区里，"糖果厂"的"小工人"用糖纸包完糖果（橡皮泥）以后坐着发呆。教师不失时机地跑来，启发他们："今天是周六，该大扫除了吧？"……

在整个游戏过程中，教师忙得不亦乐乎，从一个区到另一个区，对儿童进行启发诱导。通过教师的穿针引线，各游戏组之间发生了横向联系，成为一个整体。游戏场面显得热闹而壮观。这是大家在幼儿园经常可以见到的创造性游戏。

但是，让我们来听听儿童的反应，他们怎么看这种游戏。

当教师宣布"今天的游戏玩到这里，小朋友们可以自由活动了"时，两个男孩子走到一起："现在好了，老师的游戏玩完了，我们到外面去玩我们自己的游戏吧。"

在这个案例中，教师在安排和设计游戏时是考虑到儿童特点的，例如角色区域的设计都是孩子所熟悉的，教师在干预游戏的过程中也注意启发儿童。然而即便如此，却仍然得到了"老师的游戏玩完了，我们到外面去玩我们自己

---

① 刘焱. 儿童游戏通论[M]. 北京：北京师范大学出版社，2004：174.

的游戏吧"这样的评价。可见,在孩子的心目中,这样的活动仍然是"任务",而非"玩耍",教师的干预并没有起到应有的效果,并没有让孩子"领情"。那么,教师在学前儿童的游戏中究竟应该扮演什么角色,应该如何观察记录、分析评价、干预指导儿童的游戏呢?

第一节 学前儿童游戏观察与记录

观察(observation)的字面解释是"对人或事物仔细查看"。我们这里所说的游戏观察不仅包括用眼睛去看,也包括综合运用多种感官对事物获取整体性的认识,还包括根据观察目的综合运用必要的记录工具或仪器来辅助观察,客观、及时地进行记录。

一、观察与记录前的准备

学前儿童游戏观察与记录是一项细致烦琐的工作,需要专业的训练和专门的准备。在进行观察记录之前,应该做好充分的准备。

(一)认识并理解游戏观察的重要性

教师是学前儿童游戏过程的观察者、记录者和引导者,要有效地干预和指导儿童的游戏,就必须了解儿童,了解儿童的游戏,而观察正是了解儿童及其游戏的主要途径之一,是教师分析评价和干预指导儿童游戏的前提。

1. 观察有利于教师更好地理解儿童的游戏,进行有效指导

教师通过观察儿童游戏,可以更好地理解儿童游戏的意义、儿童游戏发展的水平和儿童游戏的类型。通过观察游戏中的儿童,教师可以知道儿童喜欢的游戏方式、偏爱的玩具、偏好参与的游戏主题、常选择的游戏区域、玩伴及他们与玩伴间的相互关系等。对游戏进行仔细观察,有助于确定儿童是否需要帮助。

2016年施行的《幼儿园工作规程》中指出:幼儿园应当将游戏作为对幼儿进行全面发展教育的重要形式。应当根据幼儿的年龄特点指导游戏,鼓励和支持幼儿根据自身兴趣、需要和经验水平,自主选择游戏内容、游戏材料和伙伴,使幼儿在游戏过程中获得积极的情绪情感,促进幼儿能力和个性的全面发展。游戏观察是有效指导学前儿童游戏的基本前提,经常留心观察儿童游戏的教师不会轻易去打扰儿童游戏,他们会在恰当的时机选择合适的方式介入、指导儿童游戏。

2. 观察有利于教师提高自身素质,对游戏进行客观评价

观察儿童游戏是评价儿童身体、智力和社会性等进步程度的一个重要方法。教师通过观察可以掌握大量一手资料,从而为评价游戏提供翔实可靠的依据。教师观察得越仔细获得的信息越全面,从而对幼儿游戏的评价也就越客观、准确。

游戏中的真正主人是儿童,教师是游戏环境的创设者、观察者和引导者。会观察游戏、分析观察结果是教师必须掌握的基本技能。观察对教育教学的重要性是不言而喻的,教师通过观察可以掌握大量真实生动的第一手资料,这些资料为教师日后进行自我反思、改进游戏计划、提升组织和引导游戏的能力提供了重要依据。教师只有在实际工作中不断反复观察,才能不断提高自身素质。

3. 观察为教师设计游戏和创设游戏环境提供了依据

教师通过分析观察结果可以更准确地了解儿童的社会交往能力、认知发展水平和生活经验,从而为制订日后的游戏计划提供基础依据。教师在制订游戏计划时只有考虑到儿童已有的生活经验和兴趣需要、以儿童为中心进行设计,并将预设游戏的目标设定在儿童的最近发展区内,才会取得良好的游戏效果,使儿童获得最佳发展。

另外,通过对观察结果的分析,教师还能够了解儿童游戏所需的最佳游戏条件,如时间、空间及游戏材料等。时间是开展游戏活动的重要保证,游戏时间的长短会影响儿童游戏的质量;空间是开展游戏所必需的基本条件,空间的大小、边界、标注等因素会影响儿童游戏的水平;材料和设备是游戏的重要支柱,材料的种类、性质、多少等影响着儿童的游戏行为。

(二) 做好计划,准备好工具和方法

在进入观察情境,开始正式观察之前,观察者应该首先确定观察的目标,并根据目标和客观条件做好观察计划,提前选择观察的方法和工具,以保障有效观察和客观、及时地记录。

1. 确定观察的目的,避免盲目观察

观察并非漫无目的地"看"儿童游戏。在进行观察之前,应该首先确定要观察的对象,明确观察其游戏行为的主要内容,选择合适的观察方法。尽量在儿童对游戏环境和游戏伙伴熟悉以后再开始观察,避免因环境陌生等因素对学前儿童的游戏造成干扰。如果没有明确的研究目的或主题,应尽可能既在室内又在室外观察儿童,保证观察的全面性。为保证观察到的是儿童的典型行为,应该多次、持续地进行观察,不能仅通过一次或一天观察就妄下结论。

2. 选择观察方法,准备好观察工具

观察游戏的方法有很多,如扫描观察法、定点观察法、追踪观察法等,教师应该根据研究的目的和客观情况选择合适的研究方法和记录方式。例如,假如要观察的是学前儿童玩物游戏的发展,则需要观察和记录儿童手部小肌肉的发展情况和儿童的动手操作能力,这时如果在文字记录之外,能配上相应的图片或影音记录资料则更好。

工欲善其事,必先利其器。在观察前做好周密的工具准备,可以避免在实际观察过程中因临时缺乏某些器材而造成观察和记录的中断。观察前应该准备好适当

的记录纸或观察表格,方便有效率地记录和进行归纳;在一些观察中还应该准备好时钟、手表或秒表,以及影音记录工具,如录音笔、照相机、摄像机等。

二、观察和记录的方法

常用的学前儿童游戏观察与记录的方法有三种,分别是扫描观察法、定点观察法和追踪观察法。教师可以根据观察的目的、客观情况和儿童的年龄特点等灵活选择观察的方法。

(一)扫描观察法

扫描观察法即时段定人法,是观察者在相等的时间段里对观察对象依次轮流进行观察的一种方法。教师通过扫描法可以从总体上对全班幼儿的游戏情况有所了解。比如,儿童在游戏中使用了哪些材料,开展了什么样的主题游戏,扮演了哪些角色等。

扫描观察法一般在游戏开始和结束时运用得较多。其游戏观察流程如下。

(1)观察者在观察前根据要观察的内容设计好观察表格。

(2)观察者要确定好观察对象和顺序。

(3)实施观察活动。以5分钟或10分钟为一个观察时间单位,对观察对象进行有序观察,并采用统一的方式进行记录。

案例

拼图游戏观察[①]

拼图游戏观察记录(一)

观察时间:2009年3月18日

开始时间:下午4点

结束时间:下午4点30分

观察地点:大班活动室

观察对象:大班全体幼儿

观察记录:发给大班幼儿每人一份由20块小图组成的拼图和一份完整的对照图。幼儿很快把小图拆开摆在了桌子上,可是一时又不知道从哪里下手,都瞪大了眼睛看了又看。过了两分钟,有的幼儿开始说:"老师,我不会拼啊!这个怎么拼呀?"于是我提示幼儿仔细观察,参看对照图来拼。又过了5分钟,几个幼儿失去了兴趣,开始收拾拼图不想拼了。陆陆续续地其他幼儿也不拼了。只有远远、山宝两个幼儿对拼图产生了兴趣,丝毫没有收起的意思。10分钟后,山宝第一个成功地完成了拼图,远远只拼了一半。

---

① 范明丽.学前儿童游戏与指导[M].成都:西南财经大学出版社,2014:182-183.

拼图游戏观察记录(二)

观察时间:2009年3月19日

开始时间:上午10点

结束时间:上午10点30分

观察地点:大班活动室

观察对象:大班全体幼儿

观察记录:幼儿发现拼图拆开后,混在一起很难辨别出哪块是你的,哪块是我的。薇薇第一个想出了在拼图背后做记号的方法。于是在游戏刚开始时,幼儿都在给拼图做记号。游戏开始后,幼儿比昨天专注了很多,都认真地先观察对照图,再仔细地拿起拼图一块块对照拼图。大约5分钟后,还是山宝第一个拼好。又过去了大约5分钟,磊磊和鹏鹏也拼好了。游戏开始20分钟后,大多数幼儿都完成了拼图任务,仅有个别幼儿拼起来很吃力,需要教师多次指导。

儿童的观察能力、动手能力处于不同水平,有的儿童水平相对较高,有的儿童则相对较低。当儿童遇到问题时,教师应该先让他们自己想办法,多在一旁鼓励。案例中的幼儿能积极主动地想办法解决问题是非常可贵的。当儿童不明白游戏规则时,教师应给予正确的引导,帮助他们顺利开展游戏。

(二)定点观察法

所谓定点观察法即定点不定人法,指教师固定在任何一个游戏区域对游戏中的儿童进行观察,凡是在此区域游戏的儿童都是观察的对象。这种方法适用于了解某个主题或区域的儿童游戏的情况,了解儿童现有的经验和他们的兴趣点、同伴之间的交往、游戏情节的发展等动态信息。定点观察法通常在游戏过程中使用,并采用实况描述法进行记录。定点观察法游戏观察流程如下。

(1)观察者应在观察前确定好所要观察的游戏区域,即定点。

(2)观察儿童的游戏行为、语言和表情、使用的材料、对游戏的专注度及与同伴的关系等。

(3)观察记录。教师可以用实况描述或事件抽样的方式记录。为了避免观察时间不充足或不能进行详尽的描述,观察时可以利用照相机、摄像机等工具辅助记录。

案例

经营不善的理发店[①]

理发店游戏区域中只有一男一女两个孩子,女孩是老板娘,男孩是店员。理发店生意很冷清,只有老板娘在擦她的吹风机,还时不时地朝"娃娃家"观望,一副无所

---

① 范明丽.学前儿童游戏与指导[M].成都:西南财经大学出版社,2014:183.

事事的样子。老师见状走进理发店,男孩对老师说:"老师,我们的理发店快开不下去了,已经有好几天没来顾客了。"老师听完后去面包房买面包,并邀请面包房的面包师和她一起去理发。看到老师带来的顾客,老板娘很是高兴,要面包师先洗头。接着,老师退出了游戏,但不久面包师就跑出了理发店,老板娘一脸无奈的样子。老师看到后就问:"她为什么走了?"老板娘回答:"我也不知道。"

分析:该游戏区域的游戏开展得不尽如人意,且这种状况已有几天,这就需要教师的指导和帮助。但是,教师的帮助缺乏启发性,使得该区域的幼儿被动接受帮助,而不是自己想办法解决问题。

(三)追踪观察法

追踪观察法即定人法,教师根据需要确定1—2名儿童作为观察对象,观察他们在游戏中的各种情况。在观察时,儿童走到哪里,教师就追踪到哪里,即固定观察对象而不固定观察地点。通过这样的观察,教师可以对儿童有更加全面深入的了解。在使用追踪观察法时可伴随图示法和实况描述法进行记录。追踪观察法的游戏观察流程如下。

(1)确定观察对象,确保其是在自由游戏状态下被观察。

(2)观察儿童在自由游戏中的全游戏状态,儿童走到哪儿,教师就跟到哪儿。

(3)观察时可采用图示法将儿童游戏的轨迹记录下来,同时可采用实况描述的方式将儿童的游戏过程记录得更加具体,其中可以包括教师对幼儿游戏的分析。

案例

对小吉的观察分析[①]

观察时间:2008年6月25日

观察对象:小吉

观察地点:建构区

观察教师:小林老师

观察记录:这几天,我很认真地观察小吉在建构区的活动,每一次他都看小朋友玩几分钟,特别是小朋友搭建的复杂图案的积木。然后,没有任何征兆,他走过去推倒他们搭建的积木。

经过几天的观察和记录,我开始认识到小吉缺乏交往技巧,无法融入小朋友的游戏。因此,我问他是否愿意和我玩,他立刻使劲点头说愿意。这是我帮助他用恰当的方法融入游戏的开始。

当我和他玩时,别的小朋友过来加入我们的游戏。我向他示范怎样用恰当的语

---

① 范明丽.学前儿童游戏与指导[M].成都:西南财经大学出版社,2014:184.

言和身体动作与别的小朋友玩。几天以后,我可以不用带着他一起与小朋友玩了,而是坐在旁边看,偶尔提醒他一下。几星期后,小吉就可以不用我的帮助自己跟小朋友玩了。一个月后,小吉总能做到问小朋友他是否可以加入游戏。

小吉的老师给他提供了他所需要的社会交往技能的帮助。如果教师刚开始时断定小吉具有问题行为,处理方式便完全不同了。只有在多次观察、解读幼儿表现的意义后,提供解决问题的建议或者策略,幼儿才能成功地获得新技能和自信。

案例

追踪观察之图示法[①]

观察时间:2008年4月19日

观察地点:中班活动教室

观察对象:小勇(A)、天赐(B)

观察教师:夏××

观察记录:详见图8-1。图中A、B在游戏中的途径可以直接被观察到(箭头代表

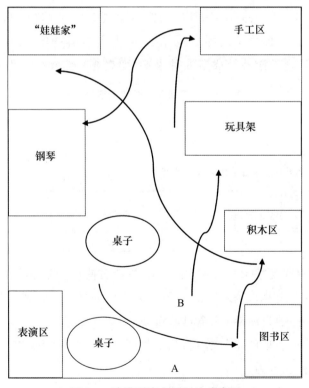

图8-1 追踪观察之图示法示意图

---

① 范明丽.学前儿童游戏与指导[M].成都:西南财经大学出版社,2014:184-185.

行走的方向)。图示法要求将游戏区域的布置画在纸上,使得观察记录的结果在平面上一目了然地显现出来。采用这种方法,教师不仅可以观察到儿童在游戏时的兴趣点和与同伴交往的情况、场地布置和游戏材料的提供情况,还可以及时发现儿童在游戏中出现的问题,并全方位地考虑解决对策。

三、常用的观察量表与记录手段

俗话说:"好记性不如烂笔头。"认真细致的观察很重要,观察中或观察结束后的及时记录也同样重要。这里我们主要介绍行为核对量表、等级量表、描述记录和多媒体记录等在游戏观察时经常使用的观察量表和记录手段。

(一) 行为核对量表

行为核对量表是用来核对儿童在游戏中重要行为是否呈现的量表。观察者事先将观察的项目列出,当儿童表现出某一项目行为时,就在该项目上打"√"。运用行为核对量表进行游戏观察比较系统,记录信息更快捷。以下介绍三种主要的行为核对量表,即同伴游戏观察量表、社会性主题角色游戏量表和社会/认知评定量表。

1. 同伴游戏观察量表

豪伊斯(Carollee Howes)的同伴游戏观察量表吸收了帕顿(Parten)的独自游戏和非游戏行为条目,并增加了教师参与、游戏地点和材料三项,按照幼儿之间接触程度的不同把幼儿社会性游戏分成了6种水平,如表8-1所示。

表8-1 豪伊斯同伴游戏观察量表[①]

姓名:_____   观察日期:_____

次数	种类						非游戏活动	非游戏行为	教师参与	地点或材料使用
	水平0	水平1	水平2	水平3	水平4	水平5				

豪伊斯同伴游戏观察量表与帕顿-皮亚杰量表使用方法相似,也是一张表格只记录一个幼儿,每次观察15秒,间隔5秒。豪伊斯同伴关系量表的操作性定义如下:

(1) 水平0——独自游戏:儿童自己游戏。

(2) 水平1——简单的平行游戏:儿童之间进行相同或相近的游戏活动,但没有目光接触或任何社会行为。

(3) 水平2——具有成熟意识的平行游戏:儿童参与相近的游戏,并有目光接触,

---

① 翟理红.学前儿童游戏教程[M].上海:复旦大学出版社,2006:80.

但没有出现社会性交往。例如,几个在一起搭积木的儿童,会偶尔看一眼别人搭建的东西。这些儿童虽未进行更进一步的社会性交往,但却意识到了他人的存在及其活动。

(4)水平3——简单的社会性游戏:儿童参与同类型的活动,相互间有社会性交流,但没有进行社会性游戏。例如,微笑、触碰、发出声音、攻击行为等。

(5)水平4——具有成熟意识的互补游戏:儿童参与到社会性游戏或基于互助性游戏的游戏中来。"躲猫猫"和追逐的游戏都属于这一类型。

(6)水平5——互补互惠的社会性游戏:儿童在游戏中表现出了分工合作等实质性的交流。

除了以上介绍的6种水平,表格中的另外4项也对观察儿童游戏有重要的帮助。综合表格中所列各项的表现,可以帮助观察者更加全面地了解儿童的兴趣、喜爱的游戏材料、与同伴的交往状况等。教师了解这些有助于采取更适合儿童游戏的指导方法,帮助儿童提高游戏水平。

2. 社会性主题角色游戏量表

斯米兰斯基(Smilansky)社会性主题角色游戏发生在两个或两个以上的儿童充当角色演出一个故事或是剧情的时候。虽然表面看起来非常简单,却对儿童认知、语言和社会性的发展程度都提出了较高的要求。因此,年龄较小的儿童往往不能胜任这样的游戏。斯米兰斯基社会性主题角色游戏量表如表8-2所示。

表8-2 斯米兰斯基社会性主题角色游戏量表[①]

姓 名	角色扮演	假扮的转换			社会互动	语言交流		坚持性
		物体	行动	情境		元交流	角色交流	

斯米兰斯基社会性主题角色游戏量表与帕顿-皮亚杰量表、豪伊斯同伴游戏观察量表的不同之处有两点。一是观察对象数量不同。斯米兰斯基社会性主题角色游戏量表可以同时观察多名幼儿;而帕顿-皮亚杰量表、豪伊斯同伴游戏观察量表一次只能观察一名幼儿。二是取样的方法不同。帕顿-皮亚杰量表、豪伊斯同伴游戏观察量表都采取以15秒为间隔取样的方法;而斯米兰斯基社会性主题角色游戏量表采用事件取样的方法,需要较长观察时间,根据儿童年龄不同,观察时间为5—10分钟。

斯米兰斯基社会性主题角色游戏量表的操作性定义如下。

(1)角色扮演。儿童在游戏中扮演某一角色,并会用口头宣布的方式进行交流,并表现出与角色相对应的行为。

---

① 董旭花.幼儿园游戏[M].北京:科学出版社,2009:138.

(2) 假装的转换

a. 用玩具等物体代替现实中的实物。例如,用积木代替汽车或采用口头陈述的方式来创造一些假想的物体。

b. 儿童会用简约的行为代替真实的行为或用口头的方式创造一种行为。

c. 用口头陈述创造一种想象中的情景。

(3) 社会互动。至少有两名儿童在游戏中根据游戏的主题、角色、情节、动作等进行直接的互动或交流。

(4) 语言交流。儿童用语言对游戏的情节、角色等进行交流。儿童在游戏中经常在自身真实的角色和假扮的角色间互相转换。例如,"我们来玩'娃娃家'吧,我当妈妈,你当宝宝……"(真实角色)"你饿了,我来给你做好吃的吧。"(假扮的角色)。儿童在计划游戏或制定游戏时所说的话是真实的,而在角色扮演游戏中扮演某种角色,并说出该角色相应的话是假装的。

(5) 坚持性。坚持性是指儿童游戏时间持续的长短。不同年龄段的儿童持续游戏的时间是不同的。有关研究指出:小、中班的儿童游戏可持续 5 分钟左右,大班儿童的游戏至少可维持 10 分钟。[①]

3. 社会/认知评定量表

20 世纪 70 年代中期,鲁宾(Kenneth Rubin)及其同事将帕顿的社会参与评定量表和斯米兰斯基改进的皮亚杰的认知游戏分类结合起来,使得对两个游戏发展的维度可以同时进行评估,从而形成了帕顿-皮亚杰社会性-认知二维联列量表。[②]

帕顿-皮亚杰量表是一种整体评价幼儿游戏发展水平的实用性工具,如表 8-3 所示。

表 8-3　帕顿-皮亚杰量表[③]

游　戏	独自的	平行的	集体的
基础游戏	独自-基础游戏	平行-基础游戏	集体-基础游戏
结构游戏	独自-结构游戏	平行-结构游戏	集体-结构游戏
角色游戏	独自-角色游戏	平行-角色游戏	集体-角色游戏
规则游戏	独自-规则游戏	平行-规则游戏	集体-规则游戏
两项非游戏行为:无所事事,旁观			

帕顿-皮亚杰量表操作性定义如下。

(1) 认知水平

认知水平具体包括以下四个方面。

a. 基础游戏。借助或不借助实物进行反复的肌肉训练。例如,跑和跳、操作玩

---

① 刘焱.儿童游戏通论[M].北京:北京师范大学出版社,2004:304.
② 〔美〕约翰逊,等.游戏与儿童早期发展[M].华爱华,郭立平,译.上海:华东师范大学出版社,2006:221.
③ 柳阳辉,张兰英.学前儿童游戏[M].郑州:郑州大学出版社,2006:150.

具或材料。

b. 结构游戏。使用材料或实物(如小桶、沙子、颜料等)来构造东西。

c. 角色游戏。儿童扮演现实生活中的某一角色或者把身边的某种东西假想成为另一种东西。例如,通过转动一个看不见的方向盘来假装自己在驾驶一辆车。

d. 规则游戏。儿童自身能够再认、接受并遵守既定的规则。例如,棋类游戏、踢球。

(2) 社会性水平

社会性水平具体包括以下五个方面。

a. 独自游戏。独自玩,玩的材料和其他小朋友不一样,虽然在与幼儿可交谈的范围内,但彼此之间没有任何对话。

b. 平行游戏。儿童玩的玩具或游戏与邻近的儿童相同或相似,但彼此没有要在一起玩的意识。

c. 集体游戏。与其他儿童一起做游戏,角色被指定或未被指定。

d. 非游戏行为。表现为无所事事、旁观或者在不同的游戏活动间来回变换。

e. 非游戏活动。由教师或幼儿自己选定的人物或学习活动。例如,看图画书、涂色、使用教育性玩具等。

社会性水平可以通过帕顿-皮亚杰游戏记录单(见表 8-4)反映出来。

表 8-4 帕顿-皮亚杰游戏记录单[①]

姓名:_____ 观察日期:_____

		认知水平			
		基础	结构	角色	规则
社会性水平	独自				
	平行				
	集体				
非游戏活动		行为			活动
		无所事事	旁观	频繁换场	

使用帕顿-皮亚杰量表的具体方法和注意事项如下。

(1) 在实际使用该表之前,要熟悉表内各项行为的操作性定义。只有这样,才能在现场观察时比较准确地判断儿童游戏行为的性质,并对其进行分类。

(2) 每名儿童都要有一个单独的量表与之相对。如果同时观察多名儿童,必须为每名儿童提供一张观察表。

(3) 确定观察的顺序。在观察前,可以混合全部的观察记录表,然后再随机抽取

---

① 柳阳辉,张兰英. 学前儿童游戏[M]. 郑州:郑州大学出版社,2006:161.

观察记录表,这样可以保证观察的顺序性和公平性。

(4)采取多次扫描—时间取样的方法,每名儿童的观察时间均为 15 秒,依次对每名儿童进行观察。以 15 秒作为观察周期的好处在于:一方面,该时间长度已足够观察者判断儿童行为的性质;另一方面,它也正好短到在一个观察间隔时间内儿童不太可能改变游戏性质。以 15 秒作为观察周期,一分钟内可以完成对三个孩子的观察,那么,在大约 20 分钟的时间内,可以每隔 4 分钟对小组中的儿童观察一次,大约可观察 5 次。当获得了一名儿童的 20—30 次观察记录后,对收集的数据进行分析,便可以得出这名儿童的游戏模式了。

(5)在观察结束后,应根据表单上的记录分析儿童游戏表现出这些成分的原因。如果一名儿童在某个游戏类型中没有记录,那么过几天再继续观察这名儿童,仅仅通过一次观察就得出结论是不成熟的。如果遇到儿童缺失一种或多种成分,教师应该给予该名儿童适当帮助。此外,在分析角色扮演的观察记录时,应该考虑到儿童的年龄特点和其生活环境,如 2 岁左右的儿童大多数参与的是群体性角色扮演,在 3 岁以后才会出现较为复杂的角色扮演游戏。

(二)等级量表[①]

等级量表与行为核对量表相似,都是把注意集中在特定的行为上并提供适当的信息记录形式。但是,二者也存在区别。等级量表与行为核对量表相比,其优势在于它不局限于表明某一行为的出现或缺失,还允许观察者对出现行为达到的水平进行评定,而且可以判断行为质量的高低。其劣势在于它所需要做的判断容易出错。观察者更容易基于最近的行为,而不是那些最具代表性的行为做出判断。同时也容易受其他因素的干扰。例如,晕轮效应:不相干的信息影响判断的倾向;趋中错误:避免过高或过低评价的倾向;仁慈错误:给自己熟悉的儿童的评价高于他应得评定的倾向。表 8-5 所示的巴奈特(Barnett)游戏等级量表是一种典型的等级量表,供大家参考。

表 8-5　游戏等级量表[②]

	项目与儿童相符合的程度				
	完全不符合	有点符合	不清楚	比较符合	完全符合
	1	2	3	4	5
身体的自发性					
幼儿的运动能很好地协调	1	2	3	4	5
幼儿在游戏中行为很活跃	1	2	3	4	5
幼儿好动不好静	1	2	3	4	5
幼儿有许多的跑、跳、滑	1	2	3	4	5

---

① 〔美〕约翰逊,等.游戏与儿童早期发展[M].华爱华,郭立平,译.上海:华东师范大学出版社,2006:251.
② 董旭花.幼儿园游戏[M].北京:科学出版社,2009:140.

(续表)

	项目与儿童相符合的程度				
	完全不符合	有点符合	不清楚	比较符合	完全符合
	1	2	3	4	5
社会自发性					
幼儿对别人的接近表现出友好	1	2	3	4	5
幼儿能与别人一起发起游戏	1	2	3	4	5
在游戏中幼儿能与其他人合作	1	2	3	4	5
幼儿愿意与别人分享玩物	1	2	3	4	5
幼儿在游戏中担任领导者的角色	1	2	3	4	5
认知自发性					
幼儿创造自己的游戏	1	2	3	4	5
幼儿在游戏中使用非传统性的物品	1	2	3	4	5
幼儿担任不同特征的角色	1	2	3	4	5
幼儿在游戏中变换活动	1	2	3	4	5
明显的愉悦性					
幼儿在游戏中表现得很兴奋	1	2	3	4	5
幼儿在游戏中表现得精力充沛	1	2	3	4	5
幼儿在游戏中表现积极	1	2	3	4	5
幼儿在游戏中表达情绪	1	2	3	4	5
幼儿在游戏时又说又唱	1	2	3	4	5
幽默感					
幼儿喜欢与他人开玩笑	1	2	3	4	5
幼儿善意地逗惹他人	1	2	3	4	5
幼儿讲滑稽故事	1	2	3	4	5
幼儿听到滑稽故事时发笑	1	2	3	4	5
幼儿喜欢和周围人讲滑稽笑话	1	2	3	4	5

（三）描述记录

描述记录是指教师采用叙述性的语言将儿童在游戏中的表现记录下来。描述记录可以选取集中反映儿童认知水平、社会性行为、身体发展状况等的时间段进行记录。记录时应该注意以下几点。

（1）记录时间、地点、人物和基本活动。

（2）记录关键人物的对话和动作。

（3）按照时间发展的顺序进行记录。

（4）记录应该客观、准确，不能以主观臆断来代替儿童的实际行为。

案例

"抢轮胎"观察分析[①]

观察时间:2008年6月25日

观察对象:小博、小山

观察地点:室外

观察教师:杨××

观察记录:在今天的室外活动中,小博在玩滚轮胎,这时小山跑过来就抢,小博急得大哭起来,委屈地说:"你为什么抢我的轮胎?"小山回答道:"老师说了,好玩的玩具,大家要轮着玩。"小博不服气地说:"我还没玩够呢!你为什么抢?"小山说:"光你想玩,我也想玩一会儿!"两人你一言我一语,争辩不止。我看他俩争执不下,走到他们面前,心平气和地说:"小山,你为什么抢小博的玩具?"小山见先让他解释理由,就得意地说:"老师,你看小博玩得头上都出汗了,还不让我玩。"我接着问:"你和他商量了吗?"小山低下头,声音很小地说:"没有。"我顺势问小博:"如果小山和你商量,你能和他一起玩吗?"小博点了点头。就这样,两个孩子都消了气,一起玩了起来。

从这次的观察可以了解到,小山认为自己抢小博的轮胎是对的,因为他的理由是"老师说了,好玩的玩具,大家要轮着玩"。实际上,小山对"轮流玩"的意义没有完全理解,而且他只站在自己的角度考虑问题,缺乏与他人商量的意识和技巧。这是此次冲突发生的主要原因。

(四) 多媒体记录[②]

随着社会的发展、时代的进步,智能手机、摄像机、数码相机等多媒体设备日益普及。这些设备也可以用作儿童游戏观察的手段。观察者可以利用这些多媒体设备将有代表性的游戏记录下来,供日后反复观察、研究。多媒体记录的优势主要体现在以下几个方面。

(1) 不受时间的限制。教师可以将摄像机置于教室的各个地方连续对儿童游戏进行记录。

(2) 更加真实。人为记录可能受观察者主观因素的影响,也可能遗漏一些细节;而摄像记录是最真实客观的,它能将儿童游戏时的表情、对话和动作等各种细节都记录下来。这样在日后回放时,教师可以用其补充自己的记录。

(3) 提高教师的观察技能。儿童在游戏中的表现往往具有不稳定性,有些行为

---

① 王烨芳.学前儿童行为观察与分析[M].南京:江苏教育出版社,2012:253.
② 董旭花.幼儿园游戏[M].北京:科学出版社,2009:141.

是一次性偶然发生的,如果观察者没有观察到,那么在以后的游戏中就可能永远观察不到了。而摄像的内容,教师可以反复观察,并且可以利用这种记录方式练习观察技巧并熟练使用各种观察量表。

第二节　学前儿童游戏分析与评价

　　游戏是学前儿童的基本活动,判断游戏活动的成功与否要看它是否满足儿童的游戏性体验,是否达到预期的教育目标,是否有利于学前儿童身心的健康发展,而这些皆离不开对游戏的评价。学前儿童游戏评价是学前教育评价的一部分,是按照一定的教育目标和游戏观对游戏活动的效果及游戏的质量和发展水平进行价值判断的过程。

拓展阅读

评价游戏是否成功的五个标准[①]

　　1. 游戏的内容是健康的,有益于儿童身心的发展。

　　2. 儿童按自己的意愿选择游戏材料做游戏,并在游戏过程中表现出积极主动的精神,在游戏中感到轻松、愉快,有一定的创造性。

　　3. 儿童能专注地游戏并遵守游戏规则,能克服困难,有不依赖他人独立进行游戏的能力。

　　4. 游戏中的儿童愿意帮助别人,不妨碍别人,对同伴谦让、友爱,能与同伴合作游戏。

　　5. 儿童会正确使用并爱护玩具,会收拾玩具。

　　这五项标准是评价游戏成功与否的基本标准,适用于各年龄班。但由于各年龄班幼儿游戏水平有差异,各类游戏特点不同,因此,在具体评价某班某种游戏时应结合儿童游戏水平和特点,以及不同种类游戏的教育功能特点进行评价。

一、学前儿童游戏评价的对象与内容

　　学前儿童游戏评价就是在教育观和儿童观指导下,运用可操作的科学手段,在系统观察和记录的基础上,分析整理资料并对学前儿童的游戏进行价值判断的过程。学前儿童游戏评价与对学前儿童的游戏主体、内容,以及游戏过程、结果等要素的分析密切联系。

[①] 丁海东.学前游戏论[M].济南:山东人民出版社,2001:174-175.有改编。

(一) 学前儿童游戏评价的对象

通过对学前儿童游戏过程中的要素进行分析，我们认为学前儿童游戏评价的对象主要包括学前儿童、教师或成人，以及游戏环境这三大方面。

1. 学前儿童

学前儿童是游戏活动中的主体，教师对儿童的游戏活动进行评价，是提高游戏质量的重要一环。通过游戏评价能够了解儿童的游戏准备状态、整体发展水平，以及每个儿童的游戏特点和能力。因此，儿童在游戏活动中的表现是游戏评价的重要方面。

2. 教师或成人

教师作为游戏活动的组织者和指导者，在一定程度上影响着儿童游戏活动的开展。在学前儿童游戏评价中，应有针对性地对教师的组织指导和干预情况进行评价，如游戏材料的提供、时间的安排，以及游戏过程中指导的时机和方法的运用是否适宜等。

3. 游戏环境

游戏环境的创设在游戏活动中发挥着重要作用。儿童的游戏活动总是在一定的环境中开展的，它对儿童具有直接或间接的影响，能够激发儿童游戏的兴趣并提高其游戏的主动性。因此，游戏环境也是游戏评价的重要内容。

(二) 学前儿童游戏评价的内容[①]

学前儿童游戏评价的对象规定了游戏评价的内容或范围。故学前儿童游戏评价的内容为对儿童游戏行为的评价、对教师行为的评价，以及对游戏环境的评价。

1. 对儿童游戏行为的评价

对儿童游戏行为的评价应着眼于儿童的全面发展，为促进他们全面、生动活泼地发展服务。它主要包括评价儿童参与游戏活动的兴致和投入程度、在活动中与同伴及教师相处的技巧、对游戏规则的遵守情况，以及在具体游戏技能方面的成就等。在对儿童游戏行为进行评价时，可以从以下几个方面入手。

(1) 游戏的兴趣和偏好评价。

(2) 操作评价。主要考察儿童动作的准确性、协调性及空间知觉等。

(3) 认知评价。主要了解儿童的好奇心、学习兴趣、已有的知识经验、思维推理能力和分析解决问题的能力等。

(4) 想象-创造性评价。主要了解儿童想象的独特性、新颖性等方面的特征。

(5) 审美-表现力评价。主要考察儿童在游戏中的动作、作品等的审美价值。

(6) 社会性评价。主要考察儿童在游戏中与同伴的关系。

(7) 情绪情感评价。主要考察儿童在游戏中的需要满足程度、自我控制能力、与

---

① 郑名.学前游戏论[M].兰州:甘肃人民出版社,2006:385-388.有改编。

成人的关系等。

(8) 注意力、坚持性评价。

(9) 独立性、自主性评价。

通过上述九个方面的评价可以考察儿童发展的一般水平,以及儿童在某一种具体游戏类型中的表现。

拓展阅读

表 8-6 儿童游戏一般性发展评价表[①]

项　　目	评价标准	评　分
1. 自选情况	(1) 不能自选 (2) 自选游戏玩具 (3) 自选活动及玩具	
2. 主题目的性	(1) 无意识行为 (2) 主题不确定,易受他人影响而变化 (3) 自定主题,能很快进入游戏情境 (4) 共商确定主题,主题稳定	
3. 材料使用	(1) 不会用或简单重复 (2) 正确、熟练掌握常规玩法 (3) 材料运用充分,玩法多样化	
4. 常规	(1) 行为有序/基本遵守规则/行为混乱,不守规则 (2) 轻拿轻放,爱护玩具/基本爱护/不爱护,乱丢玩具 (3) 及时收放,认真整理/部分做到/不能整理	
5. 社会参与性	(1) 独自玩 (2) 平行活动 (3) 联合游戏 (4) 协作游戏	
6. 伙伴交往	(1) 积极交往:互助谦让、轮流合作、协商解决问题 (2) 一般友好交往:交谈逗趣、请求询问、追随模仿 (3) 消极交往:独占排斥、干扰破坏、攻击对抗	
7. 持续情况	(1) 交换频繁(记录次数) (2) 有一定坚持性,完成一项活动后再变换 (3) 始终持续一项活动	
8. 其他	是否参与环境创设、与教师交往情况及能否正确评价游戏	
总体印象		

[①] 丁海东.学前游戏论[M].济南:山东人民出版社,2001:177.

2. 对教师行为的评价

对教师行为的评价主要关注教师在游戏中的干预和指导行为。对教师行为进行科学的评价可以促使教师树立科学的游戏观,增强游戏指导的针对性和目的性。评价教师在游戏过程中的指导,既要注重教师作为教育者的主导作用的发挥,又要强调教师对儿童游戏主体地位的尊重。另外,应注重对教师工作的激励,调动和保护教师科学合理地指导游戏的积极性和创造性。

评价教师在游戏过程中的干预和指导行为可以参考以下几个方面。

(1) 引导儿童游戏的进程。首先,教师在引导儿童选择游戏活动时,可以先介绍材料、建议活动方式(个人、小组)、提出行为要求,从而启发、引导儿童自己选择游戏活动。其次,教师要参与儿童的游戏过程。在游戏中,教师可以启发儿童发现操作游戏材料的方式,鼓励儿童与同伴交往,促进儿童与周围环境相互作用,同时应依照儿童的不同需要给予适当的帮助。最后,在游戏结束时,教师可引导儿童对其进行的游戏进行简单评价。

(2) 教师自身对儿童的影响。教师在游戏中与儿童交往时,应多采用中性与积极肯定的态度,注意以积极饱满的情绪参与到游戏中来影响和感染儿童的情绪。例如,教师可运用鼓励、赞许、肯定等态度来表现对游戏活动的兴趣,以及对儿童良好行为的表扬;还可以运用眼神、表情等身体语言来做出赞许的表示,尽量不要使用禁止、批评等语言。教师的积极态度会在很大程度上促进儿童努力和进步,同时也会激励儿童积极地去创造和发现。

(3) 教师指导的对象与范围。教师在指导儿童游戏时应注意重点与一般结合,在照顾全体儿童的基础上注重对儿童个体的指导,针对儿童的不同特点给予具体帮助。同时,注意逐渐增加对儿童游戏活动小组的指导,从而促进小组内儿童之间积极的相互作用和影响,应避免单一性的集体指导和整齐划一的要求。

(4) 教师游戏指导的方法。教师应注意在游戏中探索多样化的指导方法。例如,及时提供适宜的材料、建议、启发、行为示范,教授或指导具体技能,利用儿童之间的相互影响互教互学等,从而促进游戏的不断深入。教师要根据具体情况采用合适的指导方法,并综合运用多种方法指导儿童游戏,使游戏发挥良好的效果。

(5) 激励式指导的方式。教师应在尊重儿童的基础上运用激励式指导的方式创造一种民主平等的心理环境和氛围,以激励儿童积极活动、探索创造。教师在具体指导游戏的过程中,可以发挥游戏规则的作用,使儿童通过遵守游戏中的规则逐渐形成行为自律和自我管理能力。此外,教师还应注意全面指导儿童行为,从而促进儿童在游戏中身心和谐发展。

对教师行为的评价关乎整个游戏水平的提高,从以上五个方面对教师的指导行为进行评价是对教师评价的一部分,在游戏过程中,教师无时无刻不在影响着游戏的进程和儿童的发展,做好对教师行为的评价是十分必要的。

> **拓展阅读**

表 8-7　教师对游戏过程指导情况的评价表①

项　目	内　容	评　分
1. 引导游戏过程	依据游戏计划引导游戏的整个过程(开始、中间、结束),使游戏顺利开展	
2. 教师与幼儿相互作用	教师积极参与游戏,增加与幼儿的接触交往,多运用肯定互动,减少否定性接触	
3. 指导的对象与范围	重点与一般结合,游戏过程中以面向个人的指导为主,逐渐增加对小组的指导;班级教师均参与指导	
4. 指导方法的运用	能结合幼儿年龄和各类游戏的特点选择适宜的指导方式,并注意综合指导;能运用多样化的指导方法(如及时提供材料/建议/提问/启发/提供范例/共同参与/行为示范/指导技能/利用幼儿之间的相互影响等)	
5. 指导类型或方式	指导方式为激励式(非旁观或被动反应式,又非控制导演式),注意引导幼儿发现和学习,促进幼儿游戏的深入开展和活动质量的提高	
6. 游戏常规的建立	依据幼儿的不同年龄引导幼儿在活动中建立必要的游戏常规,结合环境中的自治因素引导和督促幼儿遵守常规,逐渐培养幼儿在行为方面自律、自治	

3. 对游戏环境的评价

对游戏环境的评价是游戏评价的重要组成部分。评价游戏环境包括对物理环境的评价和对心理环境的评价两部分。前者主要是对游戏场地、空间、材料等的评价,而后者则主要是针对游戏中的氛围、人际关系等的评价。只有置身于良好的游戏环境,儿童才能更积极主动地参与到各项游戏活动中,从而使游戏的教育作用得到充分的发挥。为了更好地对游戏环境进行全面评价,应结合学前儿童游戏环境创设的内容开展游戏评价。

---

① 丁海东.学前游戏论[M].济南:山东人民出版社,2001:181.

拓展阅读

表 8-8　幼儿游戏环境评价表①

项目号	名　　称	指标内容	等　　　级	举　　例
1	柔和性和冷硬性	环境各因素所引起人的生理或心理的感应性	A. 柔和性为主	如地毯、草坪
			B. 柔和性和冷硬性平衡	
			C. 冷硬性为主	如铁制器械
2	开放性和封闭性	游戏材料的存放和教师对幼儿的限制程度	A. 开放性较强	如幼儿自由选择
			B. 开放性和封闭性平衡	
			C. 封闭性较强	如不开放玩具架
3	复杂性和简单性	游戏材料在使用方式方法上的变化程度	A. 超级材料组合	如三种材料结合
			B. 复杂材料组合	如两种材料结合
			C. 简单材料组合	如一种材料
4	干预性和隐蔽性	环境因素所暗示的人与人、人与物的互动量	A. 过多介入	如新异刺激太多
			B. 适当介入	
			C. 较少介入	如新异刺激太少
5	高活动性和低活动性	环境中所能提供或暗示的大小肌肉活动的程度	A. 大肌肉活动为主	如走平衡木
			B. 大小肌肉活动均衡	
			C. 小肌肉活动为主	如绘画、绣花

注：教师在评价游戏环境时，如果在五项指标中，除第三项选"A"，其余各项均选"B"，则说明现有的游戏环境较好，适合幼儿的发展。

二、学前儿童游戏评价的原则与方法

学前儿童游戏评价应该遵循目的性原则，全面性原则，形成性评价与总结性评价相结合的原则，教师评价与儿童互评、儿童自评相结合的原则，以及游戏评价与指导相结合的原则。在游戏评价中，比较常见的方法有提问法、讨论法和作品展示法等。

（一）学前儿童游戏评价的原则

游戏评价是游戏活动顺利开展的一种必要支持。通过对游戏进行评价，可以有

---

① 李生兰.学前教育学(修订版)[M].上海：华东师范大学出版社，2006：178.

效地提升游戏水平,促进儿童的全面发展。为了更好地发挥游戏评价的作用,在游戏评价中应遵循一定的原则。

1. 目的性原则

任何一次教育评价都要有明确而具体的目的,不能为了评价而评价。所谓目的性原则,指的是在进行学前儿童游戏的评价时必须要有明确的目的,游戏评价的根本目的在于促进儿童的发展。在对游戏进行评价时,首先要有明确的目的,进而决定采用何种方式及具体实施过程来进行评价等。例如,假设评价的目的是促进儿童的社会性发展,则可以围绕儿童在自由游戏活动中的合作表现进行有目的的评价。在游戏结束后,教师可以利用提问的方式询问儿童在游戏区玩了什么;是一个人玩的,还是和小朋友一起玩的;和其他小朋友是如何配合做游戏的。最后,教师根据儿童的回答启发其认识合作的重要性。

2. 全面性原则

全面性原则是指评价的项目、搜集的信息要全面,不能片面强调评价指标中的某一项目,不能偏听偏信。例如,在游戏中,不能以某一个方面对教师做出片面的评价。在建构游戏中,教师提供给儿童的游戏时间较短,儿童的城堡还未搭建好,游戏就结束了,使儿童丧失了对游戏的兴趣,这是在评价中应该注意到的。但是,在儿童建构城堡的过程中,教师给予了幼儿恰当的指导,启发了儿童对建构材料的运用,在评价教师时也是不可忽视的。

另外,教师在对游戏中的儿童进行评价时不能仅凭一次观察或主观印象对儿童做出判断。由于儿童在游戏中的表现是有差别的,因此,需要多次观察、全面了解。在评价之前,应注意收集大量的一手资料,从多个维度记录、描述儿童的表现,从而评价时才能更加符合每个儿童的实际情况。[①] 例如,在"娃娃家"游戏区角中,亮亮一个人抱着娃娃在玩,没有加入到旁边的家庭小组中,作为教师,不能因为这一次的表现就断定亮亮是一个不合群、社会性发展较差的男孩,而应在了解儿童情况的基础上通过多次观察得出有关亮亮的真实情况。

3. 形成性评价与总结性评价相结合的原则

形成性评价与总结性评价相结合即过程评价与结果评价相结合。形成性评价是伴随儿童游戏活动的过程而进行的评价,总结性评价是在游戏活动结束后进行的概括性评价。在游戏评价中,不仅要关注游戏的结果是否达到教育目标、教师的指导是否合适,更要注意儿童在游戏过程中所表现出来的能力和倾向。将两种评价方式有效结合,既有利于教师反思自己的行为、发现和把握儿童的个别差异,又有利于教师掌握本班儿童的整体游戏能力,从而更好地提高游戏水平。例如,在建构游戏中,教师可结合幼儿在游戏过程中的表现和搭建的成果进行评价。

[①] 沈梅丽.幼儿游戏遵循的原则及评价[J].新课程(教师),2010(10).

4. 教师评价与儿童互评、儿童自评相结合的原则

教师、幼儿都可以作为游戏评价的主体。一方面,教师作为实施教育的一方,在游戏评价中掌握着更多的主动权。教师通过观察儿童在游戏中的表现了解儿童游戏发展的程度,提供相应支持,并在游戏中发现问题,进行自我反思,在一定程度上促进了教师专业素质的发展。另一方面,儿童是游戏的主体,是最权威的游戏评价者。让儿童学会在游戏活动中尝试分析同伴和自己的优点、进步与不足,有利于儿童共同进步和培养儿童自我评价的能力。将教师评价与儿童互评、儿童自评相结合,既能够发挥教师的主导作用、实现游戏的教育功能,又可以突出儿童的主体地位,从而进一步提高儿童的游戏水平。例如,教师通过为幼儿设计"我的兴趣评价表"(详见表8-9)让幼儿记录自己玩过的游戏区,使幼儿知道自己的兴趣所在,喜欢的游戏是多还是少。①

表8-9 我的兴趣评价表

游戏区名称	星期一	星期二	星期三	星期四	星期五	备 注
"娃娃家"						
角色区						
积木区						
美工区						
沙水区						
体育区						

5. 游戏评价与指导相结合的原则

《幼儿园教育指导纲要(试行)》指出:"评价的目的是了解幼儿的发展需要,以便提供更加适宜的帮助和指导。"游戏评价本身不是目的,应切实发挥评价结果的作用为游戏指导提供一定依据,从而更好地促进游戏活动的开展。将游戏评价与指导相结合,使评价具有指导意义,可达到游戏评价的真正目的,发挥游戏的教育作用。例如,在角色扮演游戏中,小吃店的服务员在没有客人来时就离开自己的岗位到处转,教师通过观察和询问了解情况,针对性地启发幼儿没有客人来的时候可以做些其他事情,如制作糕点。

此外,在评价时还应该注意遵循发展性原则和差异性原则。发展性原则指明了评价的目的是促进发展。通过评价应促进教师和儿童的发展,如提高教师在游戏中的指导水平、儿童的社会性发展等。差异性评价体现在儿童的个别差异和性别差异方面。例如,有的儿童喜欢想象的、虚构的游戏,有的儿童则喜欢对实物进行探究和

---

① 李生兰.学前教育学(修订版)[M].上海:华东师范大学出版社,2006:183.

分析,还有儿童喜欢假装游戏,等等。而性别方面表现在对玩具、游戏类型和游戏主题等的偏爱,这些在评价中均应予以考虑。

(二)学前儿童游戏评价的方法

《幼儿园教育指导纲要(试行)》指出:"幼儿的行为表现和发展变化具有重要的评价意义,教师应视之为重要的评价信息和改进工作的依据。"在对游戏进行评价时,更多的是要关注游戏对儿童发展的意义。有效的游戏评价能推动儿童认知、情感、社会性等方面的发展,也能推动游戏内容与情节的发展。这里主要介绍教师常用的三种游戏评价方法。

1. 提问法

提问法是教师在游戏活动中经常采取的一种评价方法,即教师针对游戏中的具体情况提问,让儿童凭借自己的感性经验进行回答。在提问时,教师要注意问题的性质,应结合儿童的实际水平进行提问;要注意提问的开放性、启发性,以及提问的语气、语调和神态等。教师提问的水平直接关系到儿童回答的逻辑性、正确性,以及对儿童的评价。例如,在游戏"火锅店开张"中,幼儿需要自己用面泥做出火锅店需要的食材和自己购置一些火锅用具。当幼儿在"超市"买了锅、碗、勺,用面泥做出了许多"羊肉片""青菜""鱼丸""蟹棒"时,教师问道:"除这些外,我们还能用面泥做些什么?是不是每位顾客都喜欢吃羊肉片?"这一启发式提问使幼儿拓宽了思路,联想到自己吃火锅时的情况,想出还能做"豆腐""粉丝""生姜""葱""火锅调料",以及"鱼肉片""牛肉片"等。

2. 讨论法

教师可引导儿童对他们共同感兴趣的、有争议的问题进行讨论,这既可以促进师幼、幼幼互动,又可以促进游戏的发展。例如,在表演游戏"小马过河"中,教师让幼儿来讨论需要哪些角色,以及怎样使每位幼儿加入到表演游戏中。教师留给了幼儿思考问题的时间,让他们发散思维,其中两名幼儿自告奋勇扮演河边的树,风吹来时可以晃动身体。在幼儿积极思考和回答问题的过程中,教师应适时适度地肯定他们的想法;同时,也需要巧妙地暗示、否定一些不合理的想法,从而有效地进行游戏评价。

3. 作品展示法

作品展示法在游戏评价中是十分有效的一种方法。游戏评价时,教师可以展示儿童成功的游戏作品,通过展示能让全体儿童对游戏过程中材料的使用、制作等产生感性的认识。例如,庆祝端午节游戏"包粽子"结束后,教师请参与游戏的幼儿展示自制的"粽子",这既从侧面评价了幼儿的游戏,又让幼儿再次体验了成功与快乐。

三、常用的学前儿童游戏评价量表

游戏评价量表是测查、评定幼儿游戏特点、水平的重要工具。借助游戏评价量表,教师可以了解幼儿游戏的兴趣和需要,理解和把握他们的游戏行为,从而更好地为组织、指导游戏提供依据,提高游戏活动的教育价值。重要而又常用的游戏评价量表主要有以下几种。

(一) 游戏兴趣量表[①]

利伯曼(Lieberman)是第一个设计游戏评价量表的调查研究者。他设计的游戏兴趣量表包括以下七个主要项目。

(1) A. 儿童在游戏中自发进行身体运动和活动的次数有多少?
　　B. 在身体活动中,儿童的运动协调性怎样?
(2) A. 在游戏活动中,儿童显示出来的高兴的次数有多少?
　　B. 儿童以什么样的表达形式来表现高兴?
(3) A. 在游戏中,儿童表现出幽默感的次数有多少?
　　B. 幽默所表现出来的持续程度怎样?
(4) A. 儿童游戏时,在与周围的群体相互作用中表现出来的灵活性的次数有多少?
　　B. 儿童活动时的自如程度如何?
(5) A. 在做表演和戏剧性的游戏时,儿童表现自发动作的次数有多少?
　　B. 在做上述游戏时,儿童表现出来的想象程度如何?
(6) 儿童的聪明程度如何?
(7) 游戏对儿童具有多大的吸引力?

每一项目都按五分制记分。

在这个游戏评价量表中,一些游戏特征已经操作化了,如运动、游戏乐趣、灵活性、表达能力和想象程度。

(二) 游戏发展进度量表

游戏发展进度量表由高尔登(Golden)和库特纳(Kutner)在 1980 年提出。该量表提供儿童在四大游戏领域(玩物游戏、表征游戏、社会游戏和体能游戏)的发展顺序,对幼教工作者把握儿童游戏的发展状况和趋势有重要作用。游戏发展进度量表如表 8-10 所示。

---

① 柳阳辉,张兰英.学前儿童游戏[M].郑州:郑州大学出版社.2006:156.

表 8-10 游戏发展进度量表[①]

摆弄/建筑
(玩物游戏)
	(1) 玩自己的身体部位(如手指、脚趾)
	(2) 用手臂挥打玩物并获得愉快
	(3) 玩别人的身体部位,如摸别人的脸或头发
	(4) 玩水
	(5) 在游戏中去拿玩物(或自己拿或从别人处获得)
	(6) 在玩中放开玩物
	(7) 用双手去敲打玩物或拍手
	(8) 做影响环境的重复性动作(如敲打玩具产生"砰砰"的响声)
	(9) 堆放玩物
	(10) 自发性地涂鸦
	(11) 拉玩具
	(12) 将容器(篮)中的玩具倒出来
	(13) 可以横向排列玩具并有组织性
	(14) 玩沙(过滤、拍、抹平、倒或挂)
	(15) 玩拼图
	    a. 3 件式的形状拼图(三角形、四方形、圆形)
	    b. 4 件式个别成形的拼图
	    c. 4 件组成一个形体的拼图
	    d. 7 件组成一个形体的拼图
	    e. 12 件组成一个形体的拼图
	(16) 将玩具放入容器或篮子内
	(17) 会将盖子盖在有盖的容器上
	(18) 玩黏土
	    a. 会用手去压、挤、滚及做造型
	    b. 利用工具如棒子及模具加上黏土做造型
	    c. 利用黏土或沙做表征的玩物(如做所熟识的物品,并能说出其名称)
	(19) 玩积木
	    a. 没有表征意义的建构游戏
	    b. 具有表征意义的建构游戏
	(20) 用剪刀
	    a. 用剪刀剪东西
	    b. 将纸或布剪成碎片
	    c. 沿线剪不同的形状
	    d. 剪成不同的形状
	    e. 剪图案(除太细小部分外)
	(21) 用画图来表征事物(大部分画他所知道的故事并能说出故事中图画的名字)
	(22) 建构游戏的结果成为重要的部分
	(23) 组织工艺技巧
	(24) 使用颜色笔将图案着色
	(25) 拓印或盖印画或用笔做描绘

[①] 柳阳辉,张兰英.学前儿童游戏[M].郑州:郑州大学出版社,2006:157-159.

(续表)

表征游戏	(1) 在游戏中模仿
	    a. 模仿声音
	    b. 模仿别人的手势
	    c. 模仿别人的面部表情
	    d. 将以前所听过的声音或看过的动作模仿出来
	(2) 在游戏中制造声音
	(3) 在游戏中用语言交谈或叫喊
	(4) 使用玩具来假装、虚构,如假装积木为车,使玩物具有意义
	(5) 功能性使用表征玩具,如电话、车子、娃娃或茶具组合等
	(6) 使用成人衣物或装扮游戏
	(7) 表现单一的假装情境游戏,如喝茶、抽烟或开车
	(8) 表现虚构情境,事件之间有连接或单一角色持续5分钟以下,如将茶具组合在一起喝茶、吃饼干,好像在开茶会,或者开车去逛街或加油等
	(9) 表现虚构情境,单一角色的游戏可以持续5分钟以上
	(10) 表现虚构情节,有情节、主题但较不具组织性
	(11) 表现有组织、情节的假装游戏
	(12) 可以与其他幼儿做假装游戏,如社会扮演游戏

社会游戏	(1) 模仿镜中的形象 (2) 对镜中的形象微笑 (3) 在游戏中嬉笑 (4) 玩社会游戏,如躲猫猫、玩拍手游戏 (5) 单独玩,如幼儿自己玩玩具,即使与别的幼儿一起玩,彼此处在很近的距离,也不想与其他幼儿在一起玩 (6) 可以独立自己玩游戏,持续15—30分钟 (7) 平行游戏 (8) 联合游戏 (9) 两人的合作游戏 (10) 团体的合作游戏(两个以上的幼儿能达到的目标) (11) 游戏中分享行为 (12) 玩时可以等待 (13) 能为他人做事以达到活动的目标 (14) 要求同伴与他一起玩 (15) 能叫出同伴的名字并炫耀(自夸其所做的事情) (16) 可与特定的玩伴一起玩,并将他当作最好的朋友 (17) 能在有规则的游戏或比赛中遵守规则,并能轮流共享玩具
身体/ 动作游戏 (体能游戏)	(1) 可以不用支撑而坐着玩 (2) 玩时可以独立站得很好 (3) 爬或匍匐前进 (4) 可以边走边玩 (5) 可以双手将球从头上丢出 (6) 可以在大人椅子上爬上爬下 (7) 踢球 (8) 听音乐、做些律动 (9) 踩(骑)三轮车 (10) 用双脚做跳远状的动作(脚离地) (11) 可以从25厘米高处跳下来 (12) 接大球 (13) 跑得很好(不曾跌倒) (14) 可以在矮的玩具和梯上爬上爬下 (15) 跳绳(至少连续两次以上) (16) 会翻筋斗、跳跃、荡秋千、用轮子溜冰、走平衡木等

(三)游戏活动评估量表

游戏评估方案是评价指标体系的进一步具体化、明确化。评价指标体系侧重于考察、鉴定管理者和教师的管理、组织、指导状况。游戏评估方案更进一步把幼儿的表现列入了评估的范围,评估方案会对具体的评价方法做出明确的规定,对评价标准给予更明晰的解释、说明。因此,与评价指标体系相比,评估方案显得更明晰、全面,操作性更强。在此我们以林菁的幼儿园游戏活动评估方案(表 8-11)为例予以说明。

表 8-11　幼儿园游戏活动评估表[①]

一级指标	二级指标	三级指标	等级量表		评价			
					一等	二等	三等	四等
A-1 教师指导游戏(50 分)	B-1 游戏条件的创设(18 分)	C-1 游戏时间(6 分)	6	每日 2.5 小时以上				
			5	每日 2 小时				
			4	每日 1.5 小时				
			2	每日 1 小时				
		C-2 游戏场地(6 分)	6	符合国家教育部要求,场地布局合理、安全				
			5	基本上符合国家教育部要求,场地布局合理、安全				
			4	场地较小,但能合理安排				
			2	有游戏场地,布局不合理				
		C-3 游戏材料(6 分)	6	丰富实用(成品和半成品),常更换或增添材料				
			5	丰富不实用				
			4	有一定的数量				
			2	仅提供现成玩具				
	B-2 游戏计划的制订(6 分)		6	能制订阶段游戏计划和逐日游戏计划。游戏计划中包括游戏的内容、游戏材料的提供、游戏常规要求、个别幼儿教育等方面				
			5	计划较完整、具体				
			4	计划简单				
			2	计划制订不定时				
	B-3 幼儿生活经验的丰富(6 分)		6	通过有计划、有目的的观察、参观等多种形式丰富幼儿的生活经验				
			5	能通过观察、参观等多种形式丰富幼儿的生活经验,但缺乏计划性、经常性				
			4	注意丰富幼儿的生活经验,但形式单一				
			2	仅启发幼儿已有的生活经验				

[①] 柳阳辉,张兰英.学前儿童游戏[M].郑州:郑州大学出版社,2006:136-140.

(续表)

一级指标	二级指标	三级指标	等级量表		评价			
					一等	二等	三等	四等
A-1 教师指导游戏(50分)		B-4 游戏种类(6分)	6	能引导幼儿开展各类游戏				
			5	基本上能开展各类游戏				
			4	能开展游戏,但种类较少(2—3种)				
			2	游戏种类单一,内容陈旧				
		B-5 启发诱导(8分)	8	尊重幼儿的意愿去选择游戏内容、玩具和角色,启发诱导适时、适当				
			6	基本尊重幼儿的意愿,启发诱导不够适时、适当				
			4	以指挥者身份参与,干涉过多				
			2	仅注意游戏开始与结束部分的组织				
		B-6 游戏的观察记录(6分)	6	细致观察幼儿的游戏,具体记录游戏开展的情况,会分析问题、提出建议				
			5	能观察了解幼儿的游戏,具体记录游戏开展的情况,会分析问题、提出建议				
			4	有时能观察幼儿的游戏,记录简单				
			2	了解幼儿游戏开展的情况,但没有观察记录				
A-2 幼儿游戏水平(50分)		B-7 游戏的内容(5分)	5	内容丰富,能较好发展游戏的情节				
			4	内容较丰富,能发展游戏的情节				
			3	内容简单,情节一般				
			1	主题单一,情节零星、片段				
		B-8 游戏的主动性(5分)	5	主动积极参与,能想办法出主意				
			4	主动参加自己喜爱的游戏				
			3	在别人带领或分配下游戏				
			1	不参加游戏				
		B-9 游戏的组织能力(5分)	5	能带领别人玩或教别人玩				
			4	能出主意使游戏玩下去				
			3	会商量分配角色				
			1	无组织能力				
		B-10 游戏的目的性(5分)	5	能明确目的并坚持下去				
			4	事先有目的,但有改变				
			3	目的不明确,受环境与材料的影响常更换主题				
			1	没有目的				

（续表）

一级指标	二级指标	三级指标	等级量表		评价			
					一等	二等	三等	四等
A-2 幼儿游戏水平（50分）	B-11 遵守规则（5分）		5	能认真遵守游戏规则				
			4	基本遵守游戏规则				
			3	有时遵守游戏规则				
			1	常不遵守游戏规则				
	B-12 社会交往（5分）		5	明确角色关系，与同伴配合行动，友好玩耍				
			4	在启发下与别人联系				
			3	与别人有零星联系				
			1	平行游戏				
	B-13 幼儿的情绪表现(5分)		5	喜爱游戏，兴趣浓厚				
			4	参加游戏，兴趣一般				
			3	有时情绪较低落				
			1	经常表现低落的情绪				
	B-14 游戏持续的时间(5分)		5	50分钟以上				
			4	30分钟以上				
			3	20分钟以上				
			1	10分钟以上				
	B-15 游戏表现方式（5分）	C-4 角色扮演	5	能创造性地扮演角色				
			4	按角色要求行动，表演一致				
			3	担任角色，但角色不稳定				
			1	操作摆弄实物				
		C-5 建构材料	5	能充分利用建构材料创造性地拼搭				
			4	能按图、实物拼搭较复杂的物体，形象较逼真				
			3	能拼搭较复杂的物体，但形象不够逼真				
			1	运用建构材料堆叠、平铺或排列				
	B-16 玩具的使用和整理(5分)		5	爱护玩具，会根据游戏需要自制玩具，会归类收拾、整理玩具				
			4	有创造性地使用玩具，会收拾整理玩具				
			3	按角色需要使用玩具，在教师提醒下收拾玩具				
			1	凭兴趣使用玩具，不会收拾玩具				
合计								
等级								

说明：

（1）A-1部分在评定等级分值内画"√"，将画"√"的分数统计即可得到教师指导游戏活动的分数，据此评定教师所达到的等级。二者之间的对应关系为：一等（优秀），40—50分；二等（良好），30—39分；三等（一般），15—29分；四等（差），0—14分。

（2）A-2部分评定方法与A-1相同，不分年龄班，根据幼儿在游戏中的实际表现做出评价，以此为依据评定幼儿的游戏水平。具体按表8-12操作。

表 8-12　幼儿游戏水平等级评定表

	优秀	良好	一般	差
大班	45—50 分	40—44 分	35—39 分	34 分以下
中班	35—40 分	30—34 分	25—29 分	24 分以下
小班	25—30 分	20—24 分	15—19 分	14 分以下

第三节　学前儿童游戏干预与指导

学前儿童游戏的过程是一个儿童自我发展的过程,儿童在游戏中那种全身心浸入的状态隐含着重要的教育动因。因此,游戏的地位被提高到"幼儿园的基本活动"。所谓的"基本活动",不仅是指数量上最多,也是指对儿童的影响最深。本节主要从家庭和幼儿园两个方面分析对学前儿童游戏的干预与指导。

一、家庭亲子游戏的设计与指导

"家庭是儿童的第一所学校,父母是孩子的第一任教师",家庭作为社会最基本的细胞,是儿童成长最自然的生态环境,对其身心各个方面的发展均具有深远影响。在儿童游戏的发展过程中,亲子游戏先于同伴游戏、师幼游戏发生,是最早出现的游戏形式。亲子游戏既是儿童游戏的一种重要形式,也是亲子交往的一种重要方式,为亲子间沟通架起了桥梁;既是家庭氛围的良好"润滑剂",也是促进幼儿健康成长的重要教育资源。父母双方应该密切配合,培养并提高自己的"游戏性",并适时、适宜地在家庭中开展亲子游戏。

(一) 父母在亲子游戏中的引导与支持

父母在家庭中通过适宜的亲子游戏与儿童建立起安全型依恋关系,这对促进儿童身心健康发展至关重要。有父母参与的游戏,能让孩子更安心;父母的参与,使得孩子沉浸在亲情和幸福之中;有父母的陪伴和玩耍,对孩子成长更有利。

布朗芬布伦纳(Bronfenbrenner)等人以人类发展生态学为基础,提出了儿童发展的生态系统理论模型,该模型把儿童发展纳入一个由小系统、中间系统、外系统和大系统构成的生态环境系统中,这些不同层次的环境系统相互交织,构成一个从中心向四周扩散的系统,前者逐个被包含在后者之中。其中,小系统是儿童在"特定的物理和物质特征情境中所体验到的活动、角色和人际关系样式",其典型场域就是家庭。可以说,家庭在布朗芬布伦纳的生态系统理论中处于小系统的核心位置,是儿童成长和发展的起点。儿童的成长和发展离不开游戏活动,父母作为儿童成长发展小系统中的重要他人,积极引导并参与儿童游戏,对构建和谐的亲子关系,促进儿童身心发展的意义巨大。可以说,由于游戏对儿童发展的关键作用,适时、适宜地开展亲子游戏已经成为在家庭这一"学校"中,父母成为合格"教师"的"必修课"。

亲子游戏始于成人对婴儿行为的模仿,当婴儿偶然发出"咿咿呀呀"的声音,吐出舌头做鬼脸,或有意识地做出"握拳""搭桥"等行为时,具有"游戏性"的父母常常会通过模仿这些行为来逗引婴儿发笑,这时亲子游戏就开始了。因此,从追随和模仿婴儿开始是父母和婴儿互动、游戏的最好的办法,奠定了亲子游戏最初的基础。根据佩德森等人(Pedersen & Robson)的研究,通常情况下,养育孩子主要是母亲的职责,在婴幼儿的早期社会性交往中母亲总是占据了最重要的地位,并通过玩玩具,以及"摇啊摇""藏猫猫"等传统游戏促进孩子的语言、认知、社会性发展。需要特别注意的是,父亲虽然与婴幼儿的接触、交往时间较少,但却更具"游戏性",在儿童发展中具有不可替代的特殊作用。尤格曼(Yogman)研究发现,父亲更多地与婴幼儿游戏,并且以触觉、肢体运动类的游戏为主,往往可以有效刺激并提高婴幼儿的兴奋性,逗使其"咯咯"大笑。例如,父亲经常把孩子举过头顶,放下,再举过头顶;双手扶在孩子腋下,让孩子在床上或自己的膝盖上蹦跳;把孩子来回悠,甚至假装往下扔等。此外,父亲也更倾向于和孩子进行一些新异的、不同寻常的共同操作与探索的游戏活动。感知运动阶段成人在婴幼儿认知发展中的作用详见表8-13。

表8-13 成人在婴幼儿认知性游戏发展中的作用[①]

皮亚杰的发展阶段	游戏材料	成人的支持
反射练习期 (0—1个月)	悬挂在摇篮上方的,能够吸引婴儿注意的玩具	提供无活动限制的服装、摇篮和在婴儿醒着时能够引起婴儿注意的环境
初级循环反应期 (1—4个月)	脸和声音,音乐玩具,拨浪鼓,婴儿可以抓握的,即使放在嘴里也没有危险的玩具	在婴儿生活的环境中提供变化的因素;抱着婴儿四处走走;把婴儿举起来;把婴儿放在摇篮车里;观察、讨论、记录婴儿的变化;把音乐玩具打开,放在婴儿看得见的地方;把玩具放在婴儿的手里或他可以够得到的地方;给婴儿穿可以自由活动的服装;为婴儿的重复活动提供时间和空间
二级循环反应期 (4—8个月)	能够集中注意的物品(有对比明显的颜色,有变化的声音,有变化的质地和式样),玩具,球	观察婴儿的重复性动作,提供能够支持这种重复性动作的材料;把积木、娃娃、球和其他玩具放在婴儿够得着的地方;做一个动作并等待婴儿的模仿,然后再次重复这个动作,例如笑、张开嘴等
二级循环反应协调期 (8—12个月)	玩具;能够吸引视觉注意的物品	把玩具放在婴儿的身边;用手绢玩"躲猫猫"的游戏;把球放在身后,并用语言描述自己的动作,例如"我把球放在我的身后";为婴儿游戏提供时间和空间

---

① 刘焱.儿童游戏通论[M].北京:北京师范大学出版社,2004:280.

(续表)

皮亚杰的发展阶段	游戏材料	成人的支持
三级循环反应期（12—18个月）	毯子、纸、玩具、球、勺子，有趣的物品，玩水的玩具和设备，不同形状和大小的物品	和婴儿玩"藏和找"的游戏，在婴儿注视的时候，当着婴儿的面把东西藏在枕头底下或毯子底下，并问"它在哪里啊？""你能找到它吗？"观察婴儿的反应，鼓励婴儿去找，表扬婴儿的注意和思考；允许婴儿玩水，鼓励婴儿发现物体放在水里的各种反应；提供时间和材料刺激婴儿思考和尝试新的主意，提问但不要直接告诉婴儿答案；鼓励婴儿假装；允许婴儿重复自己的游戏，发展自己的爱好
图式的内化期（18—24个月）		给学步儿时间自己去思考、寻找物体，观察他们在游戏中表现出来的对于事物的认识，允许他们在游戏中发生关于玩具和材料的冲突，观察和辨认学步儿游戏的连续性主题，为他们提供服装和材料支持角色扮演

（二）有趣的亲子游戏介绍

亲子游戏是父母与儿童之间，以亲子感情为基础，以儿童与家长互动游戏为核心内容，全面发展儿童的运动、语言、认知、情感、创造、社会交往等多种能力，帮助儿童初步完成从"自然人"向"社会人"过渡而进行的一种活动，是亲子之间交往的重要形式。这里介绍一些有趣的可以在家庭和幼儿园开展的亲子游戏，供大家参考。

1. 贴鼻子

玩法：将家长的眼睛蒙上，原地转三圈，请小朋友用语言指挥家长将鼻子贴到动物的准确位置即获成功。

规则：家长要将眼睛蒙好不能偷看，幼儿只能用语言指挥。

2. 我的宝宝在哪里

准备：布带若干。

玩法：每个家庭由一名家长和一名幼儿参加，请幼儿手拉手围成圆圈，相应的家长蒙上眼睛站在圈内；幼儿手拉手边唱歌边绕着家长转，唱完歌曲立定，然后请家长去寻找自己的宝宝。

要求：幼儿不能发出声音去找父母，父母通过触摸找到自己的宝宝。

3. 我给爸爸（妈妈）穿鞋子

玩法：每个家庭由一名家长和一名幼儿参加，首先让幼儿认识家长的鞋子，然后让家长将鞋子脱下后放入圆圈内，老师将鞋子打乱；游戏开始，幼儿从圆圈内找出自己爸爸（妈妈）的鞋子，并帮家长穿好，先穿好的为胜利者。

4. 踩气球

准备：气球若干。

玩法：每个家庭由一名家长和一名幼儿参加，老师给每个家庭发一个气球和一根细绳,请家长将气球吹大绑在自己的脚腕上,身背幼儿;听到老师的口令后游戏开始,家长背着宝宝踩其他家庭的气球,气球被踩爆即被淘汰,比一比谁是冠军。

5. 小脚踩大脚

玩法:每个家庭由一名家长和一名幼儿参加,幼儿双脚踩在家长的脚上,家长和幼儿手拉手,听到口令后,家长带着幼儿向前跑,幼儿双脚不能离开家长的脚,看看谁先到终点。

6. 揪尾巴

准备:尾巴若干。

玩法:每个家庭由一名家长和一名幼儿参加,家长将孩子抱在怀里,在孩子的屁股上挂一条尾巴,听到口令后开始游戏,在保护好自己孩子的尾巴的同时将其他家庭孩子的尾巴揪下来。最后,尾巴没被揪掉的一组获胜。

7. 两人三足

准备:绳子若干。

玩法:每个家庭由一名家长和一名幼儿参加,家长与孩子将相邻的两条腿用绳子绑在一起,听到口令后,两人一齐向前跑,先跑到终点的家庭获胜。

8. 推小车

玩法:每个家庭由一名家长和一名幼儿参加,家长抓住孩子的两条腿,孩子双手撑地,听到口令后,孩子双手向前爬,先跑到终点的家庭获胜。

9. 可爱的袋鼠宝宝

玩法:每个家庭由一名家长和一名幼儿参加,让孩子抱紧家长的脖子,双腿夹紧家长的腰,像小袋鼠一样紧紧地挂在家长的胸前;家长弯下腰,双手双脚着地向前爬,先到终点者获胜。

10. 俯卧撑

玩法:每个家庭由一名家长和一名幼儿参加,孩子抱紧家长的脖子,双脚夹紧家长的腰,趴在家长的背上,家长双手着地做俯卧撑,坚持最久的家庭获胜。

11. 穿大鞋

玩法:每个家庭由一名家长和一名幼儿参加,家长脱下鞋子坐在场地一边,幼儿穿上家长的鞋子站在另一边,听到口令后,幼儿出发向家长走去,走到家长身边帮家长穿上鞋子,家长背起幼儿跑向场地另一边帮助幼儿穿好鞋子,先完成者获胜。

二、幼儿园游戏的干预与指导

乌申斯基曾经说过,要"注意游戏,研究这一丰富源泉,组织游戏并使游戏成为最好的和强有力的教育手段"。游戏是幼儿园的基本活动,在幼儿园的游戏干预与指导中,必须明确儿童游戏的主体地位,避免出现"这是幼儿在游戏,还是教师在游戏幼儿?""这不是教师导演的一台戏吗?""说是在游戏,幼儿的游戏体验在哪里?"等问题。

(一) 游戏干预需要注意的问题

"游戏干预"是指成人,主要是教师通过直接或间接介入儿童的游戏,从而对儿童游戏发生影响的行为。

1. 确定干预的必要性

游戏的干预问题是长期以来学前教育领域争议颇多的问题,我们认为,游戏干预一个总的原则是:尽量减少不必要的干预。教师干预儿童游戏有不同的性质。一种是正向干预,即通过干预促进或肯定幼儿的某种行为;另一种是负向干预,即通过干预抑制或否定幼儿的某种行为。儿童是游戏和发展的主体,教师在游戏干预过程中应该尽量减少不必要的干预,尤其是尽量减少负向的干预。

2. 掌握干预的合适时机

良好的干预效果依赖于恰当的干预时机。但时机的把握很难掌控,原因在于儿童的游戏活动是一个探索和发展的过程,游戏时儿童之间需要时间和空间去协调、磨合。教师要学会等待,不要急于用自己的想法和标准去要求幼儿。必要的等待是抓住最佳干预时机的客观要求,在等待过程中,教师要拿捏好时机,适时做出适宜的干预。耐心细致的观察和长期的经验积累与反思是恰当掌握干预时机的基础。

3. 确定干预的方式方法

在确定干预的必要性和时机之后,教师要考虑用什么样的方式方法进行干预,前提是注意年龄适宜性和个体适宜性,并且努力促使干预方法随着游戏发展的阶段发生变化。在游戏干预过程中,教师可以自身为媒介干预游戏,如加入游戏"娃娃家"扮演适宜的角色,教师可以在游戏过程中通过解决游戏问题与安排情节来控制并维持游戏。此外,还可以具体的材料作为媒介干预游戏,如在玩沙土时,沙土坑里的水可能会很快消失,这时教师可以为其提供一块塑料布,在成功留住沙坑里的水的同时教给儿童相关的知识。此外,游戏干预还可以通过幼儿伙伴进行干预,如组成游戏小组共同探索解决问题等。

游戏干预的方法是多样的,还可以分为语言干预和非语言干预。语言干预包括描述、有变化的重述、询问、提问、建议等,语言干预是教师干预的主要媒介,对儿童的行为来说具有定向和明确动机的作用,同时,语言干预有助于幼儿言语的发展。非语言干预包括面部表情、动作提示、示范等,肢体动作在对幼儿游戏产生干预的同时,通过幼儿的观察模仿也会对幼儿成长产生影响。

上述各种方法各有其特定的含义和作用,此外,教师干预的方式方法的选择还要依据具体的现实情况而定,这对幼儿教师又提出了新的要求。

4. 遵循干预的基本原则

(1) 享乐性和教育性。游戏缺少了乐趣就失去了其存在的意义。教师要构建有意义的游戏,强调游戏的教育价值,争取做到使儿童在游戏时既能获得快乐的游戏体验,又能收获有益的成长体验。这就要求教师在日常幼儿游戏干预的过程中要注意兼顾游戏的享乐性和教育性。

(2)自由与规则。儿童游戏最本质的特点是具有极大的自由性,这也是儿童游戏最核心的价值所在。但要保障游戏活动的有序进行,遵守一定的规则是必要的。在游戏过程中,自由与规则是对立统一的,抛开任何一方去讨论另一方都是片面的,要做到二者的紧密结合与正确拿捏就需要教师在游戏干预的过程中客观地观察不断变化的游戏,争取做到两者的适当统一。

教师是决策者,同时也是学习者和研究者,作为游戏干预的主体,教师对儿童游戏的影响是不容忽视的。幼儿教师要了解自己的角色、地位、影响,明确教师工作的时代意义,积极地投身到幼儿教育的实践中去。

(二)游戏干预指导的实例分析

热闹的摄影棚[①]

角色游戏开始了,小菲戴上了摄影师的工作牌站在店门口,手里挥舞着照相机招呼着来回经过的小伙伴:"快来拍照呀!我拍的写真可好看了。"在她的鼓动下,果然有客人走了进来:"我想拍这样的照片。"小茜指着桌上的样板照说。小菲马上热情相迎,并把小猪道具递给了小茜。"好的,来,笑一下,我给你拍。"喀嚓一声快门按了下来。此时一旁的灵灵说:"我也拍一张,但我要和样板上的一模一样,穿上公主的衣服拍。"小菲一时为难起来,说:"这个衣服没有,我给你戴个面具吧,也很好看的。"灵灵说:"还有其他衣服吗?"当得知没有时,只好摇头走开了。小菲又接待了几个客人后生意显得冷清了一些。她开始拿出纸和笔画起了照片,画完后将照片装入了相片袋继续向照相馆外张望、打招呼,但生意似乎仍不理想。

此时,教师认为有必要介入幼儿的游戏。于是,教师以顾客的身份走入了照相馆。"摄影师,我今天带了自己做的新衣服,想请你帮我拍些照片,你觉得好看吗?"小菲见了忙说:"这衣服能穿吗?"(她见教师拿来的是用包装纸折剪出来的衣服,露出了一脸的好奇)"当然行了。"教师边说边将衣服披在了肩上。于是,小菲帮教师拍了起来。正拍着,教师突然叫了起来:"哎呀,我还得去幼儿园接孩子回家呢,先不拍了,这衣服先放在这儿,拍好的照片你帮我送到家里去好吗?"经教师如此一说,她马上表示了同意。教师离开后观察到,小菲又将这件衣服给其他客人穿上拍了照,孩子们相当喜欢,并表示可以到材料库取一些材料自己做。小菲后来还主动进行了挨家挨户"送照片"的活动,并不忘做拍照宣传呢。

---

① 范明丽.学前儿童游戏与指导[M].成都:西南财经大学出版社,2014:99-100.

此后，在照相馆出现了"服装区"，并提供了一些半成品的操作材料。孩子们对制作自己的时装产生了越来越浓的兴趣，连一些动手能力弱的孩子也争相回家收集各种包装袋带到幼儿园。教师觉察到了孩子们的兴趣、需要后在材料库中有意识地增添了类似的材料，同时"时装店"的游戏主题也开始萌芽了。

这是一个角色游戏干预与指导的实例，小菲在游戏中有着明确的角色意识，即使生意冷清也没有离开"岗位"，游戏主题明确，一直围绕着"照相"展开，且内容丰富。为了保证游戏的质量，教师以自身为媒介，以游戏参与者的身份对小菲的游戏进行了支持，退出游戏时也采用了较好的方式"我还得去幼儿园接孩子回家呢，先不拍了，这衣服先放在这儿，拍好的照片你帮我送到家里去好吗？"如果能在自身参与的基础上，再引起其他小朋友对此游戏的兴趣会更好。此外，教师还可以引导儿童进一步丰富和充实游戏的材料，例如在这个区域投放一个大大的"材料箱"，可以盛放成品的道具，如发卡、眼镜等，也可以是材料，如布料、绳子、彩纸等，供幼儿制作道具使用，为儿童角色扮演游戏的深入发展创造条件。

 本章小结

1. 游戏观察不仅包括用眼睛去看，也包括综合运用多种感官对事物获取整体性的认识，还包括根据观察目的综合运用必要的记录工具或仪器来辅助观察，客观、及时地进行记录。游戏观察有利于教师更好地理解儿童的游戏，进行有效指导；有利于教师提高自身素质，对游戏进行客观评价；为教师设计游戏和创设游戏环境提供了依据。

2. 在开始正式观察之前，观察者应该首先确定观察的目标，并根据目标和客观条件做好观察计划，提前选择观察的方法和工具，以保障有效观察和客观、及时地记录。常用的学前儿童游戏观察与记录的方法有三种，分别是扫描观察法、定点观察法和追踪观察法。教师可以根据观察的目的、客观情况和儿童的年龄特点等灵活选择观察的方法。此外，教师在游戏观察时还经常使用一些观察量表和记录手段，例如行为核对量表、等级量表、描述记录和多媒体记录等。

3. 学前儿童游戏评价的对象主要包括学前儿童、教师或成人，以及游戏环境这三大方面。学前儿童游戏评价的对象规定了游戏评价的内容或范围。故学前儿童游戏评价的内容为对儿童游戏行为的评价、对教师行为的评价，以及对游戏环境的评价。

4. 学前儿童游戏评价应该遵循目的性原则，全面性原则，形成性评价与总结性评价相结合的原则，教师评价与儿童互评、儿童自评相结合的原则，以及游戏评价与指导相结合的原则。在游戏评价中，比较常见的方法有提问法、讨论法和作品展示法等。

5. 游戏评价量表是测查、评定幼儿游戏特点、水平的重要工具。借助游戏评价量表,教师可以了解幼儿游戏的兴趣和需要,理解和把握他们的游戏行为,从而更好地为组织、指导游戏提供依据,提高游戏活动的教育价值。重要而又常用的游戏评价量表主要有游戏兴趣量表、游戏发展进度量表、游戏活动评估量表等。

6. 亲子游戏既是儿童游戏的一种重要形式,也是亲子交往的一种重要方式,为亲子间沟通架起了桥梁;既是家庭氛围的良好"润滑剂",也是促进幼儿健康成长的重要教育资源。父母双方应该密切配合,培养并提高自己的"游戏性",并适时、适宜地在家庭中开展亲子游戏。

7. 游戏干预是指成人,主要是教师通过直接或间接介入儿童的游戏,从而对儿童游戏发生影响的行为。教师在干预儿童游戏时需要确定干预的必要性,掌握干预的合适时机,确定干预的方式方法,并遵循干预的基本原则。

 自我评量

一、名词解释

1. 学前儿童游戏观察   2. 学前儿童游戏评价   3. 学前儿童游戏干预

二、简述题

1. 什么是扫描观察、定点观察和追踪观察?
2. 游戏评价的原则是什么?方法有哪些?
3. 游戏干预需要注意的问题有哪些?

三、论述题

1. 分析扫描观察、定点观察和追踪观察的特点,并运用其中一种观察方法对儿童在"娃娃家"游戏中的行为进行观察。
2. 选取某一类型游戏活动做观察记录,并对观察结果有针对性地进行评价。
3. 你认为游戏干预最重要的原则是什么?如何评价教师干预儿童游戏的效果?

第九章　幼儿园玩教具开发与制作

1. 掌握幼儿园玩教具的概念以及基本分类。
2. 理解自制玩教具的价值、原则及评价标准,能够因地制宜地开发和制作玩教具。
3. 能够将自制玩教具与幼儿园游戏有机整合,为儿童游戏提供支持。

> **一串粽子引发的主题墙**[①]
>
> 　　端午节就快到了,江老师拿来一串粽子并将它们挂在墙上。孩子们注意到了,纷纷围过来去看、去摸、去闻,并议论了起来。
> 　　"我知道,这是粽子,我妈妈买来吃过。"
> 　　"我也吃过,里面有肉。"
> 　　"为什么老师要把粽子挂在这里?"
> 　　"可能是老师给乖的小朋友吃的。"
> 　　"是老师要教我们画粽子。"
> 　　"我觉得是为了让我们的教室更好看。"
> 　　……
> 　　教师认真地倾听孩子的交谈,并告诉孩子:
> 　　"我带来粽子是因为过两天就是中国的传统节日——端午节,端午节吃粽子,你们知道为什么吗?有关端午节的秘密和故事,你们知道些什么?"
> 　　"我听我爸爸说过,粽子是为了纪念屈原,我再去问问爸爸。"
> 　　"我家有电脑,可以上网查到很多资料。"
> 　　"我家有一本书。"
> 　　……

[①] Susan. 浅析幼儿园墙饰的创设[EB/OL]. http://data.06abc.com/20110922/85262.html.

> 教师听了连连点头:"哇,你们知道的还真不少。老师相信这些粽子的旁边会有越来越多你们收集来的相关资料和物品。"
>
> 短短几天中,孩子们陆续收集了许多关于端午节的资料:有赛龙舟,有菖蒲、艾叶,有屈原的故事,有各种香袋……墙面变得越来越丰富了,孩子们一起观看着他们自己带来的资料。每当有人不小心碰到墙面上的物品,孩子们就很心疼。
>
> 从这个案例我们可以看到,整个端午节主题墙的设计和布置起源于教师带来的一串粽子。在这次幼儿园的主题墙布置中,融入了幼儿的情感,同时也蕴含着教师与幼儿、幼儿与幼儿之间真切的情感。同时幼儿以主人的身份参与了整个环境的改变,他们中的每一个人都在墙面上寄托了自己的心愿,宣泄自己内心的情感需要,相信是自己使环境发生了改变,从而体验到成功的喜悦。
>
> 虽然主题墙不算是某个特定的"玩教具",但它确实是教师和儿童共同专门制作的促进学前儿童游戏和发展的成型成系列的"东西",其中的设计、制作无不包含了玩教具制作的基本要素。在此项主题活动中,教师和幼儿可以持续探索,例如进一步把墙饰从墙上拿下来,开发并设计一系列可以持续促进儿童游戏的玩教具和儿童游戏,例如粽子风铃、香袋娃娃、艾叶盆景,以及端午节的故事表演等。

第一节 幼儿园玩教具概述

对学龄前儿童来说,"玩"和"学"是不矛盾的。玩教具是儿童学习和游戏的专用工具,分析学前儿童的游戏不能不关注幼儿园的玩教具。

一、幼儿园玩教具的概念

游戏是幼儿园的基本活动,而玩教具则是游戏的工具,是游戏的物质支柱。作为学前儿童最基本的学习工具,玩教具是儿童的"第一本书"。幼儿的思维是具体形象的,凭借玩教具可以引起幼儿对所体验过的事物的直接联想和想象,并引起相应的行动和活动,为各种游戏的开展提供条件。皮亚杰关于儿童智力发展的理论强调让儿童通过手的动作和操作来认识事物、发展智力,同时通过动作和语言来表现他们的思想感情。玩教具以其生动的形象、丰富的色彩和动听的声响吸引幼儿,能激发幼儿动手、动脑及身体各部位活动的积极性。幼儿通过摆弄和操作玩教具进行学习、探究和实验,不仅促进其动作和手眼协调能力的发展,也促进他们智力的发展。

学前儿童对世界充满了好奇,他们会探索手边可及的每一样东西,并且可能把每一样东西都变成可玩可学的"玩教具"。因此,对于学前儿童而言,"玩教具"可以是任何东西。通常,我们把成人或儿童专门制作的,供儿童学习和游戏之用的物品称为"玩教具",以区别于自然的、非专门制作的游戏材料。在幼儿园活动中,玩教具是学前儿童在游戏和学习活动中使用的玩具和教具的统称。玩教具借助一定的物质材料,如布、塑料、木材、金属、纸张等,依据一定的设计要求,通过工业化生产或手工制作而完成;集游戏、娱乐、竞赛、教育功能于一体,能够起到开发幼儿智力、锻炼幼儿体魄、促进其身心健康发展等作用。

玩教具是学前儿童的亲密伙伴,从福禄培尔到蒙台梭利,从陶行知到陈鹤琴,学前教育的研究和实践者们都在儿童教育研究与探索中,或多或少地指出了玩教具和游戏对儿童身心发展的重要性。"寓教于乐"一直是人们对于教育特别是学前教育的理想追求,这也是我们提出"玩教具"这一术语的出发点和立足点。学前儿童的学习有其自身的特点,需要通过视、听、感、触等多种感官共同参与,才能达到最佳效果。儿童通过操作玩教具能在玩中学、学中玩,这一方式既能满足儿童游戏的需要,又能让儿童在摆弄玩教具中建立起真实事物与抽象概念之间的联系。

目前,在幼儿园使用的玩教具中,一部分是购置的,另一部分是自制的。前者以大型活动玩教具和塑胶、机械类玩教具为主,这类玩教具有一定的生产工艺要求,使用周期较长;后者则是幼儿园教师根据教育教学和儿童游戏的需要,自行或者与儿童共同设计与制作的,这类玩教具的制作工艺相对简单,使用周期短,但更贴近教学、贴近儿童,是幼儿园购置玩教具的重要补充。

二、幼儿园玩教具的分类

玩教具种类繁多,按照不同的标准有不同的分类方法。如前所述,按照来源划分,玩教具可以分为购置玩教具和自制玩教具。此外,不同的研究者对玩教具(有时也包括游戏材料)有不同的分类。从玩教具的作用和用途等不同角度,人们对玩教具也有不同的分类。

(一) 不同研究者对玩教具的分类

华夫刚和菲尔普斯(Wolfgang & Phelps)根据玩教具或游戏材料的性质与功能将玩教具分为以下三种类型:① 流体性的玩教具。这类玩教具或游戏材料的外形可以被游戏者任意改变,如黏土、沙、水、颜料等。② 结构性的玩教具。这类玩教具或游戏材料可以被用来创造或建构出其他物体或物品,例如积木、拼图等。③ 象征性的玩教具。这类玩教具或游戏材料主要被用于象征性游戏中。

黑维特和布卢姆(Hewitt & Bloom)根据玩教具的游戏功能把玩教具或游戏材

料分为以下三类:① 感觉运动玩教具。这类玩教具是可以让幼儿反复摆弄、产生某种效果的玩教具,如拨浪鼓、球等。这类玩教具可以支持幼儿的感觉运动游戏,促进幼儿感觉运动能力的发展。② 表征性玩教具。这类玩教具是实际生活物品的模拟物,可以支持幼儿的象征性游戏,如家事玩具、医疗玩具等。③ 建构性玩教具。这类玩教具是可以被用来创造或建构出其他物体或物品的玩教具或游戏材料,如积木、拼图等。

(二) 根据促进儿童机体发展进行分类

不管是购置还是自制,玩教具都是根据学前儿童发展的需求而进行设计的。针对学前儿童机体和感官发展而设计的玩教具,具体分为以下几类:① 针对视觉发展设计的玩教具,如气球、识图类的玩教具。② 针对嗅觉发展设计的玩教具,如识别醋、酱油等味道的玩教具。③ 针对听觉发展设计的玩教具,如敲打类玩具、手摇铃等。④ 针对体能发展设计的运动类玩教具,如学步车、球类玩教具、室外运动类玩教具等。

这一大类的玩教具可以充分锻炼学前儿童的机体能力和各类感官。在幼儿园,教师可以利用玩教具使儿童在充满自由和快乐的运动教室中提升其体能和协调性,使他们在游戏中体验学习的过程和结果,增强自信心和社交能力。

(三) 幼儿园常见的玩教具分类

幼儿园的玩教具和游戏材料可以从不同的角度或根据不同的用途来分类。一般来说,根据用途,幼儿园玩教具可以分为以下几类。

1. 音乐玩教具

音乐玩教具既能发出悦耳的声音又能够模拟多种乐器,能够激发幼儿对声音和旋律的兴趣,帮助他们再现一些歌曲的旋律。此外,这类玩教具还能锻炼幼儿小肌肉发展的能力,发展其手眼协调性。常见的音乐玩教具有铃铛、铃鼓、喇叭、木琴、小吉他以及能捏响的塑胶动物造型玩教具等,这类玩教具可以提高幼儿对音乐的敏感性,满足幼儿对声音和旋律的兴趣。在选择音乐玩教具时要注意:玩教具要色泽鲜明、形象诱人、坚固耐玩、便于清洗、适合儿童的年龄特点。

2. 体育玩教具

体育玩教具是指可供幼儿做体育运动游戏的玩教具。体育玩教具分为三类,分别是大型体育玩教具、小型体育玩教具及自制体育玩教具。

(1) 大型体育玩教具。包括秋千、滑梯、蹦床、攀登架、平衡木、滑梯、跷跷板、钻圈或拱形门、幼儿体操圈、体操垫、高跷等,是幼儿园的必备活动设施。这类玩教具能够提高幼儿的运动兴趣,促进幼儿的新陈代谢,加速幼儿的血液循环,从而促进骨骼的生长发育,加速骨的钙化,使骨质更加粗壮结实;也能够促进韧带的发育,增加关节的牢固性和灵活性;还能够锻炼幼儿的意志,培养幼儿的勇敢精神。

（2）小型体育玩教具。包括皮球、毽子、乒乓球、跳绳等，这类玩教具有助于发展幼儿的动作协调性、空间定向能力、灵敏性。

（3）自制体育玩教具。这是很值得提倡的一种玩教具，可以开发利用日常生活中常见的废旧物品，如五彩可乐瓶、布飞碟、轮胎玩教具、布球、布口袋、纸棍、纸棒、衬衣盒、纸箱、软棍、鞋盒、报纸、塑料盆、纸盒等，做成球、梅花桩等体育器械。这样不仅可以激发幼儿的创造力、想象力，还能够节约幼儿园的资源，做到"变废为宝"。

3. 表征性玩教具

表征性玩教具又称形象玩教具，其最大的特点是有具体的形象，而且这些形象多数是对实物原型的模拟再现，如人们常见的毛绒玩教具、布娃娃、小汽车、小坦克等。另外，还有一些表征性玩教具并没有实物原型，而是受网络影响发明模拟的一些动画片中的实物形象，如喜羊羊、孙悟空、奥特曼、托马斯小火车等。这类玩教具生动、可爱、有趣，能够吸引幼儿的注意力，激发幼儿对玩教具的兴趣，还能发展幼儿的想象力、思维力，使得幼儿对游戏的专注性提高。

4. 建构性玩教具

建构性玩教具是指让幼儿构造、装拆、建筑、拼搭各种物体时所使用的各种构件。常见的建构性玩教具有积木、积塑、雪花片等。幼儿可以随着自己的想象制造出各种各样的模型，可以极大地发挥想象力。通常，各年龄段幼儿对于玩教具的建构水平也不同，年龄较大的幼儿可以建构出许多具体的模型，如手枪、小狗、大象、火车、城堡等。年龄较小的幼儿只会对材料进行简单的累积，而不会摆出具体的模型。

5. 娱乐性玩教具

娱乐性玩教具可以让幼儿在玩玩教具的过程中得到娱乐，引起愉悦感，如木偶、小兔打鼓、母鸡生蛋、不倒翁等。这类玩教具滑稽可爱，可以引逗儿童发笑，能引起儿童极大的兴趣，从而激发他们求知的欲望，进而培养其幽默感。

6. 智力玩教具

智力玩教具又称益智玩教具，无论在家中还是幼儿园里都是很受欢迎的一类玩教具。这类玩教具巧妙地把发展智力的任务融于游戏中，使儿童在玩中发展智力。智力玩教具既可以丰富幼儿的知识，发展幼儿的感、知觉和语言计算的能力，还能够培养幼儿的兴趣、好奇心和注意力，使幼儿形成爱动脑筋、喜欢动手的好习惯。常见的智力玩教具有许多，如棋牌类游戏、七巧板、魔方、锁套玩教具、套叠玩教具、九连环玩教具等。

7. 木偶戏玩教具

木偶戏玩教具包括各种偶人、表演台、装扮道具等。这种玩教具的样式很多，有杖头木偶、布袋木偶和提线木偶等。幼儿天性活泼好动、喜欢模仿,因此,这种玩教具是幼儿喜爱的运动玩教具。操纵木偶需要操作技巧,幼儿经过训练熟悉操作技巧后可进行木偶表演。通过操纵木偶的表演可促进幼儿手指肌肉的灵活性和协调性,指关节、腕关节和肘关节的灵活性;通过小碎步、蹦跳步等动作的练习,可促进幼儿腿部肌肉的发育。在学习动作、练习动作和表演木偶剧的过程中,幼儿呼吸加快、心跳加速、胃肠蠕动的次数增多,神经系统与循环系统也都积极参与活动。不仅如此,木偶戏玩教具还能够陶冶幼儿的情操,发展幼儿的观察力、注意力、思维能力、记忆能力。常见的木偶戏表演有《亡羊补牢》《狼来了》《坐井观天》《寒号鸟》《司马光救友》等。

8. 科教玩教具

科教玩教具是运用科学原理和现代科技成果制成的较高级的玩教具。其品种繁多,包括各种小工具、模型,以及有关电、光、热、天文、气象、生物等方面的玩教具,如航空航海模型、声控或无线电遥控玩教具、光学玩教具、小型电子游戏机、"会说话的书"等。科教玩教具对培养幼儿学科学、爱科学的兴趣有着积极的意义。

9. 节庆玩教具

根据幼儿园庆祝节日活动的需要,要准备一些节庆玩教具,如在圣诞节时准备气球、圣诞树、圣诞帽,在端午节时准备小荷包,在元旦联欢会上准备一些表演节目用的头饰、面具等。这样做不仅能够烘托节日气氛,引发幼儿对节日的喜爱之情,还能够引起幼儿欢乐与美的感受。

10. 自制玩教具

自制玩教具即由幼儿自己或家长、教师制作的玩教具。自制玩教具在全面提高教育质量、提高现代社会所需要的幼儿基本素质等方面起着其他玩教具所没有的独特作用。比如,可以根据教育教学的要求和幼儿的实际情况就地取材制作一些富有童趣的玩教具,引导幼儿参加活动。幼儿通过自制、摆弄玩教具,不仅可以了解生活、认识社会,而且能激发求知欲和动手、动脑进行制作的兴趣。而在制作玩教具的材料选择上,幼儿尤为喜欢废旧物品,因为他们可以大胆地发挥自己的想象、随心所欲地把废品制作成自己喜欢的玩教具。在学习或生活中,成人应该根据幼儿想象力发展的特点和活动的需要为幼儿选择适合的玩教具和活动材料,促使幼儿的想象沿着正确的方向发展。

自制玩教具以其鲜明生动的形象吸引和感染幼儿,扩大幼儿的认识,发展幼儿初步的美感。在自制玩教具的过程中还可以培养幼儿克服困难的自信心,锻炼幼儿的专心、细心、耐心,发展幼儿与他人友好协作的良好素质,促进幼儿动作和手眼协调能力的发展,引起幼儿积极、快乐的情绪,潜移默化地陶冶幼儿的性格。

自制玩教具可以广泛利用天然材料和废弃物,如羽毛、黏土、火柴盒、线轴、小木块、塑料绳等。幼儿自制玩教具多需要成人的指导,才能取得预期的效果。

11. 教育性玩教具

教育性玩教具是帮助幼儿学习某种特殊概念或者技能的玩教具。在玩这类玩教具时,教师是中介者,起着支持、引导和协助作用。这类玩教具通常包含特定的学习任务,在设计上经常采用拼图、配对、组合等形式,对操作方式与方法也有一定的要求。教育性玩教具是英国思想家洛克较早提出的,洛克认为儿童是天生的游戏者,为了把玩具变成对儿童具有教育意义的材料,他亲自动手改造儿童的玩具,制作了一套帮助儿童认识字母的积木。后来福禄培尔开始尝试把教育性玩具系统运用于托幼机构的教育实践中,专门为儿童设计制作了"恩物"系列的教育性玩具。在福禄培尔之后,蒙台梭利也对儿童玩具进行了系统的改造,并设计出一系列的蒙氏教具,影响深远。

三、幼儿园玩教具的配备标准及其分析

目前我国执行的幼儿园玩教具配备标准是原国家教委1992年12月颁布实施的《幼儿园玩教具配备目录》,这个目录把幼儿园的玩教具分为体育类、构造类、角色、表演类、科学启蒙类、音乐类、美工类、图书、挂图与卡片类、电教类,以及劳动工具类九大类,每一大类下都详细标明了具体的玩教具名称及其规格、单位、参考价格和配备数量。详见表9-1。

表9-1 幼儿园玩教具配备目录

编号	名称	规格	单位	参考价格(元)	配备教具									备注
					一类园			二类园			三类园			学前班
					大	中	小	大	中	小	大	中	小	
一	体育类													
W101	攀登架	限高2米	架	600	1			1			1			1
W102	爬网	高1.6米,斜网式	架	500	1			1			1			
W103	滑梯	高1.8或2米与地夹角34°至35°,缓冲部分高0.25米,长0.45米	架	600	2			1			1			1
W104	荡船或荡桥	2米×1.7米×1.6米	架	500	1			☆			☆			
W105	秋千	高1.9米	架	300	2			1			1			1
W106	平衡木	长2米,宽0.15—0.2米	对	180	2			1			1			

(续表)

编号	名称	规格	单位	参考价格(元)	配备教具											备注
					一类园			二类园			三类园			学前班	
					大	中	小	大	中	小	大	中	小		
W107	压板	中间支柱高0.4—0.5米,长2—2.5米,距两端0.3米处高把手,缓冲器高0.2米	个	200	1			1							
W108	体操垫	长2米,宽1米,厚0.1米	块	150	4			4			2				
W109	小三轮车		辆	40	8			☆							
W110	小推车		辆	30	4			2							
W111	平衡器		个	15	8			4			4			2	
W112	高跷	高0.08米,直径约0.1米	副	2	10	5		10	5					6	
W113	投掷靶		个	20	4			2			2				
W114	拉力玩具		个	3	8			8			2				
W115	钻圈或拱形门	直径0.5—0.6米	个	16	4			2			2				
W116	球拍		副	4	4			☆							
W117	球	直径0.1—0.2米,重100—150克	个	4	40	40	40	20	20	20	20	20	20	10	
W118	沙包	直径0.06—0.07米	个	1	10	10		10	10		10	10		10	
W119	绳	长、短	根	4	长4短20			长4短20			长4短20			长1短10	
W120	体操器械(任选一种)	彩旗、彩圈、彩棒、哑铃	个	3	36×2			36×2			36×2			40	
W121	跳床		个	2000	1			☆							
W122	滚筒	高 米,宽 米	个	400	1			1							
W123	钻筒	钻爬式,高 米,宽 米	个	130	1			☆							
二	构造类														
W201	大型积木		套	1000	2			1							
W202	中型积木		套	200	2	2	2	2	2	2					
W203	小型积木		套	40	12	12	12	12	12	12	12	12	12	8	
W204	接插构造玩具	各种片、块、管、粒等	套	20	60	40	20	40	40	20	20	20	20	20	
W205	螺旋玩具		件	15		6	6		4	4		2	2		
W206	穿编玩具		套	50	14			12			5				

(续表)

| 编号 | 名称 | 规格 | 单位 | 参考价格(元) | 配备教具 ||||||||||| 备注 |
| | | | | | 一类园 ||| 二类园 ||| 三类园 ||| 学前班 | |
					大	中	小	大	中	小	大	中	小		
三	角色、表演游戏器具														
W301	角色游戏玩具	医院、交通、商店、工厂、邮局、家庭等自选	套	100	8	8	6	8	8	6	6	6	4		
W302	桌面表演游戏玩具		件	10	8	8	8	4	4	4	4	4	4	2	
W303	木偶	指偶、袋偶	套	120	4			2			1			1	
W304	头饰		套	30	4			2			1			1	
W305	模型	人物、车辆、动植物等	套	50	4			2			1			1	
四	科学启蒙玩具														
W401	小风车		个	3		8	12		6	10					
W402	陀螺		个	1		8	4		4	2					
W403	万花筒		个	3	2	2	2	2	2	2	☆				
W404	放大镜		个	5	4	4	2	4	4	2		2	2	4	
W405	寒暑表		个	1	2	2	2	2	2	2	2	2	2	1	
W406	地球仪		个	20	1			☆						1	
W407	磁铁块		块	0.40	30	30	30	30	30	30	30	30	30	20	
W408	沙水箱（池）		个	200	2	2	2	2	2	2	1			1	
W409	沙水玩具配件		套	50	2	2	2	2	2	2	1			1	
W410	磁性玩具		套	100	1			1							
W411	弹跳玩具		套	40	1			1							
W412	滑动或滑轮玩具		套	30	1			1							
W413	计算器	教师演示用	个	10	1	1		1	1		1	1		1	
W414	幼儿计算器		个	4	10	10		8	8		6	6		10	
W415	小型计数材料	每盒100个	盒	15	若干			若干			☆				
W416	几何图片		盒	8	10	10	4	6	6		4	2		20	
W417	图形投放盒		个	10		2	6		2	4					
W418	图形戳		套	5	8	8	4	6	6	4	4	4	2		
W419	数行接龙		盒	8		10	8		8	4		6	2		
W420	巧板	三巧、五巧、七巧	套	2	40（七巧）			30			10			40（七巧）	
W421	图形钉板	0.22×0.22	块	3		10	6		8	4		6	2		

(续表)

编号	名称	规格	单位	参考价格（元）	配备教具 一类园 大	一类园 中	一类园 小	二类园 大	二类园 中	二类园 小	三类园 大	三类园 中	三类园 小	学前班	备注
W422	套式玩具	套人、套塔、套筒、套碗	套	10		4	4		4	4		4	4		
W423	钟面		个	10	2大36小			1			1			1	
W424	简易认知器		套	20	4			4						2	
W425	儿童棋		套	15		10	4		10	4		10	4	4	
W426	儿童牌		套	15		10	4		10	4		10	4	4	
W427	天平	吊斗式、挂斗式、托盘	个	15	2	2	2	2	2		3			1	
W428	拼图或挂图形镶嵌		盒	10	40			40						4	
W429	量杯		套	30	☆			☆							
五	音乐类														
W501	风琴	或手风琴，任选一种	架	400	2	2	2	2	2	2	1	1	1	1	
W502	儿童木琴	或钢琴，任选一种	架	100	1			☆							
W503	鼓		个	40	4			2			1				
W504	锣		个	15	1			1							
W505	钹		个	10	6			4			2				
W506	木鱼		个	5	8			4			2				
W507	三角铁		个	6	4			4			2				
W508	碰钟		对	8	4			4			2				
W509	沙锤		对	20	6			4			2				
W510	蛙鸣筒		个	5	4			2			2				
W511	双响筒		个	10	6			4			2				
W512	串铃		个	6	8			4			2				
W513	响板		付	2	10			10			10				
W514	铃鼓		个	12	10			10			10				
W515	钢琴		架	4500	1			☆							
六	美工类														
W601	小剪刀	安全剪刀	把	2		70	70		70	70		70	70	40	
W602	泥工板		块	1	70	70	70	70	70	70	40			40	
W603	调色板		个	1	40			40							
W604	彩色水笔、油画棒、蜡笔		套	4	70	70	70	70	70	70	100			40	任选一种
W605	美术面泥		袋	5	100			80			60				
W606	小画板		块	3	☆										
W607	小画架		个	20	☆										

(续表)

编号	名称	规格	单位	参考价格(元)	配备教具 一类园 大 中 小	配备教具 二类园 大 中 小	配备教具 三类园 大 中 小	学前班	备注
七	图书、挂图和卡片								
W701	幼儿读物		册		人均3册以上	人均2册以上	人均1册以上	人均2册	
W702	教育挂图		套	35	10	10	10	4	
W703	各种卡片			5	16 16 16	12 12 12	8 8 8	10	
八	电教类								
W801	电视机		台	2000	1	☆	☆		
W802	收录机		台	400	2 2 2	3	3		
W803	幻灯机		台	200	1	1	1		
W804	投影仪		台	600	1	1	☆		
W805	投影片		套	40	1	1	☆		
W806	录像机		台	2500	☆				
W807	录像带	系列	盘	20	☆				
九	劳动工具类								
W901	喷壶		把	5	2 2 2	2 2 2	2 2 2	1	
W902	小桶		个	5	8 8 6	6 6 4	4 4 2	4	
W903	儿童铁锹		把	6	40	20	10		
W904	小铲子		把	5	40	20			
W905	小锤子		把	5	2 2 2	2 2	2 2	2	
W906	幼儿工作台		套	200	1	☆			

说明

① 本目录是依据《幼儿园工作规程(试行)》要求,对幼儿实施体、智、德、美全面发展的教育,促进其身心和谐发展,力求创设与教育相适应的环境,为幼儿提供活动和表现力的机会与条件,在1986年颁布的《幼儿园教玩具配备目录》的基础上修订的。

② 鉴于我国各地区的经济发展不平衡,各地的办园条件差异很大,目录分为一、二、三类。二类为基本配备,经济条件好的可按一类配备,经济条件比较差的,按三类配备。目录中的注☆号的是价格比较昂贵的玩教具,可根据各园条件选配。

③ 目录中的配备数量,是按一所幼儿园两个大班、两个中班、两个小班计算的最基本配备量。学前班按一个班配备。

④ 本目录是指导性文件,各地区可根据自己的经济条件,因地制宜,量力而行,逐步达到配备要求。目录中的价格是参考价格,仅供内部核算参考,配置时应按市场价格计算。

⑤ 提倡幼儿园参照本目录的内容,就地取材,利用各种无毒、安全卫生的自然材料和废旧材料自制玩教具。

⑥ 本目录是由原国家教委教学仪器研究所编制。

需要指出的是,这一版《幼儿园玩教具配备目录》颁布至今已经二十多年,随着时代的发展,其中很多内容已经不能适应当前我国学前教育事业发展的要求,因此,对1992年《幼儿园玩教具配备目录》的修订工作已经启动。例如,2011年12月,教育部教学仪器研究所召开了"修订《幼儿园玩教具配备标准》工作汇报会",介绍了修订标准工作的一般过程和此次修订工作的科学流程,介绍了修订标准工作中文献研究、实地调研、系列专家咨询会所获得的第一手研究资料,提交了国内外幼儿园玩教具配备情况报告以及标准建议稿(草稿)。2013年,教育部还将修订《幼儿园工作规程》和出台《幼儿园玩教具配备标准》作为学前教育事业的年度工作重点之一。可以预见,经过深入的调研和认真的论证,新的《幼儿园玩教具配备标准》将会很快和大家见面。

第二节 因地制宜进行幼儿园玩教具开发与制作

在原国家教委对1992年《幼儿园玩教具配备目录》的说明中,专门提到"提倡幼儿园参照本目录的内容,就地取材,利用各种无毒、安全卫生的自然物和废旧材料自制玩教具"。许多幼儿园一直以来不仅有购置的玩教具,也会在本园因地制宜地开展自制玩教具活动,可见自制玩教具在幼儿园中占有不可替代的位置。

一、幼儿园自制玩教具的意义

在幼儿园提倡自制玩教具不仅具有节约的作用,同时也有助于幼儿园、家庭、社区三位一体,教师、儿童和家长共同参与,促进学前儿童身心全面发展。

(一)自制玩教具有助于儿童创新意识的培养

教育创新要从娃娃抓起,全面推进素质教育也要从学前教育抓起。幼儿创造性的灵感往往是从游戏和活动中发展起来的。在幼儿游戏活动中,玩教具是不可或缺的教学资源。玩教具虽小,但它是教育思想和教育观念的具体体现,是教师和儿童创造精神的体现,也是幼儿教育教学重要的物质手段和教育资源,对实现教育目标、提高教学质量具有十分重要的作用。幼儿越小,创造力越明显。现如今,我国也在幼儿创造力培养方面下足了功夫,幼教工作者要从自己做起抓紧对下一代的培养。在幼儿园活动中,要为幼儿提供充足的玩教具,以便他们在玩游戏、玩玩教具的过程中潜移默化地培养创造力,让他们感觉到创造就是这么简单,从而不再墨守成规,而是敢于创新。

(二)自制玩教具可促进教师的专业化发展

如前所述,既然玩教具是幼儿学习与发展的"课本",那么幼儿园教师就应当像钻研文字教材那样去研究玩教具,充分发挥玩教具的教学价值。根据本班幼儿游戏和学习的实际需要,选择、设计和制作适宜的玩教具,为幼儿的游戏和学习创造适宜的条件,是幼儿园教师重要的专业技能。在幼儿园开展玩教具的制作和废旧材料回收利用的教研活动可以促进教师的专业化发展。

(三)自制玩教具可以促进家长参与、家园合作

家长参与和家园合作是提高幼儿园教育质量、促进幼儿身心健康发展的重要条件。幼儿园的自制玩教具活动可以成为家长参与幼儿的学习过程、促进家园合作的

重要途径,对于深化家园合作具有重要意义。具体体现在以下几个方面。

第一,有助于家长认识和了解幼儿园教育教学的特点、内容,生动直观地感受游戏和玩具对于幼儿学习和发展的重要意义,更新教育观念。

第二,家长通过帮助收集自制玩教具的材料、提供设计和制作经验、参与围绕自制玩教具开展的主题活动等,从而在参与幼儿学习的过程中与幼儿园合作,扩大参与幼儿园工作的范围。

第三,有助于家长体验和认识自己的教育责任和能力,唤醒和增强作为儿童"第一任教师"的角色意识,积极主动地参与到孩子的教育过程中来,有益于增进亲子关系及家长之间的分享和交流。

(四) 自制玩教具有助于社会文化的传承

玩教具不仅仅是玩物和操作之物,还是文化传承的重要载体。玩教具和自然游戏材料的不同之处在于它是人类社会的文化产物,凝聚着人类社会的文化历史经验和价值观。例如,以芭比娃娃为代表的"洋娃娃"及其系列玩具,从形象到所传递的生活方式和价值观都带有明显的西方文化烙印。在儿童玩玩具的过程中,玩具所传达的审美趣味和价值观在潜移默化地影响着儿童。

幼儿园自制玩教具是社会文化传承的重要途径。自制玩教具的创意往往来自于节庆活动、传统习俗、民间游戏等本土文化资源,在取材上往往利用当地的自然材料,这对于幼儿了解我国传统文化和本地文化及生活习俗具有独特的作用。例如,端午节的布老虎、中秋节的兔儿爷、清明节的风筝、元宵节的花灯、春节的舞龙等自制节庆玩具,都有助于幼儿认识和了解我国的传统文化和生活习俗。

(五) 自制玩教具有助于节约幼儿园经费

很多幼儿园因经济原因或市场上买不到合适的玩教具,而只能用自制玩教具的方法完成教学任务。实际上,自制玩教具因来自教学实践的需求,比市场上购买的玩教具更符合特定的教育目标及特殊的教育活动内容。随着教育改革的不断深入,幼儿教育教学内容的不断更新,市场上出售的玩教具往往滞后于幼儿教育实践的要求,所以要获得满足幼儿教育活动需要的玩教具,最好的方法就是自制。这也正是幼儿教师开动脑筋,用自己灵巧的双手制作了不计其数的深受幼儿喜爱的玩教具的动力所在。其实,在很多幼儿园中,制作玩教具已成为传统,广大教师制作的玩教具在幼儿教学活动中发挥着重要作用。教师们用自制玩教具创设幼儿的学习生活环境、传递知识和文化、愉悦幼儿的心情、促进幼儿各方面的发展。

二、自制玩教具的原则

幼儿园教师自制玩教具在很多幼儿园已成为传统,但有些教师自制的玩教具并没有发挥它们应有的作用,尽管华丽却只沦为幼儿园的摆设。很多教师制作玩教具时只注重玩教具的装饰性、欣赏性,并没有注重玩教具的操作性和实用性。缺少儿童参与的玩教具就如同人缺少了灵魂一般。自制玩教具应该遵循以下原则。

（一）安全性原则

玩教具可以给幼儿带来快乐，但设计不科学或劣质的玩教具也可能成为"杀手"，给幼儿带来伤害。在玩具伤害中，常见的有被玩具的锋利边缘割伤、被玩具武器（如玩具枪、弹弓等）打伤或从玩具（如坦克城堡、木马）上跌落下来，吞食玩具的小零件或将其塞入鼻中受到伤害。评价自制玩教具的安全性应当参照国家关于玩教具的安全、卫生标准，确保在材料的使用、操作方法等方面不会对幼儿造成伤害。具体包括以下几个方面。

（1）所用的材料不应含有有毒物质，不应使用受过污染的材料。幼儿园自制玩教具往往较多使用废旧材料，在使用前应当采取适宜的方法对这些材料进行消毒，确保不会对幼儿的身体健康造成不良影响。

（2）所用的材料和制成品不应有可能割伤或刺伤幼儿皮肤或眼睛的尖锐的角、锋利的边缘，或可能夹住幼儿手指、头发或皮肤的裂缝。

（3）如果采用电动或机械装置，要防止漏电，机械部分应牢固地安置于玩教具的腔体中，在任何情况下都不会因打开而掉出来。

（4）玩教具包括其零配件的体积不能过小，零配件应不易松脱，不能带有长线（长度不超过30厘米）。这是为了避免幼儿因吞食而窒息，或因把玩教具塞入耳、鼻中和因被长线缠住脖子、绊倒而造成意外伤害。

（5）填充类自制玩教具应注意采用质量较好的填充材料和不易破裂的表面材料，缝制要牢固，避免因表面破裂而造成填充物被幼儿误食。最好不要选用长毛绒等材料制作玩教具。

（6）要考虑制成品的大小和重量等。玩教具的大小以适合幼儿把握为宜。过分细小和过重的玩教具都不适合幼儿。

（7）选用的材料应当有利于环境保护和可持续发展。近年来，"环保"越来越贴近人们的生活，尤其是近两年雾霾的加剧，让人们在担忧后代生存环境的同时自身的环保意识、环保观念也变得强烈起来。教师要以身作则，在制作玩教具时要实现玩教具的环保意义，注重废旧物利用。

（二）实用性原则

传统自制玩教具通常注重美观，而忽视玩教具最基本的作用——实用性。玩教具是为教育教学服务的，以促进幼儿学习或游戏为目的，所以其最基本的功能不能忽视。在很多幼儿园，通过向幼儿提供可乐瓶、一次性碗筷、各类豆子，让幼儿使用筷子喂娃娃吃东西。在该游戏中，材料环保，同时可以培养幼儿手部小肌肉的发展。又如，在"弹珠宝宝闯关"游戏中，幼儿要端着自制的纸盒，将弹珠绕过阻碍物送入目的地，可以多名幼儿一起参与进行比赛，增强游戏的趣味性，也可培养幼儿的协调性。在"棋排序"游戏中，则可以在一个纸盒里摆上一些贴有小动物贴纸的啤酒瓶盖,让幼儿根据颜色、图形进行有规律的排序,这个游戏可用于幼儿园的数学教学中。

(三) 科学性原则

相当多幼儿园的自制玩教具都属于教育性玩教具。教育性玩教具通常包含一定的学习任务,它把抽象的概念具体化,让幼儿通过操作来学习和理解抽象的概念。实际上,它更像教具或学具,其教育功能大于娱乐功能。因此,在自制教育性玩教具时要注意知识、概念与原理正确,确保玩教具的结构与使用方法符合科学原理。例如在"弹珠迷宫"这样的游戏中,幼儿园教师利用废旧木头、包装纸、卡纸制作一个箱子,再给幼儿一些会滚动的珠子,让幼儿滚动各种珠子来观察滚动的速度。教师的目的在于利用物体重力这一原理让幼儿通过玩玩教具获得一些科学常识。

衡量幼儿园自制玩教具的科学性还应当看它是否符合儿童身心发展的特点、水平和客观规律。从当前幼儿园自制玩教具的情况来看,要注意避免幼儿园自制玩教具小学化的倾向。在自制玩教具时,要考虑玩教具所承载的知识、概念和原理是否是幼儿在学前教育阶段需要去学习的,幼儿是否能够真正理解这些知识、概念和原理。

(四) 趣味性原则

幼儿园自制玩教具应具有较高的趣味性,要求玩教具的设计者、制作者以儿童为中心,体味童心、童趣。在相当长的历史时期内,玩教具的设计和生产是以成人为中心、从成人角度出发制造的"有价值的"玩教具,为儿童制作的玩教具其实是成人世界物品的缩微物,反映了成人的审美趣味。以玩偶娃娃为例,一直到20世纪初,玩偶才开始做得像儿童的样子,也才开始穿上儿童的衣服。随着以儿童为主要消费对象的玩教具市场的形成,玩教具的设计和制作开始注意反映儿童的兴趣、年龄特点和审美趣味等,力求以生动的造型、丰富的色彩、动听的声响吸引儿童。

富有趣味性的玩教具首先要在色彩、造型等外观因素上受到幼儿喜爱,符合幼儿的审美情趣,为幼儿喜闻乐见;其次,在玩法上要能激发幼儿的活动兴趣,操作过程有趣,具有可探索性。简言之,富有趣味性的玩教具要好看又好玩。例如,幼儿园教师利用废旧纸盒、吸管、泡沫板、海棉纸、夹子等材料制作一个花园,再让幼儿按自己的喜好充实花园,既提升了幼儿的制作兴趣,又能丰富幼儿的想象力。

(五) 创新性原则

幼儿园自制玩教具的创新性主要表现在以下两个方面:① 构思新颖。自制玩教具在外形、结构、使用方法及所用的材料等方面要独具一格或能推陈出新。② 有利于幼儿想象和创造。一般来说,形象性的、开放性的玩教具有利于激发幼儿的想象力和创造力。

例如,有的幼儿园制作"数字瓶",就是利用一些透明塑料矿泉水瓶、图形卡片、毛线、珠子、彩纸、鞋带等材料,在矿泉水瓶盖上串入鞋带系住,用彩纸剪出不同的形状并塑封好,中间打孔,准备各色珠子,最后再用毛线串入瓶身做"瓶子娃娃"的头发。让幼儿根据瓶子外面的数字选择相应的图形卡片串入,也可根据数字将瓶盖旋开放入相同数量的珠子。这样的玩教具可以锻炼幼儿的数物对应能力、点数能力,同时在旋开瓶盖的过程中还锻炼了幼儿手部小肌肉群的发展。

(六) 简易性原则

幼儿园自制玩教具不同于购置玩教具的地方就在于其简易性。这种简易性表现在两个方面:一是就地取材,体现地方特色,成本低廉;二是制作方法简单,使用方便。例如,幼儿教师可以用一些塑料瓶、毛线、卡纸等材料制成秋千,让娃娃来"荡秋千",制作方法简单、取材方便,可以让幼儿选择自己喜欢的娃娃荡秋千,并且通过写一些标语来表达幼儿游戏时的心情。

(七) 参与性原则

教师在自制玩教具时,应当坚持"幼儿能做的就不要代替他们去做"的原则。让幼儿自己制作玩教具比教师做给他们玩更有意义。例如教师和幼儿共同设计和制作"雪花制造机",教师可以给幼儿提供一些废旧纸盒、废旧白纸、泡沫板等材料,让幼儿在教师的指导下自行制作制造机。幼儿可以通过扇动手中的扇板来使盒内的"雪花"从出口飘出,制造雪花飘落的感觉。

总之,在设计玩教具时,教师需要运用学前教育学、认知心理学和玩教具设计等相关理论。其实,只要开动脑筋幼儿教师都可以变成心灵手巧的设计师。在教学时多为幼儿着想,自制的玩教具就会更实用、更有价值。自制玩教具包含丰富的教育思想,其使用也涵盖着现代教育思想。有关部门应多组织各幼儿园评比自制玩教具的活动,可以为各区域不同办学水平的幼儿园之间搭建交流的平台,促进各园之间的广泛交流,促进幼儿园的教育改革不断深入。教师可以通过此类活动观摩评比优秀玩教具,实现教育观念的转变,不断提高自身素质,从而提高幼儿的教育水平。

三、自制玩教具活动介绍

> 活动一:创意坊
>
> 【玩教具名称】创意坊
>
> 【适宜班级】大班
>
> 【玩教具功能】
>
> 幼儿通过操作材料,拼贴出各种漂亮的图画或对称、不对称的作品,从而体验创作的快乐和成功感。

【制作材料及方法】

制作材料：剪刀，胶棒，各种颜色的手工纸，各种不同形状（如三角形、圆形、正方形）、颜色的纸片，纸花，皱纹纸球等。

制作方法：利用剪刀剪出各种形状的纸片，发挥想象力，将不同颜色、不同形状的纸片利用胶棒粘接成新的作品。

【玩教具玩法】

幼儿以整张手工纸为背景，在想象的基础上选择粘贴纸花、纸片，组合出一张形象的图画或对称、不对称的图案。

【思考与实践】

在游戏过程中，儿童除可以认识各种形状、颜色之外，最重要的是能够充分发挥自己的想象，激发创作的兴趣。我们是否能以此为蓝本，以不遏制儿童的想象力为标准，制作出更多的适合儿童发展的玩教具呢？

活动二：排排队

【玩教具名称】排排队

【适宜班级】中班

【玩教具功能】

（1）能初步理解相邻数，掌握"7"以内数的相邻数。

（2）能正确认读阿拉伯数字，并将数字与实物数量一一对应。

（3）能按实物的特征进行分类，按类别寻找"7"以内数的相邻数。

【制作材料及方法】

制作材料：酸奶盒、牙膏盒、管形塑料玩具、圆形玩具、实物卡片、数字卡片。

制作方法：将酸奶盒和牙膏盒装饰上漂亮的颜色，将圆形玩具贴在盒上作为底托，在管形玩具上分别贴上不同数量的实物卡片和数字卡片。

【玩教具玩法】

（1）教师引导幼儿依据实物卡片寻找"7"以内数的相邻数，并按顺序依次将管形玩具插在底托内。

（2）根据实物卡片的数量依次将数字卡片与其相对应，将贴有数字卡片的管形玩具插好。教师引导幼儿准确认读阿拉伯数字。

（3）指导幼儿根据卡片上实物的特征进行分类游戏，引导幼儿和同伴合作按不同的类别找出"7"以内数的相邻数，体验游戏的快乐。

【思考与实践】

这是一节以认识"7"以内数字，并利用一些玩具制成的教具为主要活动材料的数学课，这样的玩教具可以激发幼儿学习数学的兴趣。我们还可以怎样利用一些玩教具，将其推广到其他的学科领域呢？

活动三：高跷铁罐

【设计思路】

从我国传统节日游戏"踩高跷"得到灵感，制作幼儿可以安全游戏的玩教具，既能发扬我国节日文化的传统，还能锻炼幼儿的平衡能力和冒险精神。

【制作材料及方法】

制作材料：罐头铁罐。

制作方法：选取罐头铁罐代替传统的高跷，用绳索固定在铁罐上，让幼儿能够安稳地站在上面，并能够控制脚下的"高跷"往前移动。

【制作过程】

（1）选取两个同样大的铁罐，在每个铁罐的两侧用大铁钉扎两个对称的孔。

（2）选取一段稍粗的尼龙绳，根据幼儿的身高截成同样长的两段，每段绳相当于小朋友腿长的两倍。

（3）把尼龙绳的两端分别穿进铁罐两侧的孔中，在罐体内打结，完成。

【玩教具玩法】

让幼儿踩着铁罐，拉住铁罐上的尼龙绳控制自己的脚步，看谁走得远。

【思考与实践】

这是一次锻炼幼儿平衡力的活动，活动的玩教具是利用废弃的罐头铁罐制成的，这种实践活动对于幼儿园来说是很有必要的，在活动中尤其要注意保证幼儿的安全。

四、自制玩教具实例分析[①]

玩教具名称:漂亮的屏风(图9-1)

图9-1　漂亮的屏风

所属区域:日训区、语言区、美工区、数学区等

玩教具名称:美丽小鱼(图9-2)

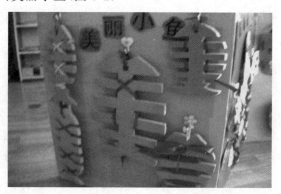

图9-2　美丽小鱼

所属区域:日训区、美工区

玩教具用途:练习双手配合系带子,发展手指精细动作。

玩教具玩法:

(1)将小鱼放在桌子上,一手拿带子,一手按住小鱼。

(2)两端对齐,左右交叉,上下系带子。

(3)调整形状,尽量对称。

---

① 此部分内容主要由66393部队幼儿园大二班提供。

玩教具名称：玩别针（图9-3）

图9-3　玩别针

所属区域：日训区、美工区

玩教具用途：练习双手使用别针。

玩教具玩法：

(1) 选择一个自己喜欢的头饰或对称图案。

(2) 根据别针大小选择别针。

(3) 观察别针的开关扣，注意穿进对称图案的洞里并别好。

(4) 操作结束后，将别针取下并别好开关口。

玩教具名称：小提包（图9-4）

图9-4　小提包

所属区域：日训区、美工区

玩教具用途：练习正反面穿和缝的动作，提高手眼协调能力。

玩教具玩法：

(1) 对齐叠放两份相同的提包模型，将鞋带的一端对准提包上端的小洞从上往下穿出并拉紧。

(2) 抓住绳子，自上而下穿过邻近的小洞，拉紧绳子。

(3) 同样的方法反复操作。

(4) 操作结束后，将绳子取出并整理好。

玩教具名称：数一数（图9-5）

图9-5　数一数

所属区域：数学区

适合年龄：大班

材料要求：

（1）适合两名幼儿一起玩。

（2）5根及5根以上的吸管提前捆成一捆，并且每种颜色的吸管要有5根，即10根吸管有两种颜色，15根吸管有三种颜色，20根吸管有四种颜色。

玩教具用途：

（1）练习5以内的目测数或点数。

（2）初步学习20以内的按群数。

玩教具玩法：

（1）一名幼儿任意抽取一张任务卡（包括1、2、3、4、5、10、15、20），并大声读出任务卡上的数字。

（2）另一名幼儿根据数字一次性拿出相应数量的吸管。

（3）轮流玩，最后比一比，看谁正确拿出吸管的次数多，谁就获胜。

玩教具名称：拼音火车(图 9-6)

图 9-6　拼音火车

所属区域：语言区

玩教具用途：能找出与汉字相对应的拼音，进行对应摆放。

玩教具玩法：

(1) 把拼音卡片放在一张小桌子上，摆开来放。

(2) 找出对应的汉字把拼音卡片放在对应的车厢里。

(3) 活动结束后把卡片收好。

玩教具名称：拖鞋配对(图 9-7)

图 9-7　拖鞋配对

所属区域：日训区、数学区

玩教具用途：练习双手配合系带子，发展手指精细动作；根据算式算出答案。

玩教具玩法：

(1) 将写有算式的拖鞋放在桌子上。

(2) 根据算式找出相对应的答案把两只鞋挂在一起，组成一双鞋。

(3) 把算式及答案写在算术纸上。

玩教具名称：拧一拧（图9-8）

图9-8 拧一拧

所属区域：数学区、美工区

玩教具用途：学习二维序数，锻炼思维能力。

玩教具玩法：

(1) 取下瓶盖，观察瓶盖上的门牌号。

(2) 将瓶盖拧在相对应的瓶子上。

(3) 依此方法进行后面的操作。

玩教具名称：我会插花（图9-9）

图9-9 我会插花

所属区域：数学区、美工区

玩教具用途：根据算式找出答案。

玩教具玩法：

(1) 将花放在桌子上。

(2) 看花上的算式，算出答案后就把花放在相对应的瓶子里。

(3) 在算术纸上写出算式及答案。

玩教具名称:算一算(图9-10)

图9-10　算一算

所属区域:数学区

玩教具用途:练习20以内的加减法。

玩教具玩法:

(1) 拿出题卡,运用瓶盖进行20以内的进位加法题。

(2) 将答案写在题卡纸上。

(3) 对照题卡后面的答案。

教具名称:碳酸反应(图9-11)

图9-11　碳酸反应

所属区域:科学区

玩教具用途:能按操作图进行小实验,并观察变化。

玩教具玩法:

(1) 了解材料,观察材料示意图。

(2) 根据示意图的步骤进行操作。

(3) 仔细观察吸管搅拌前后发生的变化。

(4) 实验结束后将物品归位。

玩教具名称：一寸虫（图 9-12）

图 9-12　一寸虫

所属区域：数学区

玩教具用途：练习测量方法，学习记录测量结果。

玩教具玩法：

(1) 用一寸虫测量盒子的长边，用记号笔做出标记。

(2) 把记录的结果写在记录表上。

(3) 用两寸虫测量盒子的长边，用记号笔做出标记。

(4) 把记录的结果写在记录表上。

玩教具名称：乐器商店（图 9-13）

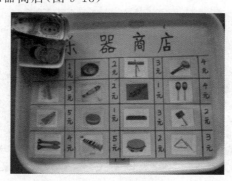

图 9-13　乐器商店

所属区域：数学区

玩教具用途：初步感知商品买卖关系，体验与同伴友好相处的快乐。

玩教具玩法：

(1) 同伴协商，一方为买方，一方为卖方。

(2) 买方说出要买的商品，卖方说出价钱。

(3) 买方支付钱，卖方将商品售出。

(4) 交换买方、卖方，继续游戏。

玩教具名称:打电话(图 9-14)

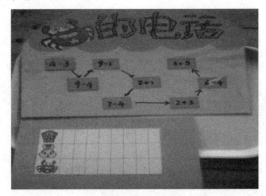

图 9-14　打电话

所属区域:数学区

玩教具用途:巩固 10 以内的加减法。

玩教具玩法:

(1) 观察电话式操作板和记录表。

(2) 完成每一道算式题,并将答案按顺序填写在记录表上。

(3) 检验结果是否和背面的答案一致。

玩教具名称:浇花器(图 9-15)

图 9-15　浇花器

所属区域:植物角

玩教具用途:方便幼儿照顾植物。

玩教具玩法:

(1) 矿泉水瓶上标有刻度。

(2) 灌满水后将鞋带一端放入水瓶中,另一端放入花盆里。

(3) 水会顺着鞋带渗到另一端的花盆里。

玩教具名称:蜗牛棋(图9-16)

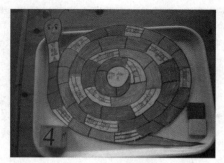

图9-16 蜗牛棋

所属区域:语言区

玩教具用途:巩固拼音的练习。

玩教具玩法:

(1) 拼音的后面有图画。

(2) 两个小朋友商量好后,一个小朋友先掷骰子,掷到几就走几步。读出拼音后对照后面的答案。

(3) 另一个小朋友再走。

(4) 谁先走到终点谁获胜。

玩教具名称:名画拼图(图9-17)

图9-17 名画拼图

所属区域:感官区

玩教具用途:培养幼儿认识和熟悉名画,训练幼儿的思维能力。

玩教具玩法:

(1) 取出一张名画的原摹仿图。

(2) 幼儿取出对应名画的拼图卡片。

(3) 幼儿对照原图拼出图画。

 **本章小结**

1. 玩教具以其生动的形象、丰富的色彩和动听的声响吸引幼儿,能激发幼儿动手、动脑及身体各部位活动的积极性。幼儿通过摆弄和操作玩教具进行学习、探究和实验,不仅促进其动作和手眼协调能力的发展,也促进他们智力的发展。

2. 对于学前儿童而言,"玩教具"可以是任何东西。通常,我们把成人或儿童专门制作的,供儿童学习和游戏之用的物品称为"玩教具",以区别于自然的、非专门制作的游戏材料。在幼儿园活动中,玩教具是学前儿童在游戏和学习活动中使用的玩具和教具的统称。玩教具借助一定的物质材料,如布、塑料、木材、金属、纸张等,依据一定的设计要求,通过工业化生产或手工制作而完成;集游戏、娱乐、竞赛、教育功能于一体,能够起到开发幼儿智力、锻炼幼儿体魄、促进其身心健康发展等作用。

3. 在幼儿园使用的玩教具中,一部分是购置的,另一部分是自制的。前者以大型活动玩教具和塑胶、机械类玩教具为主,这类玩教具有一定的生产工艺要求,使用周期较长;后者则是幼儿园教师根据教育教学和儿童游戏的需要,自行或者与儿童共同设计与制作的,这类玩教具的制作工艺相对简单,使用周期短,但更贴近教学、贴近儿童,是幼儿园购置玩教具的重要补充。

4. 华夫刚和菲尔普斯根据玩教具或游戏材料的性质与功能将玩教具分为以下三种类型:① 流体性的玩教具。这类玩教具或游戏材料的外形可以被游戏者任意改变,如黏土、沙、水、颜料等。② 结构性的玩教具。这类玩教具或游戏材料可以被用来创造或建构出其他物体或物品,例如积木、拼图等。③ 象征性的玩教具。这类玩教具或游戏材料主要被用于象征性游戏中。

5. 黑维特和布卢姆根据玩教具的游戏功能把玩教具或游戏材料分为以下三类:① 感觉运动玩教具。这类玩教具是可以让幼儿反复摆弄、产生某种效果的玩教具,如拨浪鼓、球等。这类玩教具可以支持幼儿的感觉运动游戏,促进幼儿感觉运动能力的发展。② 表征性玩教具。这类玩教具是实际生活物品的模拟物,可以支持幼儿的象征性游戏,如家事玩具、医疗玩具等。③ 建构性玩教具。这类玩教具是可以被用来创造或建构出其他物体或物品的玩教具或游戏材料,如积木、拼图等。

6. 针对学前儿童机体和感官发展而设计的玩教具,具体分为以下几类:① 针对视觉发展设计的玩教具,如气球、识图类的玩教具。② 针对嗅觉发展设计的玩教具,如识别醋、酱油等味道的玩教具。③ 针对听觉发展设计的玩教具,如敲打类玩具、手摇铃等。④ 针对体能发展设计的运动类玩教具,如学步车、球类玩教具、室外运动类玩教具等。

7. 幼儿园的玩教具和游戏材料可以从不同的角度或根据不同的用途来分类。一般来说,根据用途,幼儿园玩教具可以分为以下几类:音乐玩教具、体育玩教具、表征性玩教具、建构性玩教具、娱乐性玩教具、智力玩教具、木偶戏玩教具、科教玩教具、节庆玩教具、自制玩教具、教育性玩教具等。

8. 目前我国执行的幼儿园玩教具配备标准是原国家教委1992年12月颁布实施的《幼儿园玩教具配备目录》,这个目录把幼儿园的玩教具分为体育类、构造类、角色、表演类、科学启蒙类、音乐类、美工类、图书、挂图与卡片类、电教类,以及劳动工具类九大类,每一大类下都详细标明了具体的玩教具名称及其规格、单位、参考价格和配备数量。当前我国对1992年《幼儿园玩教具配备目录》的修订工作已经启动。

9. 在幼儿园提倡自制玩教具有助于儿童创新意识的培养,可促进教师的专业化发展,可以促进家长参与、家园合作,有助于社会文化的传承,有助于节约幼儿园经费。

10. 幼儿园自制玩教具应该遵循以下原则:安全性原则、实用性原则、科学性原则、趣味性原则、创新性原则、简易性原则和参与性原则等。

 自我评量

一、名词解释

1. 幼儿园玩教具　　2. 自制玩教具

二、简述题

1. 幼儿园玩教具可以从哪些方面进行分类?
2. 幼儿园自制玩教具的意义是什么?
3. 幼儿园自制玩教具应该遵循哪些原则?

三、论述题

1. 选择一所幼儿园,参观记录其自制玩教具并分析是否符合自制玩教具的原则。
2. 分析我国当前实行的《幼儿园玩教具配备目录》,谈一谈可以作哪些方面的修订。

第十章　其他游戏资源的开发与利用

1. 掌握民间游戏和基于绘本延伸游戏的基本概念，理解其在幼儿园中的应用价值。
2. 掌握民间游戏和基于绘本延伸游戏的基本特点和指导策略。
3. 能够结合实践，在幼儿园合理改编或创编民间游戏与基于绘本延伸的游戏。

翻花绳的乐趣[①]

中班的妞妞每天回到家都会看很长时间的电视，有时会看爸爸玩电脑游戏，尽管自己不会玩，但偶尔也会偷偷地模仿爸爸的样子去玩。有一天，妞妞妈妈的朋友带着她上中班的孩子畅畅来妞妞家玩，刚开始两个孩子都在看电视，一会儿两个人就熟悉了，一块儿玩起来了，先是玩玩具，妞妞各式各样的玩具很多，但都玩不长，后来畅畅妈妈提议说："你们可以玩翻花绳呀！""翻花绳是什么？"妞妞问。"翻花绳可好玩了，我教你，在家我奶奶教过我玩的。"畅畅说道。后来，妞妞妈妈找来一根合适的绳子，妞妞和畅畅两个人玩了一上午，中间"忙"得都来不及喝水，直到中午畅畅回家时，妞妞还没有玩够。平时在家妞妞多半是看电视或自己玩玩具，从来没有像今天这样兴奋过。

翻花绳是大家熟悉的民间游戏，案例中的妞妞和畅畅玩得不亦乐乎，由此可以看出，民间游戏对当今幼儿还是有很大吸引力的。现如今儿童在幼儿园或家里很少玩翻花绳这样的民间游戏，并不是他们不喜欢，而是现代社会的玩

[①] 范明丽.学前儿童游戏与指导[M].成都：西南财经大学出版社，2014：239.

具、多媒体等挤占了儿童太多的时间,孩子们对民间游戏不了解,民间游戏的文化传承作用未能很好地发挥。因此,要发挥民间游戏对幼儿的积极作用,就必须适时、适宜地把民间游戏引入幼儿园,落实到幼儿的实际生活当中,让他们有机会去玩,有机会去感受传统民间游戏的魅力。

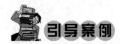 引导案例

开心娃娃图书屋①

我们决定和孩子们一起商讨图书区的环境创设,孩子们建议把自己的折纸作品串联起来悬挂成小帘子,用废旧纸壳做成图书区的区域隔断。孩子们还请奶奶和姥姥们帮助缝制了一些软绵绵的靠垫,坐上去很舒服,入区时还起到了限制人数的作用。在教师的提议下,孩子们纷纷为图书区起名字:"叫小书吧!""还是叫宝贝图书馆"……最后大家经过协商决定取名为"开心娃娃图书屋"。

我们还以图画书制作、故事表演、故事改编、续编、创编、主题墙饰等多种方式,鼓励幼儿围绕主题结合自己的生活经验大胆想象并表达自己的阅读感受。如故事创编《黄雨伞》、续编故事《小猪的爱情》、想象绘画《有那么一天》,以及图画书制作《我爸爸》等活动。比如在《黄雨伞》故事创编过程中,有的孩子编得合乎情理,有的前面创编情趣盎然,后面随着画面的变化又自己推翻。为了帮助孩子们记录每一个智慧的火花,我们邀请有一定阅读经验的家长走进班级。首先对这几位家长就活动的开展情况和接下来的任务和指导方法进行简短培训,然后分成若干组,分别让孩子们进行故事创编讲述,家长帮助记录,在小组中让每个孩子在创编故事的同时,表达和被尊重的愿望得以实现,倾听的习惯与能力在自然而然中得到了培养。更重要的是,他们感受到了图画书中的图画带给每个人不同的信息和不一样的感受。

---

① 李金凤(唐山四幼).我班开展绘本阅读活动的实践研究.河北大学幼儿园骨干教师国家级培训论文.

第一节 民间游戏的传承与开发

我国的民间游戏历史悠久,花样繁多。长期以来传统儿童民间游戏基本靠着一代又一代人的口耳相传,延续至今。然而,随着时代的发展,尤其是在当今科技革命与计算机网络的冲击下,传统民间游戏的内容、时间和空间都被压缩、挤占。在生活中,尤其是城市里人们很少看到在街道巷口玩耍的孩子,儿童更多的游戏空间和时间正在被电动玩具、电脑游戏、手机所占据,而那些我们经历过、感受过的民间游戏大多被忽视和遗忘了。发掘并利用这些资源,给儿童提供机会接触和参与传统民间游戏,充分挖掘民间游戏对儿童身心发展的价值,传承民间文化和民间游戏,丰富和充实儿童的游戏内容,成为当务之急。

一、民间游戏的内涵

民间游戏是指流传于民间广大民众,尤其是儿童生活中的嬉戏娱乐活动。一说到民间游戏,人们耳熟能详的有"丢手绢""跳房子""抓沙包""打方宝"等,这些游戏伴随一代又一代人度过了他们难忘的童年。民间游戏历史悠久、种类繁多,是民间文化也是中华文化的重要组成部分。民间游戏既是本土化的特色生活方式,又是大众性的休闲娱乐活动,不仅反映了传统文化发展的轨迹,而且体现了民众的娱乐精神。民间游戏是游戏概念的次级概念,关于民间游戏的内涵,目前主要有以下几种主要的理解。[①]

(一) 乌丙安的观点

民俗学专家乌丙安先生对民间游戏的定义如下:民间游戏是流传于广大人民生活中的嬉戏娱乐活动,俗称"玩耍"。游戏是游艺民俗中最常见、最普遍和最有趣的娱乐活动之一。它主要流行于少年儿童中间和节日里成年人的娱乐节目之中。民间游戏具有民众性、普及性、娱乐性和历史传承性等特点。

(二) 朱淑君的观点

朱淑君在《民间游戏》一书中,认为民间游戏是:产生、流传于人民群众,主要是青少年儿童日常生活中,具有一定形式、规则、内容,又可因时因地发展变化的,以玩耍为目的的小型嬉戏娱乐活动。

(三) 陈连山的观点

陈连山在《游戏》一书中也提出了自己对民间游戏的定义:民间游戏是指那些在广大民众中广泛流行,并且成为代代传承的文化传统的游戏。陈连山强调民间游戏

[①] 此部分内容主要参考:张新立.鹰雏虎崽之教——教育人类学视野下的彝族儿童民间游戏研究[M].桂林:广西师范大学出版社,2007:44-45.

的参加者至少有两个,所以游戏通常都有着独特的规则及稳定的表现形式。

综上所述,民间游戏是一种以口头形式传授,以直接参与为目的的竞技和演示活动。作为传统文化的一部分,民间游戏是由劳动人民根据本地区的特点及民族传统文化经过不断地加工以适合儿童年龄特点而改编的,具有浓郁的生活气息和地方特色的游戏。因其生动有趣、积极活泼、开展随意,以及多种表现形式等特点而备受儿童的喜爱。

二、民间游戏的分类

不同研究者根据不同的标准对民间游戏进行了分类,例如郭泮溪根据民间游戏活动的性质、方式以及游戏者的范围等,将民间游戏分为九类:儿童游戏、斗赛游戏、季节游戏、歌舞观赏游戏、杂艺游戏、智能游戏、驯化小动物游戏、助兴游戏和博戏等。根据幼儿园游戏的特点,本书把民间游戏分为身体运动类游戏、生活娱乐类游戏和智力对抗类游戏三大类。

(一)身体运动类游戏

身体运动类游戏是以体育锻炼、追逐娱乐为主的活动,是儿童非常喜爱的一种游戏形式,也是民间游戏中最为常见的类型。常见的身体运动类游戏有"老鹰捉小鸡""跳房子""丢手绢""抓沙包""木头人""跳皮筋""踢毽子""滚铁环""抽陀螺""跳绳""跳山羊""两人三足""拔河""跳竹排""踩高跷"等,这些都属于有规则的游戏。此外,还有一类没有明确规则的追逐打闹游戏,主要表现为儿童在空闲时彼此追逐,互相打闹,有时候这种追逐打闹可能会显得粗野而混乱。身体运动类游戏主要锻炼儿童的大肌肉群,提高身体的敏捷、平衡等能力,也有的需要用到小肌肉控制。身体运动类游戏除了锻炼儿童的身体,提高他们的动作协调能力之外,也有助于儿童的社会化。下面这首诗,很好地描述了我们对童年游戏的记忆印象。

拓展阅读

游 戏[①]

童年有一种游戏
是鹰捉小鸡
抑或丢手绢

我们逃避俘房
也担心幸运

做一回鹰和投掷人

[①] 梁梦,唐弋.老玩具·老游戏[M].武汉:长江文艺出版社,2001:73-74.

我们都愿意

等待也是一种角色

看游戏的经历和蔓延

等待反而成为孤独

所以时常地

放慢躲避的速度

偷偷看一看身后

也许真有一个意外

不偏不倚正好给你

(二) 生活娱乐类游戏

  生活娱乐类游戏是指儿童在游戏中通过各种游戏材料如泥沙、藤草、纸张等,模仿成人世界的各种生活方式,并通过游戏的形式获得对成人生活的体验,从而满足自己像成人一样做事和生活的愿望。例如,最典型的民间游戏"过家家",几个孩子进行分工,有的当爸爸,有的当妈妈,还有的是孩子,在这样组成的一个基本的小家庭中进行各种活动,由于孩子善于模仿的特点,他们的游戏往往进行得像模像样。例如,在"孟母三迁"的故事中,就涉及了孟子幼年住在墓地旁边时进行的丧礼游戏,搬到集市后进行的商人买卖游戏,以及搬到学校附近后进行的谨守礼制和读书游戏。此外,这类游戏还包括"抬花轿""编花篮""炒豆豆""翻花绳""击鼓传花""手影""甩纸炮""打方宝""捉迷藏"等游戏。这类游戏活动来源于生活,其顺利进行不仅需要儿童的身体活动能力,也需要其象征性思维的发展,通过游戏起到放松身心的作用。

拓展阅读

玩 泥 堆 沙[①]

  人类是大地的孩子,而地上多的是泥巴,所以孩子们总是特别喜欢玩泥巴,对泥巴有一种天生的特别亲近的感情。

  我想,从古至今,人类的儿童一定玩了几十万年的泥巴了。

  现在城里人却突然不准孩子们玩了。觉得泥巴脏,玩泥巴不卫生,不文雅,而改玩橡皮泥之类的替代物。

  一个人与泥土之间天然的亲情,从小就这样被粗暴地割断了。

---

① 梁梦,唐弋.老玩具·老游戏[M].武汉:长江文艺出版社,2001:1-2,13-14.

一个孩子玩橡皮泥也许会玩得不错,也可能玩出不少花样来,但他却不可能从中体会到泥土的芬芳,以及大自然的博大与温柔!

——王山

孩子们对沙子有种说不清的天然的兴趣。小时候,我就是一个"沙迷"。刚卸下的一堆沙,被我们"攀登"过后,你做碉堡,我做坦克;有的还折来树枝制作陷阱,把一些"陌生人"拉来上当。女孩子则以瓷片、小贝壳为炊具,做菜做饭。于是口袋里、头发中都是沙。被母亲训斥,被父亲"踢"了后,仍难割爱。伙伴们一叫,禁不住又往沙堆跑去。

这时沙已晒干,我们便以鞋为战车在沙中鏖战。一天,一位玩伴拿来一块磁铁,在沙中吸着;不一会吸附上许多黑屑(当时叫毛毛)。把黑屑取下来放在一张纸上,将磁铁放在纸下移动,纸上的黑屑便现出舞姿。这个发现为我们增添了一种新乐趣。

前不久读一本儿童心理学方面的书,上面说,因为沙子具有非常多的"可塑性",最利于发挥和锻炼孩子的想象力,所以几乎每一个孩子都对玩沙感兴趣。回想起来,这些话还真有些道理。

——刘传东

(三)智力对抗类游戏

智力对抗类游戏是一种将智力活动与娱乐活动巧妙结合起来进行的游戏形式,即以训练开发儿童的智力和技能为目的的游戏娱乐活动。这种游戏形式广泛流传于各个地区,主要有竞猜类和棋艺类。例如,传统民间游戏"挑棍儿",材料只需要一捆细棍(以前多用废弃的雪糕棍),参与者留下一根小棍,其余小棍被随意洒落在桌面上,然后利用留下的那根小棍将洒落的小棍一根根挑出,不能同时挑动两根或两根以上的小棍,而且不能碰到其他小棍。这对儿童来说是一个富有挑战性的任务,需要仔细观察,并且要果断、镇定、细致、耐心,在相互关联的一堆小棍中把小棍一个一个地挑出来。挑小棍的过程能锻炼儿童的注意力、观察力、判断力和控制力,养成认真细致的做事习惯。

另外,根据中国传统文化构成的多样性还可以将民间游戏分为语言游戏、音乐游戏、文字游戏、竞技游戏;根据活动的地点,可以将民间游戏分为室外游戏和室内游戏;按照参加人数的多少,可以将民间游戏分为单人游戏、双人游戏和多人游戏;按照对游戏道具的利用,可以将民间游戏分为徒手游戏和借物游戏。借物游戏又可以根据所借之物的性质分为动物类、植物类和金属类等。[1]

---

[1] 王德刚.传统民间游戏的源流、价值和保护[J].齐鲁学刊,2005(3).

三、民间游戏的特点

民间游戏作为我国一种传统的游戏形式,具有生活性和地域性、趣味性和娱乐性、群体性和活动性、随机性和自由性,以及与儿歌相关等特点。

(一)生活性和地域性

民间游戏是与儿童的生活息息相关的游戏,这就决定了民间游戏的生活性。同时,由于儿童所居住的地域的差异性,民间游戏也具有了地域性的特点。在我国,由于民族、地域等的不同,不同地区都有着自己不同的民间游戏,而且很多民间游戏与当地的民俗文化是密切相关的,生活气息浓厚,如游戏"过家家"在我国南北方的玩法不同。

(二)趣味性和娱乐性

儿童之所以喜欢玩游戏,是因为游戏本身具有趣味性和娱乐性。通俗地讲,就是这些游戏好玩、有趣,内容生动、形象活泼。试想一件不好玩的事儿,儿童怎么会愿意玩呢?童年有很多美好的回忆,这其中一定有与好玩的游戏有关的部分。例如,在"木头人""跳皮筋""踢毽子""丢手绢"等游戏中,孩子们奔跑雀跃、自由玩耍,怎能不快乐?

(三)群体性和活动性

民间游戏,特别是儿童比较偏爱的体育类民间游戏,很少是独自游戏,大多都需要几个人来合作进行,如"跳皮筋""丢手绢""木头人""老鹰抓小鸡"等。这些既带有活动性,又体现群体性的游戏,不仅利于儿童身体动作的发展,而且利于儿童相互合作、竞争的集体意识的萌发。民间游戏的这些特点对儿童的社会性发展有很大的促进作用。

(四)随机性和自由性

民间游戏的随机性和自由性表现在游戏场地、时间、空间、人数及材料等方面。因为多数民间游戏都简单易学,所以只要游戏者有兴趣、想游戏就可以自己组织、自选材料(更多的是自制的或是废旧物品)、自己协商游戏规则、自由游戏。例如,游戏"木头人"只要有一块空地即可,通过游戏既达到了儿童游戏娱乐的目的,又锻炼了儿童的大肌肉,提高了他们的反应能力。

(五)与儿歌相关

与儿歌相关的游戏如"拍手歌""跳皮筋"等。这些游戏伴随的儿歌大多取材于儿童的生活,内容浅显易懂,语言流畅生动,情节稚趣活泼,节奏明快,旋律优美,幼儿可以边唱边玩。韵律性强是与儿歌相关的游戏的显著特点。与儿歌相关的游戏可以培养儿童的节奏感,儿童会不自觉地自己打节拍,自然流露出快乐的感觉。

四、民间游戏的价值

2016年施行的《幼儿园工作规程》中指出:"幼儿园应当将游戏作为对幼儿进行全面发展教育的重要形式。应当根据幼儿的年龄特点指导游戏",并且"以游戏为基本活动"。可见,游戏对于儿童的健康发展是至关重要的。同样,民间游戏作为民间代代相传的儿童喜闻乐见的活动对幼儿的成长更是有益的,特别是民间游戏自由性大的特点成为孩子童年欢乐和自由的象征。丰富多彩的民间游戏不仅可以促进幼儿身体的健康发展,还有利于其认知、社会性及良好品格的形成。

(一)民间游戏促进儿童身体的发展

幼儿期是儿童身体发展的关键时期,一些民间游戏特别是民间体育游戏如"跳房子""老鹰抓小鸡""丢手绢"等,一方面符合儿童好动的特点,能够激发幼儿兴趣;另一方面可以加强儿童的体能锻炼,促进其身体健康发展。以"跳房子"为例,幼儿在玩的过程中需要画、投、单脚跳、双脚跳、弯腰捡瓦片等一系列动作,锻炼了幼儿投掷、跳跃、平衡、手眼协调、手脚协调等能力,使幼儿在游戏中得到了锻炼,促进了身体的发育。

(二)民间游戏促进儿童认知的发展

游戏是儿童学习和成长的一种模式,也是寓教于乐的一种有效途径。民间游戏因其具有浓郁的地方文化特点和较强的趣味性,更加受到儿童的喜爱。民间游戏源于民间,具有一定的知识性和科学性,在民间游戏中幼儿的知识水平、语言、观察力和注意力、想象力和创造力等都会有一定的提升。例如,猜谜语游戏,它属于智力游戏的一种,中华文字、语言博大精深,猜谜语不仅能丰富儿童的语言,增长他们的知识,还可以开发他们的智力,激发他们积极思考的习惯。再如,玩游戏"弹玻璃珠"时,儿童会集中注意力仔细观察并思考如何弹中对方的玻璃珠。此外,一些民间游戏还可以促进儿童想象力和创造力的发展,如"过家家"。

(三)民间游戏促进儿童社会性的发展

民间游戏具有群体性的特点,要开展民间游戏一般需要2—3名以上儿童共同合作才能进行。民间游戏使儿童三五成群地一起游戏,通过相互协调、模仿,学会与别人友好相处,其助人、合作等心理品质得到发展,学会自己解决人际关系之中的矛盾,学会控制自己的情绪和行为,有机会对那些处于沮丧或不幸状态的伙伴给予同情和帮助,这对现在的独生子女是尤为重要的。例如,在游戏"过家家"中,幼儿分担不同的角色,有的当"爸爸",有的当"妈妈",有的当"司机",有的当"厨师"……这些"角色"可充分培养幼儿的责任感和组织能力,促进幼儿积极交往能力的发展。心理学研究还表明:大家在一起进行游戏活动会比个人独自游戏的效果好得多,可促进幼儿在共同的活动中得到全面发展。

(四) 民间游戏促进儿童良好品质和健全人格的形成

许多民间游戏带有竞争的性质，幼儿在游戏中享有充分的自由，他们的情绪是放松的，当他们能顺利地玩游戏时，就增加了自信心和成就感。幼儿在游戏中开心地活动，体验欢快的气氛、优美的韵律和节奏，自身的情感得到丰富和深化。然而，在游戏中幼儿往往也会面临失败，产生挫折感，自信心会受到打击，个体的情绪处于不安、烦躁的状态中。这时，他们往往会低估自己的能力，过高评估各种困难，或暂时停止游戏。但是，幼儿都有好胜的心理，妙趣横生的游戏又深深地吸引着他们。为了参加游戏，他们只有不断地克服自身弱点，遵循规则，选择并忍受当前的不安，锻炼自己承受挫折、失败的能力，才能继续游戏。因此，民间游戏有助于培养幼儿良好的情绪、情感，形成良好的意志品质和良好的心理素质。例如，在"丢沙包""踢毽子""跳房子""捉迷藏"等许多游戏中，每个幼儿都面临失败的机会，而他们一般都能在不安中继续参加游戏，承受挫折的能力及活泼开朗的性格在游戏中慢慢形成，同时也可发展辨别是非、正确评价自我及他人的能力。

五、民间游戏在幼儿园中的开发与利用

由于民间游戏口耳相传的特点，当前我国很多民间游戏都存在失传、消逝的现象。因此，广泛收集和整理民间游戏，并根据时代发展和儿童的特点对其进行改编和创新，运用在幼儿园的生活游戏当中，是一项非常有价值的工作。

(一) 广泛收集和整理民间游戏

在幼儿园开展民间游戏，首先应该把适合儿童的民间游戏收集起来，可以发动教师、家长及孩子共同参与，并且可以充分利用发达的网络来进行。

(1) 教师们可以相互交流自己小时候玩过的民间游戏，并在原有资料的基础上进行补充和梳理。

(2) 幼儿园应向家长宣传民间游戏对幼儿发展的重要性，让家长说一说自己玩过的或是听说过的民间游戏，并把游戏内容或规则告知儿童或教师。如果条件允许，还应该尽量和孩子一起玩。

(3) 民间游戏的主角是儿童，所以应该让他们加入进来分享他们想要玩的游戏。

教师把各自收集的民间游戏记录下来，大家一块讨论整理。在整理时，要充分考虑游戏的科学性、思想性和教育性，选择一些积极健康的、寓教于乐的、适合幼儿年龄特点的民间游戏，同时要考虑儿童游戏的安全性等因素。

需要说明的是，目前我国已经有一些出版的民间游戏的书籍，可以为幼儿园结合自身情况改编和创新民间游戏提供参考，例如李安娜等主编的《图说民间游戏》、丁亚红主编的《民间游戏走进幼儿园》等。

（二）对民间游戏进行适当改编与创新

1. 改造民间游戏的操作材料

民间游戏中有许多操作材料是由生活中的废弃材料改造而成的。随着社会的发展，游戏的材料也应有所改变和发展，而且有的玩具材料不适合幼儿园的孩子。因此，要让民间游戏在幼儿园顺利进行，就需要对部分民间游戏的材料进行改编。例如，抽陀螺游戏，传统的陀螺是木质的，而且要用鞭子抽，存在一定的危险，因此有的幼儿园把鞭子的木棍和皮绳的长度做了调整，绳子短一些，更有利于幼儿的操作，也避免了因鞭绳过长抽到其他小朋友的情况出现。

2. 创新与拓展民间游戏的玩法

民间游戏的玩法多种多样，但是有些是不适合幼儿的或是不合理的。所以，在幼儿园进行民间游戏时，教师可以通过对游戏的了解，结合幼儿的发展状况对一些民间游戏的玩法进行创新与拓展。当幼儿感觉玩法变化时，他们会更加感兴趣。例如，在拍手游戏中，传统的民间游戏是两个幼儿一组面对面玩，但是考虑到幼儿人数多少或是奇偶数的情况，可以三个人或四个人一组进行，这样他们就可以激情洋溢地开始游戏了。再如，在游戏"跳房子"中，由于幼儿特别是小班幼儿的肢体平衡性比较差，可以把单脚站地去捡瓦片，改为双脚站立，这样他们就能适应游戏并享受游戏带来的快乐。

3. 改编民间游戏的语言

许多游戏都伴随着有趣的童谣，这些童谣大都是长辈们口耳相授，小伙伴们相互传唱流传下来的。经典的童谣寓知识于快乐、趣味、游戏之中，有了童谣，民间游戏更显生动活泼。但是，也有一些童谣语言组织得不太合适儿童，或离儿童的生活经验较远，不易于儿童理解。例如，北京童谣：小小子儿，坐门墩儿，哭着喊着要媳妇儿，要媳妇儿干吗呀？点灯说话儿，熄灯做伴儿，明儿早晨起来梳小辫儿。这首童谣有一定的时代背景，对当今的幼儿来说，"坐门墩""点灯"已经很陌生了，对此应做适当改编。还有一些童谣本身可以任意变化，孩子们在玩的时候可以即兴改编，如《拍手游戏歌》等。

拓展阅读

民间游戏之拉大锯[①]

一、传统玩法

幼儿围成一个圆圈席地而坐，相邻的两个幼儿面对面，手拉手边做拉大锯的动

[①] 董旭花.幼儿园游戏[M].北京：科学出版社，2009：58.

作边念儿歌:拉大锯,扯大锯,姥姥门前唱大戏,接姑娘,请女婿,就是不让外甥去,不让去,也要去,锯根木头做辆车,坐着车子去看戏。

二、创新玩法

幼儿由两人一组变为四人一组围圈坐,边做拉大锯的动作边念儿歌。

三、现代教育意义

《拉大锯》属于民间童谣,读起来朗朗上口,可以让幼儿在简单的共同动作中享受童谣的节奏、韵律之美和乐趣,获得愉快的心理体验,增进伙伴之间的感情。

第二节 基于绘本延伸的游戏

绘本又叫图画书,是儿童早期阅读的主要内容和形式,现在越来越受到重视。在早期阅读的基础上,基于绘本延伸出适合学前儿童的游戏,在拓展幼儿园游戏资源方面也具有重要的意义和价值。

一、绘本的内涵与价值

绘本(picture book),顾名思义就是画出来的书,即依靠文字语言(verbal)和视觉图片(visual)的相互关系来共同叙述故事情节的图书类型,绘本书中的图片(picture)作为书的内容在每一页中出现,并对故事叙述的完整性起到不可缺少的工具性作用。绘本主要分为成人绘本书(如几米、钱海燕等的绘本书)和幼儿绘本书。绘本书与其他普通图画书的区别在于其通常有独特的绘画著者,图画有个人风格,画面即情即景,可单幅成画。

幼儿绘本是以图画为主、文字为辅(甚至没有文字),并能与幼儿产生积极的、有意义的互动效应的一种读物。作为"人生第一书",幼儿绘本是幼儿进行亲子阅读和自主阅读的主要读物。根据反映的内容,幼儿绘本可以分为故事类、教育类和科普类三大类。绘本具有图画的叙事性、文图的完美结合性、内容充满趣味性和主题富含哲理性等特点,具有认识作用、教育作用、审美作用和娱乐作用。幼儿绘本书按照不同阶段幼儿的年龄、心理和认知特点进行创作,契合幼儿的阅读期待视野,对激发幼儿的阅读兴趣、培养幼儿的阅读习惯具有传统幼儿出版物所无法比拟的优势。

绘本阅读对幼儿的成长起着重要的作用,具体表现在以下几点。

(1)利用生动形象的画面萌发幼儿对绘本阅读的兴趣。

(2)在潜移默化中形成幼儿良好的绘本阅读的习惯。

(3)在妙趣横生的故事中培养幼儿绘本阅读的能力。

(4)使幼儿通过娓娓道来的故事感悟生活的内涵。

(5)在亲子阅读中感受绘本阅读的魅力。

因此，大家一致认为，绘本是最适合孩子阅读的图书形式。儿童心理学的研究认为，孩子认知图形的能力从很小就开始慢慢养成。虽然这时他们并不识字，但已经具备了一定的读图能力。如果家长能有意识地与孩子们一起阅读绘本，营造温馨的环境，和他们一起看图讲故事，那么孩子刚开始接触到的就是高水准的图文，他们将在听故事中品味绘画艺术、在欣赏图画中认识文字。比起那些一闪而过、只带来一时快感的快餐文化，欣赏绘本无疑是一种让眼睛享受、心灵愉悦、精神提升的美妙体验。当然，绘本不能立竿见影地实现成人对孩子的所有期望，但绘本中高质量的图文对培养孩子的认知能力、观察能力、沟通能力、想象力、创造力及情感等都有着难以估量的潜移默化的影响。

二、绘本与游戏

绘本阅读是幼儿早期阅读活动中普遍采用的方法，而且一般都为静态阅读，即让幼儿静静地看书、读书。但是对学前儿童而言，他们集中注意的时间短，这样的静态阅读又较枯燥，其阅读兴趣很难维持长久。好的绘本隐藏着丰富的教育元素，所以除绘本阅读外，如何挖掘绘本中的教育元素，并且以孩子能够接受的方式传达给他们是绘本研究中碰到的棘手问题。如何将绘本游戏化，让绘本不仅是讲故事、学知识，而且可以全面帮助幼儿建构精神、培养多元智能，是绘本研究的重点。例如，《三个咕噜噜》《想吃苹果的鼠小弟》《吃掉黑暗的怪兽》《我绝对绝对不吃番茄》等绘本故事，都是针对儿童生活，用孩子的语言和精美的绘画形象来讲故事，在此基础上帮助儿童建构精神，培养多元智能。

一般来说，绘本的图画和语言是幼儿可以通过直观的视觉来感知和接受的，也是教师们能够挖掘和很好把握的。但是，绘本的角色、场景、动作、对话、文字、心理活动、情感等教育元素要发挥作用就需要有幼儿感兴趣的载体，让幼儿进一步理解绘本的内涵，绘本游戏的创想由此产生。

游戏是幼儿喜欢的活动方式，而绘本蕴藏的丰富的教育元素正是绘本游戏设计的良好素材。实践发现，小班年龄段的绘本游戏主要运用的设计元素是绘本中的角色，中班年龄段的绘本游戏主要运用的设计元素是角色、场景和情绪情感，而大班年龄段的绘本游戏主要运用的设计元素则是文字、动作、心理活动和情节。不难看出，从小班到大班，绘本游戏所利用的教育元素从单一到复杂、从具体到抽象、从外在到内隐，这一特点与幼儿学习和认知发展的规律是相符合的。

三、绘本游戏的内涵、分类与意义

（一）绘本游戏的内涵

绘本游戏是指教师在分析利用绘本元素的基础上，让幼儿自主地感知、操作、模仿和想象，并通过虚拟情境再现绘本场景，激发幼儿玩兴并从中获取多方面经验和能力的一种游戏。绘本游戏主要包括以下两种类型：固有型绘本游戏和拓展型绘本游戏。其中，固有型绘本游戏是绘本本身的内容设计中包含的游戏环节，拓展型绘本游戏是从绘本本身的内容或情节出发所延伸出来的游戏内容。下文主要是对拓展型绘本游戏的介绍。

（二）绘本游戏的分类

根据幼儿园的实践情况，绘本游戏主要可以分为猜想游戏、主题游戏、区域游戏、亲子游戏等几大类。在游戏过程中可以开展图画书制作、故事表演、故事改编、续编、创编、主题墙饰等多种方式，支持鼓励幼儿能够围绕主题结合自己的生活经验大胆想象和表达自己的阅读感受。如故事创编《黄雨伞》、续编故事《小猪的爱情》、想象绘画《有那么一天》，以及图画书制作《勇气》《我爸爸》等活动，详见图10-1和图10-2。

图 10-1　绘本《勇气》的设计与创编

1. 猜想游戏

无论什么书，封面、标题都是最先映入读者眼帘的，而在阅读前让孩子针对这些信息玩猜想游戏，既能引起孩子探索的兴趣，激发他们强烈的阅读欲望，又能让他们带着寻求答案的心理有目的地去阅读，进而提高阅读的有效性。

这类猜想游戏可以从以下三个方面开展。

 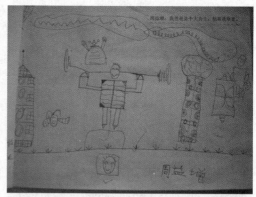

图 10-2　绘本《我爸爸》的设计与创编

（1）对绘本封面设疑——基于绘本图片的猜想。

（2）对绘本标题设疑——基于绘本文字的猜想。

（3）对绘本中的物品、背景、声音设疑——基于绘本符号信息的猜想。

例如，绘本《大西瓜》的封面是一个小动物在太阳底下，头顶西瓜帽子，坐在小乌龟的背上，教师请幼儿看图猜测："这是谁？它要干什么？"孩子的想象真是五花八门："这是小老鼠""尾巴长长的""小老鼠在等人"……丰富的想象开启了幼儿阅读的兴趣。而在阅读绘本《星星警察》前，教师先用音乐烘托一种黑夜静悄悄的氛围，然后适时地提问："这是什么时候？有谁来了呢？"随后在孩子的回答中一只玩具小老鼠鬼鬼祟祟地出来了，以游戏的情景激发了幼儿的兴趣与注意力。

经过此类猜想游戏，孩子的阅读兴趣被激发出来，为接下来的进一步阅读奠定了良好的基础。

2. 主题游戏

开始绘本阅读时，反复地看书、观察、思考会让孩子逐渐产生厌倦感。适时地将游戏融入教学中，既有助于提高孩子阅读的兴趣，促进他们各方面能力的发展，又有助于解决绘本教学中靠说教无法言明的重难点，如角色的感受、绘本的艺术、科学内涵等。

这类游戏可以从以下四个方面开展。

(1) 角色表演游戏——再现绘本情境,提高幼儿的观察、表现能力。角色表演游戏是绘本教学中较常采用的游戏方式,这种方式通过模仿表演角色创造性地表现角色生活。例如,绘本《小黄鸡和小黑鸡》,教师创设草地、树林等场景,幼儿头戴小黄鸡和小黑鸡的头饰扮演成小黄鸡或小黑鸡一起捉虫、一起游戏、一起度过"下雨"的难关。整个过程以游戏情景贯穿始终,让幼儿以自身的体验获得对故事内容的进一步理解。

(2) 艺术游戏——感受绘本之美,提高幼儿的审美能力。艺术游戏主要是指美术游戏和音乐游戏。前者让幼儿用各种生活材料设计绘本中的物品或创编绘本内容,与绘本的美图相得益彰。后者通过唱歌、舞蹈的方式展现绘本内容。两者都让幼儿获得美的感受。例如,在绘本《香香的被子》教学中,在理解故事的基础上,教师提供被子的轮廓图,让幼儿结合颜色、形状,设计一条被子,并晒在教师准备好的绳子上进行展示。而在进行绘本《我和小猪》教学时,为了让幼儿对故事中小猪的形象有直接的感受,教师将幼儿学过的歌曲《小猪吃得饱饱》引入其中,并改编歌词:小猪要吃饭了,张着嘴巴吃饭,大耳朵在扇扇,小尾巴在摇摇,啊呜呜呜、啊呜呜呜、啊呜啊呜啊呜呜,小尾巴在摇摇……依次将绘本中的重点词语"呼噜呼噜、啊呜啊呜、咕咚咕咚"放进歌曲,让幼儿在唱唱跳跳中理解了词语,感受了绘本的情境。

(3) 科学游戏——理解绘本的科学内涵,提高幼儿的思维能力。科学游戏比较适合运用于包含科学概念的绘本,如情景阅读绘本《爸爸的手影戏》,在绘本中,爸爸通过手影游戏的方式为孩子讲故事;在教学中,教师也和幼儿玩起了手影游戏,把绘本中的游戏搬到了现场,突破了教学重难点,让孩子了解了"影子"这一科学概念,为其进行绘本阅读奠定了基础。

(4) 其他游戏——体验绘本情感,促进社会性情感的发展。其他游戏包括体育游戏、结构游戏、综合游戏等。例如,与绘本《摘果子》的故事相结合,教师设计了一个体育游戏:幼儿分组分别扮演绘本角色小猴和小刺猬,小猴跳起来去摘挂在绳子上的苹果,然后把苹果扔给站在2米线外的小刺猬,小刺猬接到后放到指定箩筐内。该游戏围绕绘本的情节展开,既让幼儿了解了"跳""扔"的动作含义,锻炼了幼儿的运动技能,又让幼儿感受到了合作的快乐。

不管开展哪种形式的游戏,都应围绕绘本的内容、绘本所体现的内涵进行,这样才能更好地让游戏为教学服务,促进幼儿早期阅读能力的提高。

3. 区域游戏

绘本《小熊的帽子》中有多个动物角色:小青蛙、小松鼠、小鸡。又有多个重复的语句:"风把我的帽子吹走了,你愿意陪我去找帽子吗?""母鸡正在孵小鸡,我正想给她送××去呢!我们边走边找吧!"在开展该绘本教学时,教师结合这些绘本特点创设了相关的区域将绘本阅读活动渗透到区域游戏中,让幼儿通过不同的区域游戏感受绘本,具体如下:

（1）语言区。教师将书中图片复印出来，让幼儿通过排序游戏将该故事排一排、讲一讲；为幼儿提供故事中的动物纸偶、物品，让幼儿利用小小故事台讲述该故事；在幼儿熟悉故事的基础上，加入2—3种动物及物品，让幼儿用故事中重复的语句进行仿编，激发幼儿不断学习的兴趣。

（2）美工区。教师为幼儿提供多种半成品道具，如小熊、小青蛙、小鸡的白胚头饰，白纸制成的帽子、伞，让幼儿给头饰涂色，用花、羽毛等各种废旧材料装饰帽子、伞等，让幼儿在用双手创作时将心中的想法表达出来，如图10-3所示。

图 10-3 阅读区的主题墙设计和孩子的创作过程

（3）益智区。教师根据书的内容制作游戏操作卡"小熊迷宫"，将小熊找帽子的历程用走迷宫的方式呈现出来，让幼儿在走走、玩玩中理清绘本的故事情节。活动"找不同"中，教师设计绘本中两张相似的画面，请幼儿找找其中的不同之处。这样的游戏活动让幼儿对画面、对文字的观察更为敏锐。

（4）角色区。在"娃娃家"内，爸爸、妈妈可以给宝宝讲故事，同时可以抱着自己的宝宝到语言区听故事。此类游戏活动给幼儿增添了阅读兴趣，培养了幼儿的规则意识。根据幼儿的学习特点及教学活动的需要创设多样化的绘本主题环境，尤其是区域环境，让幼儿融于其中，在情境的刺激下积极活动，调动思维，引发兴趣，与画面产生共鸣，从而更好地感知和理解作品。

4. 亲子游戏

在幼儿阅读能力发展的过程中，家庭教育有着不可或缺的作用。教师应指导家长和孩子玩亲子游戏，让家长和孩子共同建立良好的阅读氛围。例如，游戏"我来做老师"，让家长和孩子玩扮演老师的游戏，让孩子扮演老师，将绘本中的故事讲述给父母听，激发孩子讲述的兴趣。又如，游戏"找找字宝宝"，家长挑几个绘本中重复出现的字，请孩子找一找它出现在绘本的哪页。该游戏既让孩子在游戏中学习了文字，也让孩子养成了良好的翻阅图书、查找图书内容的习惯。

另外，家长还可以在家中和孩子进行角色表演游戏、美术游戏等，激发孩子的阅读兴趣,扩展孩子的阅读经验。将多元化游戏运用到绘本教学中能使孩子对绘本阅读产生浓厚的兴趣,并促进其多方面能力的发展。当然,在运用多元化游戏开展绘本教学时,也需要根据绘本体现的主题含义、包含的艺术和科学等元素选择适宜的游戏方式,做到"不求多,而求宜"。只有这样,才能真正让孩子在游戏中层层深入地体会和感悟绘本,感受早期阅读的快乐。

(三)绘本游戏的实践成效

1. 以游戏活动拓展绘本内涵,让幼儿从中体验绘本的内部情绪

绘本中蕴藏着许多教育元素,尤其是以情感为主线的教育元素对幼儿良好个性和品质的形成有很大的促进作用。但是,绘本中的情感元素往往隐藏在绘本的内容中,幼儿通过绘本阅读难以把握和理解。而绘本游戏的创新之处在于将绘本中美丽的画面、有趣的故事、细腻的情感从纸质的绘本书中提取出来带到幼儿的教室里,让幼儿亲身体验,做一只娶亲的老鼠,当一条可爱的蚯蚓宝宝。幼儿在一次次角色扮演中加深了对绘本情感的理解,同时也更加喜爱阅读,逐渐培养了对阅读的兴趣与习惯。

2. 有利于幼儿形成良好的情绪体验,为幼儿健康心理的形成奠定基础

绘本游戏不仅能满足幼儿认知的需要,同时也以潜移默化的、幼儿能接受的方式帮助他们增进情感,形成丰富良好的情绪体验。例如,在绘本《小丑》的故事中,幼儿喜滋滋地把自己装扮成小丑,模拟着小丑骑车被撞的情节,全体幼儿的情绪被充分调动起来,真正地体验着小丑给大家带来的欢乐。

3. 促进亲子关系的和谐

在绘本游戏开展的过程中,可以将一些适合在家庭开展的绘本游戏编集成册,分发给家长,鼓励家长在家中与孩子一起进行绘本游戏,家长会从中学到绘本游戏的指导技巧。家长每天利用十几分钟的时间和孩子共同进行绘本游戏的表演,有利于亲子之间感情的加深,构建和谐的家庭关系。

四、绘本游戏的设计实施

基于绘本在幼儿园设计和实施相应的游戏,可以有效地运用经典,在儿童游戏资源的开发与利用方面起到事半功倍的效果。下面我们主要从绘本游戏的设计流程和绘本游戏的实施两个方面来进行分析。

(一)绘本游戏的设计流程

绘本游戏的设计流程包括选择绘本、集体设计、小组试玩、分析研讨、调整策略等,这些流程在时间上是逐步推进的,根据实际操作的情况,可以进行适当调整。

1. 选择绘本

专题教研组从幼儿熟悉的众多绘本中,分年龄段选择绘本作为游戏设计的蓝本。在选择绘本的过程中,教研组应考虑以下三个问题。

(1) 绘本内容必须是幼儿熟悉和喜欢的。

(2) 绘本本身的趣味性及游戏性。

(3) 绘本中的角色、场景、情节是否具备开展游戏的可能性。

在选择绘本的过程中,教师还应做到准确分析绘本内容,即教师能够准确地找出绘本本身所隐藏的游戏环节。例如,在绘本《汉堡男孩》中,汉堡男孩被狗、牛、小男孩们追逐时狼狈不堪地爬山越谷的路线图,本身就是一种有趣的迷宫游戏。

2. 集体设计

教研组按照年龄段组织教师设计绘本游戏,在绘本游戏设计的过程中,需要把握以下三个原则。

(1) 适宜性。教师要能准确把握本年龄段幼儿的游戏特点。例如,教师在运用绘本《好饿的毛毛虫》设计的毛毛虫钻洞的绘本游戏中请幼儿拿一截软软的纸搓成条状,这就成了毛毛虫。幼儿拿着它就可以去钻各种各样的洞了。幼儿会用手里的毛毛虫去钻椅子上的洞、自己衣服的扣眼、活页书的装订孔……该游戏由于取材的方便性深受小班幼儿喜爱。

(2) 多样性。幼儿游戏的形式是多种多样的。在设计绘本游戏的过程中,教师要通过分析绘本特质设计出融教育性、可玩性于一体的各类绘本游戏。例如,为《好饿的小蛇》《换一换》《猜猜我有多爱你》等绘本配上朗朗上口的儿歌就可以设计成语言类游戏,而《谁藏起来了》《首先有一个苹果》这些绘本能够激发幼儿思维的活跃性与敏捷性,适合开展益智类游戏。只有选择形式多样的游戏类型,才能不断得到幼儿的青睐。

(3) 趣味性。绘本游戏的设计不能牵强,不是所有的绘本都能设计成好玩的绘本游戏。教师在设计的过程中要时刻牢记趣味性的原则。只有有趣的、好玩的游戏才能真正地开展起来。

3. 小组试玩

小组试玩是指教师将设计好的绘本游戏在适合的年龄段幼儿中开展。游戏试玩的人数根据绘本游戏的实际人数来定。例如,有些绘本游戏适合个体玩,有些绘本游戏适合两个人玩,有些绘本游戏则适合小组玩。在试玩的过程中,应该严格按照游戏设计的人数进行。试玩采取录像跟踪的形式,便于研讨和发现问题。教师主要从目标定位、材料准备及游戏过程三个方面观摩、记录试玩的过程。

4. 分析研讨

在分析幼儿游戏实施的过程中,应注意优点的积累与问题的反思。在分析存在的问题时,教师应以谈话或调查的方式,多采集来自幼儿的意见或建议,在这一过程中应充分体现师幼合作,而不是通过教师个人的思考来解决绘本游戏中存在的问题。

5. 调整策略

绘本游戏应该根据分析研讨中存在的问题进行有效的调整。在调整的过程中，要明确幼儿才是绘本游戏的主人，所有策略的调整应该从幼儿出发，以幼儿为本。

(二)绘本游戏的实施

绘本游戏的实施包括绘本游戏的推广和指导策略两个方面。

1. 绘本游戏的推广

(1) 开展绘本游戏讲堂，进行核心推广。幼儿园组织开展绘本游戏讲堂，既进行绘本游戏理论、概念的学习，也有绘本游戏设计与实施要素的介绍，还有绘本游戏的现场体验等。通过"专题教研＋中心教研"的推广，使全园的教师都积极参与到绘本游戏的研讨活动中来，对绘本游戏形成更为专业的认识。

(2) 编写游戏手册，重视辅助推广。通过绘本游戏指导手册的编写、经典绘本游戏光盘的制作推广绘本游戏的研究成果。在手册编写中，分小班、中班、大班三个系列，以图文并茂的形式呈现绘本指导方案，并作为园本课程的特色材料加以固化、推广。

(3) 组织游戏展示，推崇集中推广。教研组定期对孩子们最喜欢的绘本游戏进行评比，并将评比中获奖的绘本游戏进行集中展示。在展示过程中，幼儿、教师、家长都在进行相互学习与交流。

2. 绘本游戏的指导策略

绘本游戏的指导应该渗透并贯穿于游戏的始终，应该体现在创设游戏情境、提供游戏材料、实施有效观察、寻找合理参与契机、引导幼儿讨论分享、提升幼儿经验等方面。教师要将教育意图有机地渗透到环境中，通过环境对幼儿的影响来达到有效指导游戏的目的。通过实践，绘本游戏的主要指导策略可归纳为以下三种方式。

(1) 提供材料，无声指导。苏联教育家马卡连柯曾说："玩具是游戏的中心，没有中心，游戏就玩不起来。"由此可见，材料是游戏的物质基础，有效的材料能推进游戏的开展。教师要以本班绘本游戏开展的情况为根据，从游戏内容的确立、游戏材料的提供、游戏常规的建立等方面为绘本游戏的开展和推进做好准备工作。

(2) 借助观察，适时指导。教师要通过观察幼儿的游戏来不断提供游戏材料、推动游戏的进程。同时，教师要根据游戏的发展提出问题或建议，用语言来推动游戏的延伸和扩展。在这一过程中，教师观察的方法大体分为随机观察和有目的的观察。随机观察是为了更好地了解幼儿的行为、动机、困难、情绪等，以便把握干预时机、满足游戏需要、推进活动进程；有目的的观察有助于教师有针对性地了解幼儿现有的发展状况和个别差异，以便因材施教、不断调整教育方案。

(3) 直接介入，有效指导。幼儿之间相互沟通、相互协作是绘本游戏最大的特点。幼儿在游戏的互动过程中时常会遇到一些问题或产生矛盾。尤其是在大班开展绘本游戏的过程中,教师往往处于观望状态,希望幼儿能够自行协调、自己解决问题和矛盾。实际上,当幼儿难以与他人沟通或是在游戏中出现负面效应时,教师应该采取必要的干预措施,让幼儿学会正确沟通和解决矛盾的方法。尊重幼儿的游戏过程,保护幼儿的游戏创意是教师进行干预时应遵循的原则。

 本章小结

1. 民间游戏是一种以口头形式传授,以直接参与为目的的竞技和演示活动。作为传统文化的一部分,民间游戏是由劳动人民根据本地区的特点及民族传统文化经过不断地加工以适合儿童年龄特点而改编的,具有浓郁的生活气息和地方特色的游戏。因其生动有趣、积极活泼、开展随意,以及多种表现形式等特点而备受儿童的喜爱。

2. 不同研究者根据不同的标准对民间游戏进行了分类,根据幼儿园游戏的特点,本书把民间游戏分为身体运动类游戏、生活娱乐类游戏和智力对抗类游戏三大类。身体运动类游戏是以体育锻炼、追逐娱乐为主的活动,是儿童非常喜爱的一种游戏形式,也是民间游戏中最为常见的类型。常见的身体运动类游戏有"老鹰捉小鸡""跳房子""丢手绢""抓沙包""木头人""跳皮筋""踢毽子""滚铁环""抽陀螺""跳绳""跳山羊""两人三足""拔河""跳竹排""踩高跷"等,这些都属于有规则的游戏。此外,还有一类没有明确规则的追逐打闹游戏,主要表现为儿童在空闲时彼此追逐、互相打闹,有时候这种追逐打闹可能会显得粗野而混乱。生活娱乐类游戏是指儿童在游戏中通过各种游戏材料如泥沙、藤草、纸张等,模仿成人世界的各种生活方式,并通过游戏的形式获得对成人生活的体验,从而满足自己像成人一样做事和生活的愿望。智力对抗类游戏是一种将智力活动与娱乐活动巧妙结合起来进行的游戏形式,即以训练开发儿童的智力和技能为目的的游戏娱乐活动。这种游戏形式广泛流传于各个地区,主要有竞猜类和棋艺类。

3. 民间游戏作为我国一种传统的游戏形式,具有生活性和地域性、趣味性和娱乐性、群体性和活动性、随机性和自由性,以及与儿歌相关等特点。丰富多彩的民间游戏可以促进儿童身体、认知、社会性的发展,可以促进儿童良好品质和健全人格的形成。

4. 在幼儿园开展民间游戏,首先应该广泛收集和整理民间游戏,把适合儿童的民间游戏收集起来,可以发动教师、家长及孩子共同参与,并且可以充分利用发达的网络来进行。在此基础上,通过改造民间游戏的操作材料,创新与拓展民间游戏的玩法,改编民间游戏的语言等方式对民间游戏进行适当改编与创新。

5. 绘本与游戏有密切的关系。游戏是幼儿喜欢的活动方式,而绘本蕴藏的丰富的教育元素正是绘本游戏设计的良好素材。实践发现,小班年龄段的绘本游戏主要运用的设计元素是绘本中的角色,中班年龄段的绘本游戏主要运用的设计元素是角色、场景和情绪情感,而大班年龄段的绘本游戏主要运用的设计元素则是文字、动作、心理活动和情节。不难看出,从小班到大班,绘本游戏所利用的教育元素从单一到复杂、从具体到抽象、从外在到内隐,这一特点与幼儿学习和认知发展的规律是相符合的。

6. 绘本游戏是指教师在分析利用绘本元素的基础上,让幼儿自主地感知、操作、模仿和想象,并通过虚拟情境再现绘本场景,激发幼儿玩兴并从中获取多方面经验和能力的一种游戏。绘本游戏主要包括以下两种类型:固有型绘本游戏和拓展型绘本游戏。其中,固有型绘本游戏是绘本本身的内容设计中包含的游戏环节,拓展型绘本游戏是从绘本本身的内容或情节出发所延伸出来的游戏内容。

7. 根据幼儿园的实践情况,绘本游戏主要可以分为猜想游戏、主题游戏、区域游戏、亲子游戏等几大类。绘本游戏的设计流程包括选择绘本、集体设计、小组试玩、分析研讨、调整策略等。

8. 绘本游戏的实施包括绘本游戏的推广和指导策略两个方面。绘本游戏的指导应该渗透并贯穿于游戏的始终,应该体现在创设游戏情境、提供游戏材料、实施有效观察、寻找合理参与契机、引导幼儿讨论分享、提升幼儿经验等方面。教师要将教育意图有机地渗透到环境中,通过环境对幼儿的影响来达到有效指导游戏的目的。绘本游戏的主要指导策略可归纳为以下三种方式:(1)提供材料,无声指导。(2)借助观察,适时指导。(3)直接介入,有效指导。

 自我评量

一、名词解释

1. 民间游戏　　2. 绘本游戏

二、简述题

1. 民间游戏有哪些分类?民间游戏的特点是什么?
2. 如何在幼儿园开发和利用民间游戏?
3. 绘本与游戏之间有什么样的联系?
4. 如何设计和实施基于绘本延伸的游戏?

三、论述题

1. 请结合实践分析论述民间游戏运用于当代儿童游戏的可能路径。

2. 请选择你印象深刻的一本绘本进行分析,并设计实施基于绘本延伸的游戏。

3. 结合理论与实践,思考绘本延伸的游戏对绘本本身的要求,并列出相关的绘本材料。

主要参考文献

[1]〔美〕约翰逊,等.游戏与儿童早期发展[M].华爱华,郭立平,译.上海:华东师范大学出版社,2006.

[2]〔英〕卡罗尔·沙曼,等.观察儿童实践操作指南[M].单敏月,等译.上海:华东师范大学出版社,2008.

[3]〔英〕尼尔·本内特,等.通过游戏来教——教师观念与课堂实践[M].刘焱,等译.北京:北京师范大学出版社,2010.

[4]〔英〕珍妮特·莫伊蕾斯.游戏的卓越性[M].刘峰峰,等译.北京:北京师范大学出版社,2010.

[5]蔡美春,等.幼儿行为观察与记录[M].上海:华东师范大学出版社,2013.

[6]陈辉.挖掘绘本教育资源 开启幼儿游戏之旅——幼儿园绘本游戏的设计与实践[J].中国教师,2013(1).

[7]丁海东.学前游戏论[M].济南:山东人民出版社,2001.

[8]丁亚红.民间游戏走进幼儿园[M].保定:河北大学出版社,2014.

[9]董旭花.幼儿园游戏[M].北京:科学出版社,2009.

[10]范明丽.学前儿童游戏与指导[M].成都:西南财经大学出版社,2014.

[11]巩玉娜.传统民间游戏与幼儿园课程构建[D].济南:山东师范大学硕士学位论文,2012.

[12]黄人颂.学前教育学[M].北京:人民教育出版社,1997.

[13]霍力岩.学前教育评价[M].北京:北京师范大学出版社,2000.

[14]霍习霞.学前儿童游戏:原理与应用[M].上海:华东师范大学出版社,2013.

[15]李安娜,等.图说民间游戏[M].北京:科学普及出版社,2013.

[16]李立.主题活动背景下开展表演游戏的指导策略[J].学前课程研究,2007(12).

[17]梁周全,等.幼儿游戏与指导[M].北京:北京师范大学出版社,2011.

[18]刘焱.儿童游戏通论[M].北京:北京师范大学出版社,2008.

[19]柳阳辉,张兰英.学前儿童游戏[M].郑州:郑州大学出版社,2006.

[20]芦德芹.游戏的魅力[M].北京:中央民族大学出版社,2007.

[21]邱学青.学前儿童游戏[M].南京:江苏教育出版社,2005.

[22]沈梅丽.幼儿游戏遵循的原则及评价[J].新课程(教师),2010(10).

[23] 王烨芳.学前幼儿行为观察与分析[M].南京:江苏教育出版社,2012.

[24] 王珍.对幼儿角色游戏的有效观察和指导[J].上海教育,2010.

[25] 辛薇.小班表演游戏的指导策略[J].山东教育,2010(7).

[26] 徐则民,洪晓琴.走进游戏 走进幼儿[M].上海:上海教育出版社,2010.

[27] 杨枫.幼儿园教育环境创设与玩教具制作[M].北京:高等教育出版社,2006.

[28] 张新立.鹰雏虎崽之教——教育人类学视野下的彝族儿童民间游戏研究[M].桂林:广西师范大学出版社,2007.

[29] 郑名.学前游戏论[M].兰州:甘肃人民出版社,2006.

[30] 周穗萍.在玩中学:满足幼儿发展需要的游戏研究[M].上海:上海教育出版社,2009.

北京大学出版社
教育出版中心 精品图书

21世纪特殊教育创新教材·理论与基础系列

特殊教育的哲学基础　　　　　　　方俊明 主编 36元
特殊教育的医学基础　　　　　　　张　婷 主编 36元
融合教育导论　　　　　　　　　　雷江华 主编 36元
特殊教育学（第二版）　　　雷江华 方俊明 主编 43元
特殊儿童心理学（第二版）　方俊明 雷江华 主编 39元
特殊教育史　　　　　　　　　　　朱宗顺 主编 39元
特殊教育研究方法（第二版）　杜晓新 宋永宁等 主编 39元
特殊教育发展模式　　　　　　　　任颂羔 主编 33元
特殊儿童心理与教育　　　　　张巧明 杨广学 主编 36元

21世纪特殊教育创新教材·发展与教育系列

视觉障碍儿童的发展与教育　　　　　邓　猛 编著 33元
听觉障碍儿童的发展与教育　　　　　贺荟中 编著 38元
智力障碍儿童的发展与教育　　　刘春玲 马红英 编著 32元
学习困难儿童的发展与教育　　　　　赵　微 编著 39元
自闭症谱系障碍儿童的发展与教育　　周念丽 编著 32元
情绪与行为障碍儿童的发展与教育　　李闻戈 编著 36元
超常儿童的发展与教育（第二版）　苏雪云 张　旭 编著 39元

21世纪特殊教育创新教材·康复与训练系列

特殊儿童应用行为分析　　　　　李　芳 李　丹 编著 36元
特殊儿童的游戏治疗　　　　　　　　周念丽 编著 30元
特殊儿童的美术治疗　　　　　　　　孙　霞 编著 38元
特殊儿童的音乐治疗　　　　　　　　胡世红 编著 32元
特殊儿童的心理治疗　　　　　　　　杨广学 编著 39元
特殊教育的辅具与康复　　　　　　　蒋建荣 编著 29元
特殊儿童的感觉统合训练　　　　　　王和平 编著 45元
孤独症儿童课程与教学设计　　　　　　　王　梅 著 37元

自闭谱系障碍儿童早期干预丛书

如何发展自闭谱系障碍儿童的沟通能力　朱晓晨 苏雪云 29元
如何理解自闭谱系障碍和早期干预　　　　　　苏雪云 32元
如何发展自闭谱系障碍儿童的社会交往能力　吕　梦 杨广学 33元
如何发展自闭谱系障碍儿童的自我照料能力　倪萍萍 周　波 32元
如何在游戏中干预自闭谱系障碍儿童　　　　朱　瑞 周念丽 32元
如何发展自闭谱系障碍儿童的感知和运动能力
　　　　　　　　　　　　　　　韩文娟，徐芳，王和平 32元
如何发展自闭谱系障碍儿童的认知能力　潘前前 杨福义 39元
自闭症谱系障碍儿童的发展与教育　　　　　　周念丽 32元
如何通过音乐干预自闭谱系障碍儿童　　　　　张正琴 36元
如何通过画画干预自闭谱系障碍儿童　　　　　张正琴 36元
如何运用ACC促进自闭谱系障碍儿童的发展　　苏雪云 36元
孤独症儿童的关键性技能训练法　　　　　　　李　丹 45元
自闭症儿童家长辅导手册　　　　　　　　　　雷江华 35元
孤独症儿童课程与教学设计　　　　　　　　　王　梅 37元
融合教育理论反思与本土化探索　　　　　　　邓　猛 58元
自闭症谱系障碍儿童家庭支持系统　　　　　　孙玉梅 36元

特殊学样教育·康复·职业训练丛书（黄建行 雷江华 主编）

信息技术在特殊教育中的应用　　　　　　　　　　　　55元
智障学生职业教育模式　　　　　　　　　　　　　　　36元
特殊教育学校学生康复与训练　　　　　　　　　　　　59元
特殊教育学校校本课程开发　　　　　　　　　　　　　45元
特殊教育学校特奥运动项目建设　　　　　　　　　　　49元

21世纪学前教育规划教材

学前教育管理学　　　　　　　　　　　　　　王　雯 45元
幼儿园歌曲钢琴伴奏教程　　　　　　　　　　果旭伟 39元
幼儿园舞蹈教学活动设计与指导　　　　　　　董　丽 36元
实用乐理与视唱　　　　　　　　　　　　　　代　苗 40元
学前儿童美术教育　　　　　　　　　　　　　冯婉贞 45元
学前儿童科学教育　　　　　　　　　　　　　洪秀敏 39元
学前儿童游戏　　　　　　　　　　　　　　　范明丽 39元
学前教育研究方法　　　　　　　　　　　　　郑福明 39元
外国学前教育史　　　　　　　　　　　　　　郭法奇 39元

书名	作者	价格
学前教育政策与法规	魏 真	36元
学前心理学	涂艳国、蔡 艳	36元
学前教育理论与实践教程	王 维 王维娅 孙 岩	39元
学前儿童数学教育	赵振国	39元

大学之道丛书

书名	作者	价格
大学的理念	[英] 亨利·纽曼 著	49元
哈佛：谁说了算	[美] 理查德·布瑞德利 著	48元
麻省理工学院如何追求卓越	[美] 查尔斯·维斯特 著	35元
大学与市场的悖论	[美] 罗杰·盖格 著	48元
高等教育公司：营利性大学的崛起	[美] 理查德·鲁克 著	38元
公司文化中的大学：大学如何应对市场化压力	[美] 埃里克·古尔德 著	40元
美国交生教育原是认证与评估	[美] 美国中部州交生教育委员会 编	36元
现代大学及其图新	[美] 谢尔顿·罗斯布莱特 著	60元
美国文理学院的兴衰——凯尼恩学院纪实	[美] P.F.克鲁格 著	42元
教育的终结：大学何以放弃了对人生意义的追求	[美] 安东尼·T.克龙曼 著	35元
大学的逻辑（第三版）	张维迎 著	38元
我的科大十年（续集）	孔宪铎 著	35元
高等教育理念	[英] 罗纳德·巴尼特 著	45元
美国现代大学的崛起	[美] 劳伦斯·维赛 著	66元
美国大学时代的学术自由	[美] 沃特·梅兹格 著	39元
美国高等教育通史	[美] 亚瑟·科恩 著	59元
美国高等教育史	[美] 约翰·塞林 著	69元
哈佛通识教育红皮书	哈佛委员会撰	38元
高等教育何以为"高"——牛津导师制教学反思	[英] 大卫·帕尔菲曼 著	39元
印度理工学院的精英们	[印度] 桑迪潘·德布 著	39元
知识社会中的大学	[英] 杰勒德·德兰迪 著	32元
高等教育的未来：浮言、现实与市场风险	[美] 弗兰克·纽曼等 著	39元
后现代大学来临？	[英] 安东尼·史密斯等 主编	32元
美国大学之魂	[美] 乔治·M.马斯登 著	58元
大学理念重审：与纽曼对话	[美] 雅罗斯拉夫·帕利坎 著	40元
学术部落及其领地——当代学术界生态揭秘（第二版）	[英] 托尼·比彻 保罗·特罗勒尔 著	33元
德国古典大学观及其对中国大学的影响（第二版）	陈洪捷 著	42元
转变中的大学：传统、议题与前景	郭为藩 著	23元
学术资本主义：政治、政策和创业型大学	[美] 希拉·斯劳特 拉里·莱斯利 著	36元
21世纪的大学	[美] 詹姆斯·杜德斯达 著	38元
美国公立大学的未来	[美] 詹姆斯·杜德斯达 弗瑞斯·沃马克 著	30元
东西象牙塔	孔宪铎 著	32元
理性捍卫大学	眭依凡 著	49元

学术规范与研究方法系列

书名	作者	价格
社会科学研究方法100问	[美] 萨子金德 著	38元
如何利用互联网做研究	[爱尔兰] 杜恰泰 著	38元
如何为学术刊物撰稿：写作技能与规范（英文影印版）	[英] 罗薇娜·莫 编著	26元
如何撰写和发表科技论文（英文影印版）	[美] 罗伯特·戴 等著	39元
如何撰写与发表社会科学论文：国际刊物指南	蔡今忠 著	35元
如何查找文献	[英] 萨莉拉·姆齐 著	35元
给研究生的学术建议	[英] 戈登·鲁格 等著	26元
科技论文写作快速入门	[瑞典] 比约·古斯塔维 著	19元
社会科学研究的基本规则（第四版）	[英] 朱迪斯·贝尔 著	32元
做好社会研究的10个关键	[英] 马丁·丹斯考姆 著	20元
如何写好科研项目申请书	[美] 安德鲁·弗里德兰德 等著	28元
教育研究方法（第六版）	[美] 乔伊斯·高尔 等著	88元
高等教育研究：进展与方法	[英] 马尔科姆·泰特 著	25元
如何成为学术论文写作高手	华莱士 著	49元
参加国际学术会议必须要做的那些事	华莱士 著	32元
如何成为优秀的研究生	布卢姆 著	38元

21世纪高校职业发展读本

书名	作者	价格
如何成为卓越的大学教师	肯·贝恩 著	32元

书名	作者	价格
给大学新教员的建议	罗伯特·博伊斯 著	35元
如何提高学生学习质量	[英]迈克尔·普洛瑟 等著	35元
学术界的生存智慧	[美]约翰·达利 等主编	35元
给研究生导师的建议（第2版）	[英]萨拉·德拉蒙特 等著	30元

21世纪教师教育系列教材·物理教育系列

书名	作者	价格
中学物理微格教学教程（第二版）	张军朋 詹伟琴 王 恬 编著	32元
中学物理科学探究学习评价与案例	张军朋 许桂清 编著	32元
物理教学论	邢红军 著	49元
中学物理教学评价与案例分析	王建中 孟红娟 著	38元

21世纪教育科学系列教材·学科学习心理学系列

书名	作者	价格
数学学习心理学	孔凡哲 曾 峥 编著	29元
语文学习心理学	董蓓菲 编著	39元

21世纪教师教育系列教材

书名	作者	价格
教育学基础	庞守兴 主编	40元
教育学	余文森 王 晞 主编	26元
教育研究方法	刘淑杰 主编	45元
教育心理学	王晓明 主编	55元
心理学导论	杨凤云 主编	46元
教育心理学概论	连 榕 罗丽芳 主编	42元
课程与教学论	李 允 主编	42元
教师专业发展导论	于胜刚 主编	42元
学校教育概论	李清雁 主编	42元
现代教育评价教程（第二版）	吴 钢 主编	45元
教师礼仪实务	刘 霄 主编	36元
家庭教育新论	闫旭蕾 杨 萍 主编	39元
中学班级管理	张宝书 主编	39元

21世纪教师教育系列教材·初等教育系列

书名	作者	价格
小学教育学	田友谊 主编	39元
小学教育学基础	张永明 曾 碧 主编	42元
小学班级管理	张永明 宋彩琴 主编	39元
初等教育课程与教学论	罗祖兵 主编	39元
小学教育研究方法	王红艳 主编	39元

教师资格认定及师范类毕业生上岗考试辅导教材

书名	作者	价格
教育学	余文森 王 晞 主编	26元
教育心理学概论	连 榕 罗丽芳 主编	42元

21世纪教师教育系列教材·学科教学论系列

书名	作者	价格
新理念化学教学论（第二版）	王后雄 主编	45元
新理念科学教学论（第二版）	崔 鸿 张海珠 主编	36元
新理念生物教学论（第二版）	崔 鸿 郑晓慧 主编	45元
新理念地理教学论（第二版）	李家清 主编	45元
新理念历史教学论（第二版）	杜 芳 主编	33元
新理念思想政治（品德）教学论（第二版）	胡田庚 主编	36元
新理念信息技术教学论（第二版）	吴军其 主编	32元
新理念数学教学论	冯 虹 主编	36元

21教师教育系列教材.学科教学技能训练系列

书名	作者	价格
新理念生物教学技能训练（第二版）	崔 鸿	33元
新理念思想政治（品德）教学技能训练（第二版）	胡田庚 赵海山	29元
新理念地理教学技能训练	李家清	32元
新理念化学教学技能训练（第二版）	王后雄	36元
新理念数学教学技能训练	王光明	36元

王后雄教师教育系列教材

书名	作者	价格
教育考试的理论与方法	王后雄 主编	35元
化学教育测量与评价	王后雄 主编	45元
中学化学实验教学研究	王后雄 主编	32元
新理念化学教学诊断学	王后雄 主编	48元

西方心理学名著译丛

书名	作者	价格
拓扑心理学原理	[德]库尔德·勒温	32元
系统心理学：绪论	[美]爱德华·铁钦纳	30元
社会心理学导论	[美]威廉·麦独孤	36元
思维与语言	[俄]列夫·维果茨基	30元
人类的学习	[美]爱德华·桑代克	30元
基础与应用心理学	[德]雨果·闵斯特伯格	36元

记忆	[德] 赫尔曼·艾宾诺斯 著 32元	网页设计与制作	惠悲荷 39元
儿童的人格形成及其培养	[奥地利] 阿德斯 著 35元	突发新闻教程	李 军 45元
幼儿的感觉与意志	[德] 威廉·蒲莱尔 著 45元	视听新媒体节目制作	周建青 45元
实验心理学（上下册）	[美] 伍德沃斯 施洛斯贝格 著 150元	视听评论	何志武 32元
格式塔心理学原理	[美] 库尔特·考夫卡 75元	出镜记者案例分析	刘 静 邓秀军 39元
动物和人的目的性行为	[美] 爱德华·托尔曼 44元	视听新媒体导论	郭小平 39元
西方心理学史大纲	唐 钺 42元		

全国高校广播电视专业规划教材

电视节目策划教程	项仲平 著 36元
电视导播教程	程 晋 编著 39元
电视文艺创作教程	王建辉 编著 39元
广播剧创作教程	王国臣 编著 36元

心理学视野中的文学丛书

围城内外——西方经典爱情小说的进化心理学透视	熊哲宏 32元
我爱故我在——西方文学大师的爱情与爱情心理学	熊哲宏 32元

21世纪教学活动设计案例精选丛书（禹明 主编）

初中语文教学活动设计案例精选	23元
初中数学教学活动设计案例精选	30元
初中科学教学活动设计案例精选	27元
初中历史与社会教学活动设计案例精选	30元
初中英语教学活动设计案例精选	26元
初中思想品德教学活动设计案例精选	20元
中小学音乐教学活动设计案例精选	27元
中小学体育（体育与健康）教学活动设计案例精选	25元
中小学美术教学活动设计案例精选	34元
中小学综合实践活动教学活动设计案例精选	27元
小学语文教学活动设计案例精选	29元
小学数学教学活动设计案例精选	33元
小学科学教学活动设计案例精选	32元
小学英语教学活动设计案例精选	25元
小学品德与生活（社会）教学活动设计案例精选	24元
幼儿教育教学活动设计案例精选	39元

21世纪教育技术学精品教材（张景中 主编）

教育技术学导论（第二版）	李 芒 金 林 编著 33元
远程教育原理与技术	王继新 张 屹 编著 41元
教学系统设计理论与实践	杨九民 梁林梅 编著 29元
信息技术教学论	雷体南 叶良明 主编 29元
网络教育资源设计与开发	刘清堂 主编 30元
学与教的理论与方式	刘雍潜 32元
信息技术与课程整合（第二版）	赵呈领 杨 琳 刘清堂 39元
教育技术研究方法	张 屹 黄 磊 38元
教育技术项目实践	潘克明 32元

21世纪信息传播实验系列教材（徐福荫 黄慕雄 主编）

多媒体软件设计与开发	32元
电视照明·电视音乐音响	26元
播音与主持艺术（第二版）	38元
广告策划与创意	26元
摄影基础（第二版）	32元

全国高校网络与新媒体专业规划教材

文化产业概论	尹章池 38元
网络文化教程	李文明 39元
网络与新媒体评论	杨 娟 38元
数字媒体概论	尹章池 39元
网络新媒体实务	张合斌 39元

21世纪教师教育系列教材·专业养成系列（赵国栋 主编）

微课与慕课设计初级教程	40元
微课与慕课设计高级教程	48元
微课、翻转课堂和慕课设计实操教程	150元
网络调查研究方法概论（第二版）	49元